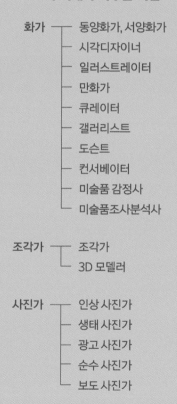

· 이 책에서 다루는 직업 ·

아름다움을 다루는 직업 I

화가 · 조각가 · 사진가

미래를 여는
경이로운 직업의 역사

아름다움을
다루는
직업 I

화가 · 조각가 · 사진가

박민규 지음

내가 정말로 원하는 직업은 무엇일까?

'선생님'이 되어 아이들을 가르치고 싶은 사람도 있고, '의사'가 되어 아픈 사람을 치료해 주고 싶은 사람도 있고, '경찰관'이 되어 범죄를 저지른 사람을 잡고 사람들을 돕고 싶은 사람도 있을 것입니다. 선생님, 의사, 경찰관이 '된다'는 것은 바로 선생님, 의사, 경찰관이라는 '직업을 가진다'는 의미입니다.

우리는 저마다 자신의 희망, 적성, 능력에 따라 직업을 가집니다. 직업이란 사람이 경제적 보상을 받으면서 자발적으로 하는 지속적인 활동입니다. 직업을 가지게 되면 기본적인 경제생활을 할 수 있는 소득을 얻고, 사회 발전에 이바지할 수도 있고, 무엇보다도 자기가 가지고 있는 꿈을 실현할 수 있습니다. 그래서 한 사람이 살아가기 위해서는 '직업'을 가지는 것이 매우 중요합니다.

직업을 가지려면 먼저 그 직업이 하는 일은 무엇이며, 그 일을 잘하기 위해서는 어떤 능력이 필요하고, 사회에서 하는 역할이 무엇인지 아는 것이 중요합니다. 그래야 자신의 꿈을 이룰 수 있는 직업을 선택하고, 그 직업에 필요한 능력을 미리 갖출 수 있기 때문입니다.

2021년 기준 한국에는 약 1만 7천여 개의 직업이 있고, 해마다 새로운 직업이 생겨나고 있습니다. 수많은 직업 중에서도 특히 많은 사람이 관심을 갖는 직업들이 있습니다. 우리는 이 직업들이 처음에 어떻게 생겨났고, 시대의 변화에 따라 바뀐 점과 바뀌지 않은 점이 무엇인지 살펴볼 것입니다. 달라진 점을 살펴보면 그 직업이 앞으로 어떻게 변해 갈지를 예측해 볼 수 있습니다. 또한, 달라지지 않은 점을 바탕으로 그 직업의 진정한 의미와 가치를 찾아낼 수 있을 것입니다.

이 책이 여러분에게 '내가 정말로 원하는 직업이 무엇인지' 생각해 보고, 미래를 준비하는 데 도움이 되기를 바랍니다.

보는 아름다움에 관한 직업

아름다움은 사람에게 즐거움을 줍니다. 자연 풍광이나 고대 유물, 사람의 행동 등 아름다움을 주는 것은 다양합니다. 역사에 따라, 문화에 따라 아름다움의 기준도 달라집니다. '예술'은 아름다움을 만들고 표현해 마음을 움직이는 일입니다. 추함과 역겨움으로 마음을 흔드는 예술도 있는데, 그 또한 하나의 아름다움이라 할 수 있습니다.

어떤 방법으로 아름다움을 표현하는지에 따라 예술을 나눌 수 있습니다. 소리를 사용하는 '음악', 신체 움직임으로 나타내는 '무용', 말과 글을 사용하는 '문학', 눈으로 볼 수 있는 '미술' 등이 있지요. 두 가지 이상을 합친 분야는 '종합 예술(영화, 연극, 오페라 등)'이라 부릅니다. 예술 활동으로 작품을 만드는 사람이 '예술가'입니다.

그림, 조각, 사진은 시각적인 표현을 하는 예술입니다. 원시 인류는 동굴 벽이나 큰 바위에 그림을 그리며 풍요와 다산을 기원하고, 나쁜 일이 일어나지 않기를 바랐습니다. 흙을 빚거나 돌이나 나무를 깎아 조각도 만들었습니다. 왕궁과 신전을 장식한 그림과 조각은 권위와 영광을 상징했습니다.

　그림을 그리고 조각하는 사람은 숙련된 '장인'이었습니다. 장인들은 그림과 조각으로 원하는 내용을 표현하기 시작했고, 그렇게 그림과 조각은 다른 기능보다도 아름다움을 전하는 '예술품'이 되었지요. 그렇게 장인들은 예술가가 되었습니다.

　이 책은 그림을 그리는 '화가', 입체 작품을 만드는 '조각가', 카메라로 사진을 찍는 '사진가'를 다룹니다.

　시간이 흐르면서 겉으로 드러나는 각 직업의 모습이 어떻게 달라지는지, 하는 일의 본래 의미가 무엇인지, 변한 것은 무엇이고 변하지 않은 것은 무엇인지, 하는 일이 인류 발전에 어떻게 이바지했는지를 이해한다면, 직업을 지금까지와는 다른 시각에서 볼 수 있습니다. 또한 현재와 미래를 살펴 그 직업에 필요한 자질이 무엇인지, 어떤 준비를 해야 하는지, 앞으로 어떤 발전 가능성이 있는지도 알 수 있습니다.

　무엇보다도 책을 읽는 청소년들이 직업의 본래 의미를 이해해서 앞으로 어떤 직업을 선택하든지 자기가 하는 일에 보람을 느끼고 즐겁게 살아가기를 기대합니다.

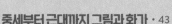

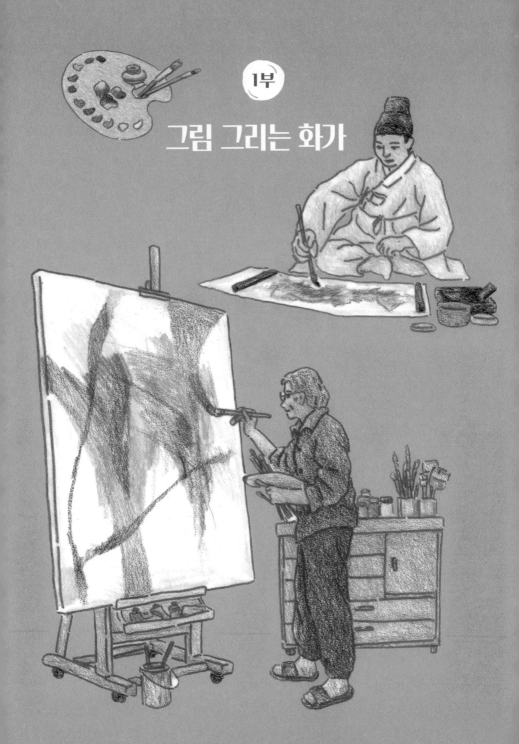

1부

그림 그리는 화가

◇◇◇◇◇

그림과 화가의
탄생과 변화

◇◇◇◇◇

인류는 오랜 옛날부터 그림을 그렸다. 인류가 살던 동굴과 쓰던 토기나 금속 물체 표면에 그림이 남아있다. 문명이 발전하며 그림은 지배자가 사는 궁전, 거대한 사원과 무덤을 장식했다. 그림은 '기술'이고, 화가는 '장인'이었다. 그림을 가질 수 있는 사람은 소수 특권층이었다.

지금도 남아있는
선사 시대의 그림

5만여 년 전의 그림

인류가 언제부터 그림을 그렸는지는 정확히 알지 못한다. 학자들은 2018년에 인도네시아의 동굴에서 5만 1800년 전 그림을 발견했다. 동굴 벽에 붉은 흙으로 동물 그림을 그리고 손바닥 무늬를 찍은 것으로, 지금까지 발견된 가장 오래된 그림이다. 프랑스의 쇼베 동굴에는 3만여 년 전 벽화가 있다. 사자, 코뿔소, 곰, 표범 같은 동물 그림이다. 풍부한 사냥감을 바라고 안전한 사냥을 기원하는 주술적 의미가 담겨있을 것이다. 이 외에도 프랑스 라스코 동굴, 스페인 알타미라 동굴에서 1만~2만여 년 전 동굴 벽화를 발견했다. 어떤 학자들은 6만~7만여 년 전 벽화도 어딘가 남아있으리라 짐작한다.

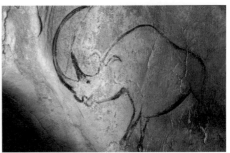

인도네시아 루방 제리지 살레이 동굴 벽화(왼쪽)와 프랑스 쇼베 동굴 벽화(오른쪽)

도자기와 바위에 그린 그림

중국 황허강 유역에서도 문명이 싹텄다. 황허강 중류 양사오에서 기원전 5000년~기원전 2700년 사이 유적을 발굴했다. 집과 공동묘지 흔적에서는 색이 있는 도기(채도)가 나왔다. 채도 표면에는 검은색으로 기하무늬와 물고기, 사람 등이 그려져 있었다.

중국 인산에는 빗살무늬와 동물과 사람 모습을 바위에 새긴 '암각화'가 있다. 장쑤성 교외의 장군 절벽(장군애)에서는 기원전 4천여 년

인산 암각화(왼쪽)와 장군 절벽 암각화(오른쪽)

ⓒSjoerd van Oort, ⓒMaalikwong

전 그린 암각화를 발견했다. 농작물, 사람 얼굴, 새와 동물 그림이 새겨져 있다. 사람들은 이곳을 하늘에 제사 지냈던 장소라 추측한다.

우리나라 선사 시대 그림

우리나라에서도 신석기 시대부터 청동기 시대의 그림이 발견되었다. 울산시에 있는 '반구대 암각화'가 대표적이다. 옛사람들은 반구대 바위에 호랑이, 사슴, 멧돼지 등 동물 그림과 사냥하는 모습을 새겼다. 근처 바닷가에 고래가 많이 살아서 고래를 잡는 모습, 새끼를 밴 고래 등도 그렸다. 고래 종류를 구분할 수 있을 정도로 그림이 세밀하고 정확하다. 후손에게 고래를 사냥하는 방법을 가르치거나 풍요를 기원하기 위해서 그렸으리라 짐작한다.

'천전리 유적지'에도 암각화가 있다. 원, 지그재그 선, 회오리 모양, 마름모꼴 등의 도형이 새겨져 있는데, 그 의미는 아직 잘 모른다. 수

반구대 암각화 ⓒ울산암각화박물관

울주 천전리 암각화

농경문 청동기 ⓒ국립중앙박물관

백 년 동안 그 지역에 살던 여러 집단이 각각 다른 시기에 암각화를 새겨서 시간 흐름에 따른 그림의 변화를 알 수 있어 의미가 있다.

사람들은 흙으로 빚은 그릇에는 빗살무늬를 새기고, 청동으로 만든 제사 도구 표면에도 그림을 남겼다. 대전에서 발견된 '농경문 청동기'에는 괭이를 들고 농사짓는 사람, 나뭇가지에 앉은 새, 항아리에 무언가를 담는 사람의 모습이 새겨져 있다.

고대 이집트 및
그리스·로마 문명과 화가

이집트 문명에서 피어난 그림

4천여 년 전 고대 이집트인은 본격적으로 그림을 그리기 시작했다. 그들은 왕이나 신을 위해 피라미드와 아부심벨 대신전 같은 거대한 건축물을 만들었다. 화가는 그림을 그려서 건축물을 장식했다. 이들은 당시 이집트인이 살아가는 모습, 위대한 파라오가 이룬 업적 등을 주로 그렸다.

기원전 13세기 무렵 세워진 아부심벨 대신전

규칙에 따라 그린 고대 이집트 화가

화가는 조각가가 작업을 마친 다음 뒷마무리를 담당했다. 조각이 다 끝난 다음 꾸밈이 필요하면 화가를 불러 장식했다. 복잡한 건축이나 조각을 할 때 밑그림을 그리는 것도 화가의 일이었다.

이집트 화가는 그림을 그릴 때 정해진 규칙을 따랐다. 그림에 나오는 대상은 누구나 알아볼 수 있도록 완전해야 했다. 사람은 신분에 따라 크기를 다르게 그렸다. 파라오는 크게, 신하는 그보다 작게, 하인이나 노예는 더 작게 표현했다. 머리와 발은 옆으로, 몸통은 정면으로 그렸다. 인체 특징을 가장 잘 나타내는 방식이었다. 남자 피부는 여자보다 더 검게 그렸다. 신화에 등장하는 신을 그릴 때도 반드시 정해진 모습을 따라야 했다. 규칙을 철저하게 지키는 화가가 뛰어난 화가였다. 독창적인 표현이나 새로움은 필요 없었다.

작업실에서 일하는 사람들, 기원전 1390년~기원전 1349년 무렵

이집트와 자연에서 영감을 받은 고대 그리스 그림

이집트 그림은 초기 그리스 그림에 영향을 미쳤다. 그리스인은 마음과 신체, 행동에서 완벽을 추구했다. 화가는 그림에 철학, 사상, 과학을 담았다. 자연을 모델로 삼고, 빛과 원근법＊을 과학적으로 연구하여 그림에 입체감을 주었다.

그리스 화가는 조각이나 건물을 꾸미는 일뿐 아니라 역사적 사건도 기록했다. 화가들은 전쟁 장면을 마치 하늘 위에서 내려다본 것처럼 그렸다. 신과 영웅의 활약도 중요한 그림 주제였다. 그리스에서 가장 오래된 서사시 『일리아스』나 『오디세이아』 같은 문학 작품에서 따온 장면도 많았다. 설계도를 그리는 '제도'와 명암 위주로 그리는 '소묘'도 발전했다. 아쉽게도 현재 남아있는 고대 그리스 그림은 별로 없다. 도자기에 그린 그림과 벽화 몇 점만 전해진다.

도자기 표면에 그린 그리스 시대 그림, 기원전 520년 경

＊ 평면 위에 멀고 가까움을 느낄 수 있도록 표현하는 방법.

뛰어난 실력으로 후원을 받은 화가

그리스 화가들은 규칙에 얽매이지 않고 각자 솜씨를 뽐냈다. 실력이 뛰어난 화가는 부와 명예를 누렸다. 오늘날 남아있는 그리스 조각은 재료인 대리석 색깔 그대로이다. 그러나 원래는 화려한 색을 자랑했다고 한다. 당시 조각가는 솜씨 좋은 화가를 고용해 조각상에 색을 칠했다. 아테네 출신 조각가 '프락시텔레스'는 "가장 훌륭한 조각은 화가 '니키아스'가 색을 입힌 작품"이라고 이야기하기도 했다.

왕이나 귀족은 뛰어난 화가를 지원했다. 알렉산드로스 대왕 시절 화가 '아펠레스'는 궁정에서 일했다. 알렉산드로스 대왕은 아펠레스를 매우 아꼈다. 오직 아펠레스만이 왕을 그릴 수 있었다. 사람들은 둘 사이를 가장 이상적인 후원자와 예술가의 관계라고 생각했다.

아름다운 도시를 건설하다

고대 그리스의 지배층은 도시를 멋지게 꾸미는 데 힘을 쏟았다. 정부는 다양한 공공건물을 짓기 위해 건축가를 고용했고, 건축가는 화가에게 그림을 주문했다. 화가는 종교적 내용, 영웅적 사건 등을 주제로 그림을 그려 건물을 장식했다. 기원전 6세기경 아테네를 지배한 페이시스트라토스는 도시를 꾸미기 위해 다른 나라에서 화가를 초대하기도 했다.

기원전 499년부터 기원전 450년까지 페르시아의 침략 전쟁으로

알렉산드로스 대왕의 후궁과 결혼한 아펠레스

알렉산드로스 대왕은 후궁(왕비가 아닌 배우자)이 여럿이었다. 그중에서도 판카스페라는 후궁은 아름답기로 유명했다. 왕은 궁정 화가인 아펠레스에게 판카스페의 아름다움을 그림으로 남기라고 지시했다. 아펠레스는 그림을 그리다가 그만 판카스페와 사랑에 빠졌다. 이는 죽음을 면할 수 없는 큰 죄였다. 그런데 이 사실을 알게 된 알렉산드로스 대왕은 화가를 처벌하는 대신 두 사람이 결혼하도록 했다.

아펠레스는 판카스페를 모델로 삼아 〈바다 거품에서 태어나는 비너스〉라는 명작을 그렸다고 한다. 아펠레스가 그린 그림은 남아있지 않다. 약 1800년 후 이탈리아 화가 보티첼리가 이 이야기에 영감을 받아 〈비너스의 탄생〉이라는 뛰어난 작품을 남겼다.

〈비너스의 탄생〉 산드로 보티첼리, 1485년 (이탈리아 우피치 미술관 소장)

그리스 도시 절반이 파괴되었다. 전쟁이 끝나고 도시를 다시 건설하면서 화가가 할 일이 많아졌다.

그리스 전통을 이은 로마

기원전 1세기 중반 강성해진 로마가 그리스를 점령했다. 로마는 그리스로부터 풍부한 문화유산을 받아들였다. 대부분 노예 신분이기는 했지만 많은 그리스 출신 예술가가 로마에 자리 잡았다. 로마 그림은 그리스 그림 전통을 이었다. 비슷한 주제에 로마 역사와 유명 인물 초상이 더해진 정도였다.

로마 귀족과 부유층은 저택을 그림으로 장식했다. '프레스코' 기법을 주로 사용했다. 프레스코는 석회나 석고 등을 바른 벽이 마르기 전에 그림물감을 칠하는 방법이다. 초상화를 그릴 때는 밀랍을 사용했다. 밀랍은 꿀벌이 만드는 기름이다. 로마 화가는 밀랍을 끓여서 물감을 섞은 다음 나무판 위에 초상화를 그렸다.

로마 알렉산드리아 모자이크

폼페이 유적에서 나온 로마 그림

이탈리아의 화산 베수비오산은 79년에 크게 폭발했다. 가까운 도시 폼페이와 헤르쿨라네움은 하루아침에 화산 폭발로 사라졌다. 엄청난 흙과 화산재가 도시를 파묻어 버렸다. 폼페이 유적은 1592년 우연히 모습을 드러냈다. 1748년부터 유적을 파내기 시작해 지금까지 약 3분의 2를 발굴했다.

화산재 속에 파묻혀 있던 그림도 모습을 드러냈다. 당시 사람들은 벽에 풍경이나 정물을 그리고, 원근법을 사용했으며, 빛과 그림자를 넣은 음영법도 썼다. 붉은색, 황갈색, 초록색 등 다양한 색을 칠했고, 색칠한 돌이나 유리, 조개껍질 조각을 이어 붙인 '모자이크'도 있었다.

폼페이 유적에서 발굴한 프레스코 벽화, 비너스와 마르스 신을 그렸다.

폼페이 정물 프레스코

인도, 이슬람, 비잔틴의 그림과 화가

불교를 전파한 인도 그림

기원전 268년~기원전 232년 아소카 왕이 인도를 다스렸다. 아소카 왕은 인도 전체를 아우르는 커다란 왕국을 건설했다. 아소카 왕은 수많은 전쟁을 치렀지만, 불교로 개종한 후에는 평화를 선택했다. 그는 불교 교리를 널리 퍼트리고자 하였는데, 화가들도 불교

아잔타 석굴 사원 벽화

전파에 한몫했다. 불교 사원에서는 전국에서 재능 있는 사람을 뽑아 그림을 가르쳤으며, 그림을 그리는 승려도 많았다. 그림 이론과 역사, 화가 전기 등의 책도 많이 나왔다.

인도는 기원전 1세기 무렵부터 인도 북서부에 거대한 '아잔타' 석굴 사원을 건설했다. 수많은 사람이 오랫동안 사원 건설과 장식에 힘썼다. 화가는 아잔타 석굴 벽면, 기둥, 천장 등에 다양한 그림을 그렸다. 중국에서 온 순례자는 벽화를 보고 복사본을 가져갔다.

화려한 아라베스크 양식이 꽃피운 이슬람 그림

예언자 무함마드(570?~632)는 이슬람교를 아라비아반도 전역에 퍼트렸다. 이슬람을 믿는 사람들은 근동* 지역을 정복하고, 아프리카와 이베리아반도에 이르는 대제국을 건설했다. 아랍인들은 정복한 나라의 문화와 예술을 받아들였다.

이슬람교를 믿는 사람을 '모슬렘'이라 한다. 모슬렘은 오직 신이 인간과 동물을 창조할 수 있다고 믿었다. 그들은 신이 창조한 대상을 그리지 않았다. 신의 권한을 침범한다고 생각한 것이다. 대신 기하무늬, 식물, 자연경관 등을 이용해 아름답게 꾸몄다. 이를 '아라베스크 양식'이라 한다. 건축물 벽과 천장, 도자기, 유리, 금속 공예 제품, 책, 카

---

* 유럽 기준으로 유럽과 가장 가까운 아시아의 서쪽 지역을 이르는 말. 터키, 이스라엘, 시리아, 이집트 등이 속한다.

페르시아 시인 '하피즈' 무덤 천장을 장식한 아라베스크

펫 등 다양한 곳에서 아라베스크를 찾을 수 있다.

모슬렘은 의학, 화학, 동물학 등 학술 서적에만 내용 이해를 돕는 그림을 그렸다. 14세기 초가 되어서는 종교를 주제로 하는 그림이 등장했다.

이슬람 화가

비록 종교적 제한이 있었지만 화가는 여러 그림을 그렸다. 그림 그리는 일은 집안 대대로 전해졌다. 돌을 쪼아 작품을 만드는 '석공'과 비슷했다. 화가는 책의 삽화를 그리고 건축물을 프레스코로 장식했다.

시간이 흐르면서 그림을 대하는 사람들의 태도가 변했다. 부유하고 권력을 쥔 모슬렘들이 그림을 수집하기 시작했다. 그림은 부와 권력

코끼리를 길들이는 악바르 왕
(베를린 페르가몬 박물관)

의 상징으로 떠올랐다. 16세기 인도 지역을 지배한 악바르 왕은 화가 100여 명을 고용했다고 한다. 이들은 악바르 왕의 초상화와 왕의 업적을 그림으로 그렸다. 장군들도 화가를 고용하거나 후원하며 그림을 그리게 했다.

비잔틴 제국 미술

서구 세계에서 가장 강력했던 로마도 시간이 지나면서 쇠퇴했다. 유럽 북부의 여러 민족이 힘을 합쳐 로마를 침략했다. 내부에서도 분열이 일어나 로마는 이탈리아 로마를 수도로 하는 서로마 제국과 콘스탄티노플을 수도로 하는 동로마 제국으로 분열했다. 서로마 제국은 476년 멸망하고, 동로마 제국은 이후로 천여 년간 발전했다.

동로마 제국을 비잔틴 제국이라고도 한다. 비잔틴 제국은 기독교를 국교(나라에서 믿는 종교)로 삼았다. 기독교 교회 지도자들은 그림에 간섭했다. 그림의 내용은 신이 정하는 것이었다. 교회에서는 무엇을 그릴지, 어떤 모습으로 그릴지를 자세히 정해 책으로 펴냈고, 화가는 정해진 모습을 그리는 역할이었다. 화가는 같은 주제를 같은 스타일로 반복해서 그렸다. 새로운 기법을 시도하거나 사상을 담는 사람은

'전능하신 예수 그리스도'를 그린 기독교 성상, 6세기 무렵 작품

없었다.

　비잔틴 제국에서 가장 유행한 그림은 그리스도와 열두 제자, 성모 마리아, 성인을 그린 그림이었다. 이를 '성화', 그리스어로 '이콘'이라 한다. 자그마한 나무판에 그린 성화는 단순한 그림이 아니라 신과 이어주는 소통 수단이었다. 어떤 성상은 병을 고친다는 소문도 있었다. 신자는 성상을 경건하게 모셨다.

고대 중국의 화가

무덤에서 발굴한 비단 그림과 그릇

고대 중국 그림은 거의 남아있지 않다. 기원전 5세기, 중국은 여러 나라가 서로 패권을 다투는 '전국시대'였다. 양쯔강 중류에는 초나라가 있었다. 1949년 발굴된 초나라 무덤에서는 비단에 그린 그림 〈용봉사녀도〉와 〈남자어룡도〉가 나왔다. 지금까지 발견된 가장 오래된 중국 그림이다. 그림과 함께 토끼털로 만든 붓 등 그림 도구도 나왔다. 다른 여러 고대 무덤에서 옻나무 진액을 칠한

비단에 그린 그림, 〈용봉사녀도〉

나무 그릇, 접시, 상자, 쟁반 등 칠기가 나왔다. 칠기 표면에는 호랑이, 봉황, 용 등의 그림이 있었다.

후베이성 징먼 옛 무덤에서는 네모난 상자에 당시 귀족들이 나다니는 모습을 그린 〈출행도칠협〉을 발견했다. 기원전 202년 중국을 다스린 한나라 시대 무덤에서도 제대로 된 그림을 찾았다. 제일 유명한 것은 마왕퇴 유적에서 나온 비단 그림이다. 관 위에 덮어 영혼이 무사히 하늘로 올라가기를 비는 그림이었다. 그림 아래에는 사후 세계, 가운데는 현실 세계, 위에는 천상 세계를 담았다. 돌 위에도 그림을 그렸는데 이를 '화상석'이라 한다. 흙으로 만든 벽돌 표면에 그림을 그린 '화상전'도 무덤을 짓는 데 사용했다. 보통 벽돌 하나에 그림 하나를 그렸는데, 벽돌 여러 개를 합쳐 큰 그림을 만들기도 했다. 농사짓는 모습, 사냥하는 모습, 요리하는 모습이나 잔치 장면 등을 그렸다.

유교 사상과 신화를 담은 고대 중국 그림

한나라의 중심 사상은 유교였다. 공자와 그의 제자들, 충신, 효자, 열녀 등이 그림의 주인공이었다. 공자가 노자(도교를 창시했다)를 만나는 '공자견노자孔子見老子'가 특히 인기 있는 주제였다. '복희'*, '여와'**와 같은 중국 전통 신화에 나오는 인물이나 장면을 주제로 한

---

* 사람 머리에 뱀 몸을 한 전설상 인물.

〈형가자진왕〉, 진시황을 암살하려 하는 형가(손을 들고 서 있는 왼쪽 사람)와 피하는 진시황(그림 오른쪽, 돌아보는 사람).

그림도 있었다. 진시황을 암살하려다 실패한 형가 이야기를 그린 '형가자진왕荊軻刺秦王'처럼 역사적 사건을 묘사하기도 했다. 마차, 잔치, 부엌, 사냥, 소금 만들기, 연꽃 따기, 곡식 거두기 등 일상생활을 그린 작품도 많았다.

발전하는 중국의 그림

220년 한나라가 멸망하고 이후 중국은 수많은 나라가 생겨났다 사라지는 혼란기에 접어들었다. 이 시기를 '위진남북조' 혹은 '육조시대'라고 한다. 혼란스러운 시기에도 그림은 발전했다. 왕궁이나 무덤을 장식하고 백성을 가르치는 그림을 그리던 화가들은 아름다움을

** 인간을 창조한 것으로 알려진 여신.

위한 그림을 그리기 시작했다. 초상화와 일상생활을 그린 그림이 늘
어났다.

'고개지(344~406)'는 4세기에 활동한 화가다. 고개지 이전에도 화
가가 있었지만 이름이 남아있는 화가는 고개지가 처음이다. 고개지
는 귀족 가문에서 태어나 벼슬을 살며 그림을 그렸다. 고개지는 초상
화를 잘 그리기로 널리 이름을 날렸다. 그는 좋은 그림은 인물 생김새
는 물론 인격과 내면까지 나타내야 한다고 주장했다. 문학 작품을 소
재로 그림을 그리기도 했다. 고개지는 황실 여인이 지켜야 하는 도리
를 담은 문학 작품 『여사잠』*을 〈여사잠도〉로 그렸다.

고개지가 그린 〈여사잠도〉 12편 중 7번째 그림. 화장하는 모습을 담았다. 겉
으로 드러나는 아름다움보다는 품성이 아름다워야 함을 가르치는 그림이다.

* 여사(女史)는 황실에서 일하는 여성, 잠(箴)은 경계한다는 뜻이다.

화룡점정

어떤 일에서 가장 중요한 부분을 완성할 때 '화룡점정(畵龍點睛)'이라는 표현을 쓴다. "용을 그릴 때 마지막에 눈동자를 그린다"라는 뜻이다.

6세기 '장승요'라는 유명한 화가가 있었다. 어느 날, 절에 용 네 마리를 그렸는데 눈동자가 없었다. 사람들이 왜 용에 눈동자가 없냐고 묻자, 장승요는 "눈동자를 그려 넣으면 용이 살아나 날아가 버리기 때문"이라 설명했다. 사람들이 비웃으며 믿지 않자 장승요가 두 마리 용에 눈동자를 그려 넣었다. 그러자 눈동자가 생긴 용은 하늘로 날아가 버렸다. 이는 그림에 겉모습뿐 아니라 정신까지 담아야 한다는 사상을 나타낸다.

그림 그리는 법에 관한 이론, '화론'도 등장했다. 5~6세기 활동한 화가 '사혁'은 『고화품록』이라는 그림 이론서를 썼다. 이 책은 그림을 보는 여섯 원칙을 제시했다. 이에 따르면 좋은 그림은 다음과 같다.

① 생생한 기운이 넘쳐야 한다.(기운생동)

② 붓을 잘 사용해야 한다.(골법용필)

③ 대상을 충실하게 묘사해야 한다.(응물상형)

④ 대상에 따라 적합한 색을 입혀야 한다.(수류부채)

⑤ 대상을 적절한 위치에 배치해야 한다.(경영위치)

⑥ 옛 그림을 본받아 전통을 보전해야 한다.(전이모사)

삼국 시대 우리나라 그림과 화가

옛 무덤 벽에 그린 그림

지금까지 남아있는 삼국 시대 그림은 거의 없다. 고구려 옛 무덤 (고분)에서 발견한 벽화로 당시 그림을 알 수 있다. 압록강 북쪽, 만주 지역에 4~7세기 무렵 만든 고구려 옛 무덤 백 여 기가 남아있다. 무

안악3호분 행렬도

덤 벽, 천장 등에는 무덤을 장식하는 그림이 있다. 1949년 황해도 안악군에서 발견한 고구려 옛 무덤에는 무덤 주인 부부 초상화, 행렬을 지은 사람들, 연꽃 등 다양한 그림이 있었다.

무용총 수렵도

무용총은 중국 지린성 통구에서 발견한 고구려 옛 무덤이다. 무덤에서는 남, 여 14명이 춤추는 그림, 무사들이 사냥하는 그림 등을 발견했다. 무용총의 '수렵도'는 고구려 고분 벽화를 대표하는 그림으로 유명하다.

불교 영향을 받은 불상, 보살상도 고분 벽화에 자주 등장한다. 6세기 무렵에는 벽화로 청룡, 백호, 주작, 현무 등 동물을 그렸다.

삼국 시대의 화가

삼국 시대의 그림은 남아있지 않지만 여러 기록에서 당시 화가가 있었음을 알 수 있다. 삼국 시대에는 전문적인 직업 화가 '화공'이 있었다. 국가기관이나 사찰에서 화공을 길렀다. 백제는 화가에게 '박사'라는 호칭과 관직을 주었다. 신라에는 그림을 담당하는 관청인 '채

사신도

우주 질서와 동, 서, 남, 북을 담당하는 네 마리 동물을 그린 그림이 '사신도(四神圖)'이다. 동쪽은 청룡(푸른 용), 서쪽은 백호(흰 호랑이), 남쪽은 주작(봉황과 흡사한 상상 속 동물), 북쪽은 현무(뱀과 거북을 합친 상상 속 동물)를 상징한다. 고구려 요동성총, 무영총, 쌍성총 등 많은 고분 벽화에 등장한다. 나무, 쇠, 흙, 불, 물 다섯 원소가 만물을 이룬다는 '오행설'과 관계 깊다. 청룡은 나무, 백호는 쇠, 주작은 불, 현무는 물과 통한다. 가운데는 흙이며 황룡(누런 용)이 나타내지만 '사신'은 아니다.

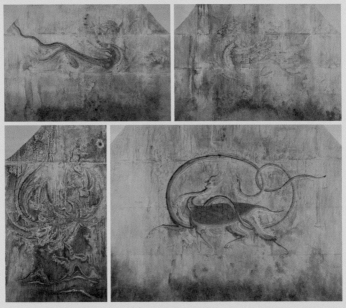

강서대묘 사신도. 왼쪽부터 청룡, 백호, 주작, 현무.

전'이 있었다. 채전은 관복에 색을 입히고, 건물을 칠하고, 염료를 관리하는 일 등을 맡았을 것이다. 고구려에도 그림을 담당하는 기관이 있었으리라 짐작한다. 큰 절에는 절 소속 화공이 있었다. 승려이면서 화가인 '화승'도 활약했다.

일본에 가서 그림을 그리고 이름을 날린 화가도 있었다. 463년 백제 화가 '인사라아'는 다른 기술자들과 함께 일본에 건너가 활동했다. 그 집안은 대를 이어 일본에서 활약했다. 백제 화가 '백가'는 588년 일본에 건너가 사찰에 불교 그림을 그렸다. 고구려 화승 '담징'은 610년 백제를 거쳐 일본에 갔다. 그는 일본에 종이, 먹 등을 전했다고 한다. 그는 호류지라는 절에 머물며 불법을 가르치고, 부처님을 모신 금당에 벽화를 그렸다고 알려져 있다.*

통일신라와 발해

삼국 통일 후 신라 그림 역시 거의 남아있지 않고 기록을 통해 짐작할 수 있다. 당나라 학자 '장언원'이 쓴 미술 역사책인 『역대 명화기』에 '김충의'라는 신라 화가가 등장한다. 김충의는 8세기 후반 당나라에 건너가 이름을 얻었다. 신라와 당나라는 활발히 교역했다. 신라 그림은 화려한 당나라 궁중 그림으로부터 영향을 받았다. 그림은 중요

---

* 일본에서는 해당 작품을 담징이 그렸다고 인정하지 않는다.

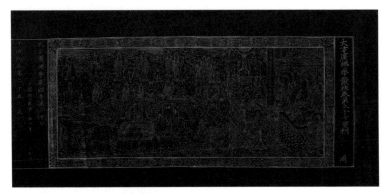

대방광불화엄경 변상도(국립중앙박물관)

한 교역품이었다. 신라는 당나라 그림을 수입해서 일본에 팔았다. 그림 관련 관청이 있었겠지만 구체적 기록은 없다. 유일하게 남아있는 통일신라 시대 그림은 '대방광불화엄경 변상도'*이다. 화엄경을 옮겨 적은 책 표지 그림이다. 종이에 금과 은가루로 부처님 설법 장면, 불상, 건물 등을 그렸다. 가장 유명한 화가는 '솔거'이다. 솔거는 황룡사 벽에 '노송도(늙은 소나무 그림)'를 그렸다고 한다. 실감나게 잘 그려 새들이 착각하고 날아들다가 벽에 부딪혔다는 전설이 전해진다.

발해는 고구려 그림을 이어받았다. 중국 영향도 받았다. 종이나 비단에 그린 그림은 남아있지 않고 벽화만 전해진다. 발해의 3대 국왕이었던 문왕의 넷째 딸 정효 공주의 무덤에서는 병사, 하인. 하녀, 악

* 변상도란 경전 첫머리에 경전 내용을 요약해 그린 그림이다.

사 등 공주를 시중 들던 사람을 그린 인물도를 발견했다. 발해 사람이
처음으로 등장한 벽화다.

근대부터 중세까지
그림과 화가

중세 이후 경제가 발전하며 그림을 사고파는 시장도 커졌다. 화가는 주문 작품만이 아니라 대중이 좋아할 만한 그림, 표현하고 싶은 내용을 그렸다. 기술자였던 화가는 의미와 아름다움을 전하는 예술가가 되었다. 동양에서는 직업 화가 외에도 유학을 공부한 지식인이 이상적인 정신세계를 담아 그림을 그렸다.

근대에는 산업화가 진행되며 그림도 대량 생산하게 되었다. 상품을 광고하는 목적으로 그리는 그림도 많아졌다. 다양한 미술 학파가 등장하고, 그림과 관련된 다른 전문 직업도 생겨났다. 화가들은 이념을 담아 그리기도 하고 전쟁 등 사회 격변을 겪는 사람들을 그림으로 위로하기도 했다.

중세 서양 그림과 화가

꾸밈과 관련된 여러 분야 장인

서로마 제국 멸망 이후 천여 년간 서양에 그림만 그리는 전문 화가는 없었다. 책에 삽화를 그리는 사람, 보석으로 장신구를 만드는 사람, 교회를 지을 때 유리에 색을 칠하는 사람이 있었다. 이들은 오랫동안 기술을 갈고 닦은 '장인'이었다. 장인들은 주로 수도원에서 일했다.

12세기 전까지는 수도원 밖에서 예술품을 감상할 수 없었다. 중세 초까지 대표적인 예술 작품은 책이었다. 아름다운 그림을 그려 겉표지를 화려하게 꾸미고, 보석이나 귀금속으로 장식하기도 했다. 글씨도 잘 써야 해서 이 일만 전문으로 하는 수도사들도 있었다.

되살아난 그림

12세기쯤부터 상공업의 발전으로 유럽 도시가 성장했다. 큰 도시는 직업 예술가를 고용할 수 있을 만큼 돈이 많았다. '화가'가 그림 솜씨로 먹고살 수 있는 세상이 된 것이다. 책을 사고파는 시장도 성장했다. 책의 삽화는 화려했으며, 삽화가는 한 페이지 전체를 그림으로 채우기도 했다. 책의 여백에 우스꽝스러운 작은 그림을 그리기도 했다.

가톨릭교회는 화가를 고용해서 수도원과 성당을 꾸몄다. 화가들은 모자이크나 프레스코 기법을 주로 사용했다. 동상에 색을 칠하고, 건물 벽에 종교적 장면을 그리기도 했다. 건축가들은 교회를 지으며 그림 그릴 자리를 미리 비워두기도 했다. 하지만 여전히 당시 화가는 건물이나 기구의 설계도면, 도안을 전문으로 그리는 '제도공'으로 기술자에 가까웠다.

이탈리아 몬레알레 대성당의 모자이크, 12세기 후반

화가, 길드를 만들다

1283년 영국 런던에 최초로 화가 길드가 생겼다. 처음에는 말을 타거나 부릴 때 쓰는 안장, 고삐 등

'마구'를 만드는 장인 길드에 속해 마구 제작을 도왔다. 화가 길드 규칙 9개 중 4개가 마구 칠하기에 관한 내용이었다. 시간이 지나면서 솜씨가 좋은 화가는 왕족이나 귀족이 원하는 그림을 그려주고 돈을 벌었다. 귀족 가문을 나타내는 깃발이나 문장*, 귀족 초상화 등을 주로 그렸다. 화가 숫자도 늘어났다.

1292년 파리에는 '화가' 33명, 책에 색을 입히고 그림을 그리는 '채식사' 13명, 교회 스테인드글라스를 만들고 조각상에 색을 칠하는 일 등을 하는 '이미지 메이커' 24명이 있었다. 이 중 '마스터 오노레'라는 화가가 가장 유명했다. 오노레는 프랑스 왕 필립을 위해 일했으며, 왕이 읽는 책에 그림을 그리고 장식했다. 그는 개인적으로 하인을 부릴 만큼 성공했다.

13세기 이후 각 도시에서는 화가를 공식적으로 고용하고 그림을 주문했다. 그림 주문은 건축 공사 주문과 비슷했다. 정부에서 "이런 그림이 필요하다"라고 알리면 그 일을 하고 싶은 화가가 손들고 나섰다. 당시 그림은 오래 보전할 대상이라기보다는 쓰고 버리는 장식품이었다. 그래서 화가는 자기 그림을 모아두지 않았다. 14세기 말 파리 화가 길드가 '새로 그림을 그리기 전에 이전에 그린 그림을 갈아 버리고 그 위에 그려라'라는 지침을 줄 정도였다.

---

* 국가나 가문, 단체, 개인 등을 상징하는 그림. 방패나 갑옷, 깃발 등에 그렸다.

르네상스, 되살아난 서양 고전 문화

14세기 무렵 교역이 활발해지고 경제가 발전했다. 도시가 발달하고 사람들이 부유해졌다. 여유가 생긴 사람들은 딱딱한 교회 규칙보다는 자유로운 사상과 문화생활을 원했다. 힘이 세진 도시는 교회의 요구와 간섭을 뿌리칠 수 있었다.

이탈리아를 중심으로 사람들은 그리스·로마의 고전 학문과 예술을 연구하고 가르치는 인문학을 활발히 연구했다. '인간의 품위에 가장 잘 어울리는 교양 학문'으로 문법, 수사학, 시, 역사, 철학 등이 중요해졌다. 이 시기를 '르네상스renaissance'라 한다. 르네상스는 '다시re 태어난다naissance'라는 뜻이다. 우리말로는 '문예 부흥'이라 한다. 서양 고전 문화가 중세 천여 년간 숨죽이고 있다가 다시 살아났다.

화가 지위가 상승하다

문화와 예술이 중요해지면서 화가를 단순한 장인 이상으로 대우하기 시작했다. 성당 제단에 새롭게 그림을 그리면 모든 시민이 모여 축하했다. 나폴리를 비롯한 도시 지배자들은 유명한 화가를 '궁정 화가'로 삼았다. 궁정 화가는 다른 장인보다 더 대접받았다. 궁정 화가라고 해서 특별히 다른 일을 하지는 않았다. 아주 뛰어난 화가는 궁정에 들어가 관직을 받기도 했다. 화가를 위한 관직은 따로 없었기에 '왕실

경호원' 같은 직위를 주었다.

　15세기 화가 '얀 판 에이크'는 바이에른과 부르고뉴 지역 영주 아래서 궁정 화가로 일하면서 동시에 외교관으로 활동했다. 유명한 화가는 귀족 부럽지 않았다. 이탈리아 도시 피렌체는 이탈리아 화가이자 건축가인 '지오토'에게 '도시 설계자'라는 칭호를 주었다. 15세기 신성 로마 제국에서는 화가에게 기사 작위를 수여했다. 르네상스 시대 도시와 국가는 얼마나 부유한지 뽐내기 위해 자기들이 고용한 '궁정 화가' 또는 '공식 화가'를 서로 자랑했다.

화가가 되려면

　14세기에는 네덜란드, 북부 독일 상업 도시에도 화가 길드가 생겨났다. 중세 길드에서는 전문 기술자 장인이 젊은 초보자 도제를 교육했다. 도제는 보통 5~7년 동안 장인 아래서 일했다. 처음에는 작업실 청소, 물감 섞기, 이젤* 등 그림 도구 준비 같은 허드렛일을 했다. 당시는 그림을 떡갈나무 등으로 만든 나무판 위에 그렸다. 그림을 그리기 전에는 나무판 위에 아교, 분필 가루 등을 섞어 고르게 발랐다. 도제가 하는 중요한 일이었다.

　장인은 도제를 평가했다. 도제가 충분히 실력을 쌓았다고 판단하

---

* 그림 그릴 때 그림판을 놓는 틀.

면 먼저 시험 삼아 그려 보도록 허락했다. 시험 작품을 선배 장인들이 모여 평가했다. 합격하면 도제를 벗어나 '저니맨Journeyman'이 되었다. 저니맨은 아직 독립하지 못하고 다른 장인 밑에서 일하는 '보통 솜씨를 지닌 장인'이다. 시간이 흐르면 저니맨은 뛰어난 솜씨를 지닌 장인인 '마스터'가 되어 자기 화실을 차렸다.

화가 길드와 회원들

화가 길드 회원은 자기 직업에 관한 자부심이 강했다. 작업 기준도 엄격했다. 길드 운영자는 가끔씩 예고 없이 길드 회원의 화실을 방문했다. 제대로 된 재료를 쓰는지, 제작 방법이 올바른지, 그림 그리는 환경이 해롭지 않은지 등을 검사했다. 길드 회원들은 일을 같이할 뿐 아니라 일상생활도 함께했다. 가족끼리 모임도 잦았다.

같은 화가 길드끼리는 국적을 따지지 않고 교류했다. 외국 여행을 떠난 화가는 그 나라 화가 길드 회원 집에서 묵었다. 국경 너머 서로의 길드를 방문해 서로 그림을 교환하고 아이디어를 나누기도 했다. 화가 길드의 중심지는 이탈리아였다. 영국이나 독일의 왕과 귀족은 이탈리아에서 비싼 돈을 주고 그림을 구했다. 이탈리아 화가들은 비잔틴 제국이 정했던 엄격한 그림 규칙에서 벗어나 자유로운 주제와 새로운 아이디어를 그려냈다.

공부하는 화가들

르네상스 시대 유럽 예술 중심지는 이탈리아 피렌체였다. 피렌체에서는 유럽 최고 수준 화가들이 탄생했다. 피렌체 화가들은 과학과 의학도 공부했다. 사람 신체를 제대로 그리기 위해 외과 의사처럼 해부학을 공부하고, 자연 풍경과 정물을 그리기 위해 빛과 색을 연구했다. 인류 역사상 첫손에 꼽히는 천재* 레오나르도 다 빈치도 피렌체에서 활동했다. 〈모나

레오나르도 다 빈치가 직접 그린 자화상

리자〉, 〈최후의 만찬〉 등 전 세계적으로 유명한 그림을 남긴 레오나르도 다 빈치도 시체를 해부하며 인체 구조를 익히고, 사람이 물체를 보는 원리를 연구했다. 이렇게 의학과 과학을 공부하는, 지금까지 없었던 새로운 화가가 등장했다.

그림을 사는 사람

그림을 사는 주 고객은 귀족과 교회였다. 귀족은 귀한 책을 사들여

---

* 2007년 세계적인 과학 잡지 「네이처(Nature)」는 인류 역사를 바꾼 천재 10명을 뽑았다. 1위가 레오나르도 다빈치였다.

자기 도서관을 채웠다. 책을 만들 때는 삽화가와 채색사가 책을 장식했다. 교회는 성당과 제단을 새로 건설하기 위해 건축가를 고용했다. 이들은 건물을 장식하기 위해 화가에게 그림을 주문했다. 화가는 고용주에게 미리 그림 스케치를 보여주고, 고용주가 마음에 들어 하면 얼마를 받을지, 언제까지 그릴지를 다시 협상했다.

경제가 발전하면서 새로운 구매자도 등장했다. 귀족이나 부유한 시민은 자기 집에 걸어 둘 작은 그림을 원했다. 그림을 원하는 이들은 직접 화가에게 그림을 주문했다. 덩달아 '액자'도 중요해졌다. 화려한 액자는 때로 그림보다도 더 비쌌다. 액자를 만드는 사람들도 길드를 만들 정도로 성장했다.

활발한 예술 활동과 스타 예술가

이탈리아는 고대 로마가 쌓은 토대 위에 건설되었다. 그리스와 로마 시대 그림은 사라졌지만, 건축물과 조각상은 남아있었다. 가정집 뒤뜰에서도 고대 로마 유물이 나올 정도였다. 이탈리아 예술가들은 고대 작품을 새로운 자극으로 받아들였다.

미켈란젤로 초상 (메트로폴리탄 미술관)

1475년 이탈리아 피렌체에서 '미켈란젤로'가 탄생했다. 미켈란젤로의 아버지는 평범한 마을 관리로, 아들이 화가가 되는 것을 못마땅해했다. 그러나 미켈란젤로의 재능을 알아본 귀족 집안에서 아버지를 설득해 계속 미술을 배우도록 했다. 미켈란젤로는 뛰어난 조각가이자

미켈란젤로 〈최후의 심판〉 시스티나 성당 제단화

화가로 엄청난 명성과 부를 쌓았다. 교황과 비슷한 정도로 유명했다. 당시 교황 레오 10세는 미켈란젤로를 '형제'로 생각했다. 이전까지는 아무리 위대한 화가라도 장인으로 취급했다. 그러나 사람들은 미켈란젤로를 하늘로부터 계시받은 예술가로 여겼다. 그가 남긴 작품은 후대 예술가에게 모범이 되었다. 이후 자연스럽게 화가와 예술가를 같은 단어*로 썼다. 화가들은 특별한 쓰임새가 없어도 그림을 그리기 시작했다.

* 영어 '아티스트(artist)'에는 예술가라는 뜻과 화가라는 뜻이 있다.

높아진 화가 지위

예술을 후원하는 귀족과 부유층은 서로 좋은 작품을 가지기 위해 경쟁했다. 교황 니콜라스 5세는 로마를 방문하는 순례자들에게 세금을 걷어 그 돈으로 예술작품을 사들였다. 피렌체를 지배했던 '로렌조 디 메디치'는 예술가와 학자를 후원했다. 귀족이 교회보다 더 많은 작품을 사기 시작했다. 화가는 직접 액자를 만들기도 했다. 장식용이 아닌, 그림에 가장 잘 어울리는 액자를 제작했다. 그림은 건축물이나 장식을 구성하는 일부분이 아니라 그 자체로 가치를 지녔다. 귀족층은 성공한 화가를 엘리트 지배 계급으로 인정했다. 16세기 활약했던 화가 '티치아노'는 신성 로마 제국 황제 카를 5세로부터 궁정 백작* 작위를 받았다. 귀족이 된 화가는 대대로 자식에게 지위를 물려주었다. 교황은 유명한 화가에게 훈장을 주었다.

구텐베르크가 금속 활자 인쇄술을 발명한 이후에는 책이 널리 퍼졌다. 책이 잘 팔리면서 삽화가도 수입이 늘었다.

보통 사람도 그림을 사들이다

17세기 무렵이 되면 보통 사람도 그림을 사들였다. 영국에는 "먹을 빵이 없어도 그림을 샀다"라는 기록이 남아있다. 그림에 투자하는 사

---

* 귀족 계급은 보통 공작, 후작, 백작, 자작, 남작으로 나눈다. 궁정 백작, 혹은 팔라티노 백작은 왕실이나 황실 관리에게 주는 작위로, 일반 백작보다 높은 계급이었다.

람도 늘었다. 아직 이름나지 않은 화가 그린 그림을 싸게 샀다가 나중에 유명해지면 비싸게 팔았다. 네덜란드에서는 농부도 정기적으로 그림에 투자했다. 각종 모

렘브란트가 그린 〈야경(The Night Watch)〉, 1642년 (원제 〈프란스 바닝 코크 대장의 민병대〉)

임과 단체가 돈을 모아 그림을 샀다.

　모임 회원들은 자기들이 모이는 장소, 클럽, 회관에 걸어둘 그림을 주문했다. 요즘 기념사진처럼 여러 사람을 함께 그린 초상화였다. 사람들은 자기 얼굴을 앞에 나오게 해달라고 요구했다. 얼마나 많은 얼굴이 뚜렷이 나오느냐에 따라 그림값을 정했다. 네덜란드 유명 화가 '렘브란트'가 그린 작품 〈야경〉은 '민병대'*에서 주문한 그림이었다.

신인 화가를 가르치는 아카데미

　화가가 되는 길은 험난했다. 평생 그림 그리는 기술을 익혀야 했다.

---

* 시민들이 자발적으로 결성한 군대. 의용군, 의병이라고도 한다.

화가들은 어렵게 익힌 지식과 기술을 서로 나누고 후배에게 전하려 했다. 그리하여 작품을 전시하고, 아이디어를 교환하고, 젊은 예술가를 가르치는 아카데미를 만들었다. 이탈리아 화가 '반디넬리'는 1531년 로마에서 최초로 아카데미를 열었다. 1593년 로마에는 성 루카 아카데미가 탄생했다. 당시 교황 우르반 8세는 성 루카 아카데미를 적극적으로 후원했다. 아카데미는 '화가' 직업이 길드에서 벗어나 사회적 지위가 높아지는 데 이바지했다.

1648년 프랑스는 '왕립 회화 조각 아카데미'를 설립했다. 당시 프랑스는 유럽 최강대국이었다. 프랑스 왕 루이 14세는 프랑스가 얼마나 위대하고 부유한지를 예술로 뽐내려 했다. 프랑스 왕실은 아카데미와 예술가를 적극적으로 후원했고, 그림은 아카데미 회원에게만 주문했다. 왕실 소속 장인들은 그림을 넣기 위해 휘황찬란한 액자를

성 루카, 예술가를 보호하는 수호성인

가톨릭교회에서는 국가, 개인 또는 직업군이나 장소에 따라 종교적으로 모범이 되는 '성인(Saint)'을 보호자로 삼았다. 수호성인이라 한다. 신자들은 수호성인을 통해 신에게 청원하고 보호 받았다.

성 루카는 그리스 안티오키아 출신으로 『루카 복음서』와 『사도행전』을 썼다고 알려졌다. 최초로 성모 마리아 초상화를 그렸다는 전설도 있다. 이에 훗날 화가들은 성 루카를 수호성인으로 삼았다.

만들었다. 아카데미는 학생을 철저하게 가르쳤고, 학장이었던 화가 '샤를 르브룅'은 무엇을, 어떤 기법으로 그려야 하는지를 알려주는 지침서도 냈다. 프랑스를 이어 1768년 영국에 '로열 아카데미'가 탄생했다. 18세기 말이 되면 유럽 대부분 나라에 아카데미가 있었다.

그림 전시회

아카데미는 매년 회원이 그린 작품을 모아 전시회를 열었다. 초기에는 귀족만 전시회에 갈 수 있었으나 18세기에는 예술품을 살 능력이 되면 누구나 전시회에 참석할 수 있었다. 전시회는 일반 대중이 새로운 미술 작품을 만나는 통로였고, 인기 작품과 화가가 탄생하는 마당이었다. 사람들은 전시회에서 마음에 든 그림을 그린 화가를 후원했다.

전시회는 아카데미가 주도했다. 아카데미 중에서도 프랑스 아카데미가 가장 유명했다. 18세기까지 전 유럽에서 화가들이 자기 작품을 프랑스 아카데미로 보내고 전시를 부탁했다. 아카데미 주최 전시회에서 인기를 끈 화가는 그림 주문을 많이 받았다. '초상화' 주문이 가장 많았다. 당시에는 아직 사진기가 발명되지 않아 초상화가 사진을 대신했다. 18세기 후반 영국 로열 아카데미는 전시회를 열면서 출품 그림 목록집을 만들어 팔기 시작했다.

대부분 화가는 남성이었다. 17~8세기 무렵 여성 화가가 등장했다. 대표적 인물은 '엘리자베트 비제 르브룅'이다. 그녀는 초상화를 잘 그리기로 유명했다. 1779년에

는 당시 프랑스 왕비였던 마리 앙투아네트 초상화를 그렸다. 마리 앙투와네트는 그녀를 후원했다. 1783년에는 왕립 미술 조각 아카데미 회원이 되었다. 프랑스 혁명을 피해 프랑스를 떠나 이탈리아, 헝가리, 러시아 등지에서 활동하며 큰 성공을 거두었다. 평생 초상화 660여 점과 풍경화 200여 점을 남겼다. 유럽 여러 미술관이 그녀가 그린 그림을 소장하고 있다.

엘리자베트 비제 르브룅, 1790년에
그린 자화상

그림 판매 방식이 그림 내용을 바꾸다

과거에는 교회나 정부, 혹은 후원자가 주문을 하면 화가는 그에 따라 그림을 그리고 대가를 받았다. 전시회에 중산층이 참가해 그림을 사기 시작하며 화가는 특정 고객이 원하는 그림을 그리지 않아도 되었다. 오히려 누구나 좋아할 만한 그림이 잘 팔렸다.

화가는 여러 사람이 가진 욕망과 감성을 그림에 담았다. 심지어 고객이나 대중이 원하는 그림보다는 자기 감성과 생각을 담아 그림을

그리는 화가도 있었다.

예술 관련 새로운 직업이 등장하다

1592년 사람들은 아주 우연히 옛 폼페이 유물을 발견했다. 1748년이 되어 이탈리아를 지배하던 프랑스가 본격적으로 폼페이 유물을 발굴하기 시작했다. 모자이크, 벽화, 조각상 등 많은 미술품이 빛을 보았다. 고대 예술품은 당시 예술가에게 큰 영향을 주고 인기를 끌었다. 사람들은 앞다투어 고대 그리스, 로마의 예술 작품이나 이를 모방한 작품을 구했다. 파리와 런던의 부자들은 전문가를 이탈리아로 보내 유적을 조사하고 골동품을 사들였다.

고대 미술품 수집 열풍이 불자 새로운 직업이 등장했다. '예술품 복원가art restorer'이다. 이들은 파괴된 고대 예술품을 온전하게 고치는 전문가다. 그림이나 조각 거래를 중개하는 '거래상'도 생겼다. 거래상은 대리인을 고용해 전 세계에서 작품을 사들였다. 이들은 부유한 유럽 도시에 '갤러리'*를 열어 그림을 전시하고 고객에게 팔았다.

예술을 다루는 전문 잡지도 생겨났다. 잡지는 전 유럽에서 열리는 전시회를 소개했다. 새로운 작품을 선보이고 화가를 알렸다. 작품이 가진 의미를 해설하고, 작품이 얼마나 뛰어난지 평가했다. 이 일은 예

---

* 미술 시장에서 작품을 구매하고 전시, 판매하는 곳. '화랑'이라고도 한다.

술 '비평가'들이 맡았다. 비평가들은 예술이 어때야 하는지 저마다 다양한 관점과 이론을 제시했다. 이들은 잡지에 자기 의견을 싣고 다른 이들과 치열하게 논쟁했다.

미국 화가들

미국은 유럽과 사정이 달랐다. 18세기 북아메리카 식민지는 유럽에 비하면 매우 가난했다. 19세기에도 국토 대부분이 미개척지였다. 1720년 '스코트'라는 영국 화가가 북아메리카 식민지로 이주했다. 그는 제자를 모았고 제자들은 '초상화 그리는 사람들'이라는 모임을 만들어 활동했다.

당시 미국인 중에는 그림을 살 만큼 돈이 있는 사람이 거의 없었다. 그들에게 예술은 쓸데없는 장식품에 불과했다. 이 생각은 이후 백 여년간 변하지 않았다. 프랑스 철학자이자 역사가인 '알렉시스 드 토크

리와 셰퍼드 출판사 및 서점 광고(1867)

빌'은 1831년 미국을 여행하고 돌아왔다. 그는 "미국인은 습관적으로 유용성을 아름다움보다 앞에 내세운다"라고 했다. 18세기 미국 화가는 표지판이나 가게 유리

그림을 그만두고 세계적인 업적을 남긴 모스

'새뮤얼 모스'는 화가가 되기 위해 1810년 영국으로 떠났다. 그는 그림을 공부한 다음 1815년 미국으로 돌아왔다. 모스는 역사적 사건과 인물을 그리는 역사화로

이름을 날렸지만, 생계를 유지하기 위해서는 초상화를 그려야 했다. 그는 결국 화가를 그만두었다. 모스는 대신 전기로 소식을 전하는 전신기를 연구했다. 1837년에는 모스 전신기를 개발하고, 알파벳과 숫자를 나타내는 '모스 부호'를 발명했다. 모스 부호는 전 세계에서 공통으로 사용했다.

전신기와 새뮤얼 모스

창 그림을 그렸다. 재능 있는 미국 화가는 외국에서 활동했다. 이탈리아에서 공부하고 영국에서 로열 아카데미 회장이 된 '벤저민 웨스트' 같은 미국인 화가도 있었다.

19세기에 미국 경제가 발전하면서 그림을 살 만큼 여유 있는 사람도 늘어났다. 하지만 그들도 그림에서 유용성을 먼저 찾았다. 유럽과 같은 예술 전통은 없었다. 사람들이 주로 주문한 그림은 초상화였다. 자기 얼굴이 나온 그림에만 돈을 썼다. 초상화를 그리지 않는 화가는 먹고살기 어려웠다.

왕조시대 중국 그림과 화가

궁중에서 일하는 화가

한나라 때부터 궁중에 '화실'을 두었다. 황제나 황실 가족, 신하 등을 그리는 궁정 화가도 있었다. 그림을 수집하고 관리하는 관리도 따로 두었다. 7~9세기 중국을 다스린 당나라도 궁정 화가를 채용했다. 궁정 화가는 궁중 행사나 외국 사신 접대 모습도 그림으로 남겼다. '염입본閣立本'은 뛰어난 화가로 황제

염입본이 그린 〈역대제왕도권〉 중 '손권' (보스턴 미술관)

13명의 초상을 그린 〈역대제왕도권〉을 남겼다. 그는 정치에도 재능이 있어 고위 관직에도 올랐다.

궁정 화가를 '화사'라 높여 부르기도 했다. 하지만 화가를 존중하지는 않았다. 어느 날 황제가 염입본을 갑자기 불러 연못에서 노니는 오리를 그리라 명령했다. 그는 모욕감을 느끼고 자식과 제자들에게 화가가 되지 말라고 충고했다 한다.

우연히 황제 눈에 들어 궁정 화가로 뽑힌 민간 화가도 있었고, 솜씨가 뛰어나 이름을 날리는 민간 화가를 관리가 궁정 화가로 추천하기도 했다. 집안 대대로 궁정 화가 자리를 물려받기도 했다.

당나라가 멸망한 후 중국은 다시 여러 왕조로 나뉘었다. 956년 쓰촨 지역에 자리 잡은 나라 후촉은 처음으로 '한림도화원'을 만들었다. 궁궐에서 그림을 담당한 공식 기관이다. 이 기관 소속 화가를 '화원 화가'라 했다. 화원 화가는 궁중에서 일하며 황제를 위한 그림을 그렸다.

예술이 번성한 송나라와 화가 황제

분열된 중국을 960년 송나라가 통일했다. 송나라 때는 평화가 오래 지속되고 문화가 융성했다. 예술을 사랑하는 황제도 등장했다. 송나라 8대 황제인 '휘종徽宗'은 그림 솜씨도 뛰어났고 글씨도 잘 썼다. 1104년 휘종은 궁중에 미술학교인 '화학'을 세웠다. 화학에 속한 화가는 엄격한 시험을 치렀다. 황제가 직접 시 한 구절을 문제로 내면 화가는 그에 걸맞은 그림을 그려야 했다. 휘종은 화가를 엄격히 관리했다. 어떤 그림을 그릴지, 어떤 방법으로 그릴지를 정해 주었다. 새롭거나 독창적인 그림을 그리는 화가는 궁중에서 쫓겨났다. 황제가 그림을 그리면 화가는 이를 열심히 따라 그렸다. 잘 그린 그림에는 황제가 직접 서명해 주었다. 휘종은 특히 꽃과 새 그림에 능했다. 휘종은 예술품도 열심히 수집했다. 예술품 수집을 위해 세금을 올리고, 민간인이 가진 예술품을 강제로 빼앗기도 했다.

휘종은 예술에 능한 황제였지만 정치에는 어두웠다. 여기저기에서 반란이 일어났다. 게다가 거란족이 세운 금나라가 공격해 왔다. 휘종은 금나라에 포로로 잡혀가 쓸쓸한 최후를 맞았다.

문인화와 문인화가

유명한 화가 중에는 유학을 공부한 지식인이 많았다. 과거에 급제해 높은 관직까지 오른 선비도 있었다. 송나라 때 글 잘 쓰기로 이름을 날린 '소식(소동파)' 같은 문인은 그림에 관한 이론을 만들었다. 이들은 사물을 있는 그대로 재현하기 위해 그림을 그리지 않았다. 그림은 마음을 표현하는 것이라 주장했다. 바위, 강물, 소나무 등은 화가가 가진 사상이나 감정을 나타내는 도구였다.

교양인, 사대부가 그린 그림은 직업 화가가 그린 그림과 다르다고 생각했다. 이때부터 직업 화가가 아닌 지식인이 그린 그림을 '문인화文人畵', 문인화를 그리는 사람을 문인화가라 했다. 그림 그리는 기법은 중요하지 않았다. 일부러 서투르게 그려 순진함을 강조하기도 했다. 직업 화가는 대나무를 그릴 때 먼저 윤곽선을 그린 다음 색을 채운 반면 문인화가는 글씨 쓰는 것처럼 한 번에 그렸다. 산과 물 등 풍

소식이 그린 〈고목괴석도(늙은 나무와 괴상한 바위 그림)〉

경을 그린 산수화와 매화, 난초, 대나무, 국화 등 사군자를 즐겨 그렸다. 그림 옆에 시를 쓰기도 했다. 문인화는 사고파는 물건이 아니었다. 뜻이 맞는 친구끼리 주고받는 선물이었다.

몽골이 세운 원나라의 화가

송나라 뒤를 이어 원나라가 중국을 지배했다. 원나라는 중앙아시아 사막 지대 유목민족인 '몽골'이 세운 나라다. 몽골은 중앙아시아, 동부 유럽, 중동까지 이르는 거대한 제국을 세웠다. 몽골은 정복한 민족의 미술가와 장인을 군대처럼 조직했다. 중앙아시아 출신, 페르시아 출신, 유럽 출신 미술가도 속해 있었다. 원나라는 휘황찬란한 장식을 좋아했다. 부를 과시하기 위해 화려한 가죽, 바닥 깔개, 털가죽 제품 등으로 천막집을 장식했다.

송나라 출신 귀족과 지식인은 원나라에서 천대받아 시골로 숨어들었다. 그러나 원나라도 시간이 흐르며 한족 문화와 제도를 받아들였다. '조맹부'는 원나라 고위 관리이면서 뛰어난 화가, 서예가였다. 송나라 황실 후손이었던 조맹부는 전통을 되살린 그림을 그렸다. 조맹부가 그린 그림과 글씨는 문인화 발전에 크게 이바지했다. 송나라 출신으로 원나라를 섬긴 조맹부를 비난하는 사람도 많았다.

발전한 인쇄술과 그림 이론

'주원장'은 몽골을 몰아내고 명나라를 세웠다. 명나라에서는 색을 입혀 인쇄하는 기술이 발전했다. 많은 그림을 인쇄할 수 있었고, 그림을 손에 넣기 쉬워졌다. 대중이 좋아하는 소설책도 많이 출판했다. 책의 삽화에도 색을 입혔다. 화가는 인쇄본을 구해 그림을 연구했다. 학자는 미술 이론을 연구했다. '동기창'은 명나라 문인이자 화가, 정치가였다. 그림 이론에도 능했던 그는 그림을 연구해 그림의 계통을 정리했다.

남종화가와 북종화가

동기창은 친구였던 서화가 '막시룡'과 함께 '화설'이라는 글을 썼다. 이 글에서 그림을 두 부류, '남종화南宗畵'와 '북종화北宗畵'로 나누었다.

남종화는 남화라고도 한다. 지식인, 유학자들이 교양으로 그린 그림이다. 문인화와 같다. 주로 묵으로 단색 산수화를 그렸다. 그림 안에 담긴 정신을 중요하게 여겼다. 남종화를 그리는 사람들은 점차 독특한 그리기 방식을 만들어갔다.

화원 소속 궁정 화가나 직업 화가가 그린 그림이 북종화, 북화다. 외형을 꼼꼼하고 세밀하게 그렸다.

명나라 초기에는 직업 화가가 활약했다. 명나라 건국 과정에서 강

남지역 문인들은 주원장을 지지하지 않았다. 명나라를 세운 주원장은 이들을 박해했다. 자연히 남종화 세력이 약해졌다. 주원장이 죽고 문인이 다시 힘을 얻어 남종화도 점차 성장했다. 문인화가가 그

남종화 〈춘산서송도〉(미불 그림, 왼쪽)와 북종화 〈조춘도〉(곽희 그림, 오른쪽)

림을 주도했고, 직업 화가도 남종화 스타일로 그림을 그렸다. 남종화와 북종화로 나누는 분류법은 이후 300여 년 동안 중국 미술계를 지배했다.

화원과 직업 화가 대우

명나라도 이전 왕조와 비슷하게 궁중에 '화원'을 두었다. 화원을 관리하는 사람은 환관이었다. 화가는 좋은 대접을 받았다. 대신 군대처럼 엄격한 규칙을 따르고 명령에 철저히 복종해야 했다. 황제는 마음에 안 드는 화가를 처형하기도 했다.

명나라 5대 황제 선덕제는 그림 솜씨가 뛰어난 화가였다. 예술 애호가였던 선덕제는 화가를 잘 대우하고 여건을 개선했다. 화가에게 벼슬을 내리기도 했다. 그래도 규칙을 어기면 중한 벌을 받았다. 당시 뛰어난 화가였던 '대진'은 〈추강독조도〉라는 그림을 그릴 때 실수를 해서 쫓겨났다. 관복에 쓰이는 붉은 색을 어부 옷 색으로 칠했기 때문이다. 그는 고향인 항저우도 돌아가 계속 그림을 그렸다. 대진은 그 지역 화가들에게 많은 영향을 주었다.

서양 그림 기법을 도입하다

명나라가 망하고 만주족이 세운 청나라가 중국을 지배했다. 18세기 이후 서양 선교사들이 중국에 들어왔다. 황실은 그림 잘 그리는 선

카스틸리오네가 그린 **청나라 건륭제**

교사를 궁중으로 초대했다. 이탈리아 출신 선교자이자 화가인 '카스틸리오네'는 1715년 중국에 들어왔다. 그는 청나라 궁정 화가로 50여 년간 활동했다. 중국 이름은 '낭세녕'이다. 그는 황실 기록화를 도맡아 그렸다. 중국 화원에서 그리는 방식과 서양식 방식을 섞은 새로운 그림을 그렸다. 많은 화가가 카스틸리오네에게 그림을 배웠다. 이들은 중국 그림에 서양식 원근법과 명암을 도입했다.

서양에 문을 연 중국

1840년 영국과 청나라는 아편 교역으로 갈등을 빚어 전쟁을 벌였다. 영국은 자기 나라 상인을 보호한다는 명분으로 군함을 보내 청나라를 공격했다. 청나라 정부는 전쟁에 패해 막대한 배상금과 홍콩을 영국에 내주었다. 그리고 광저우, 샤먼, 푸저우, 닝보, 상하이의 다섯 항구를 외국에 열었다.

상하이로 서양 문물이 처음 들어왔다. 상하이는 경제, 문화적으로 번성했고 화가들도 상하이로 몰려들었다. 그림을 사고파는 시장이 커지면서 화가들은 대중에게 팔기 위해 그림을 그렸다. 이런 그림은 수준이 그리 높지 않았다. 문인화가들은 처음에 이들을 비웃었다. 그러나 대중적 직업 화가가 화가들 사이에서 중심 세력으로 성장했다.

고려 시대부터 조선 시대까지
그림과 화가

불교 그림이 번성한 고려

고려를 세운 태조 왕건은 후손에게 열 가지 교훈을 남겼다(훈요 10 조). 첫 번째는 "삼국 통일은 부처님이 지켜주는 힘에 바탕을 두었으 니 절을 짓고 불도를 닦게 하라"이다. 국가에서 불교를 장려하고 지 원했다. 불교 예술도 화려하게 꽃피었다. 우리나라 불교 미술을 대표 하는 명작들이 이때 탄생했다. 중국에서도 고려 불화를 정밀하고 화 려하다고 평가한다.

승려이면서 불화를 전문으로 그리는 화가도 활동했다. 이들은 절 장식을 위해서만 불화를 그리지 않았다. 왕족과 귀족도 왕실과 가문 번성을 기원하며 화가에게 불화를 주문했다. 죽어서 천국에 다시 태 어나는 극락왕생을 소망하는 그림도 많았다. '아미타여래'는 미래에

보물 1238호 아미타여래도(왼쪽)와 고려불화 수월관음도(오른쪽, 국립중앙
박물관)

오실 부처님으로 서방 정토에 살며 영혼을 극락왕생으로 이끈다. 내
세에서도 부귀영화를 누리고 싶어 하던 지배층은 아미타여래 그림을
좋아했다. 중생을 구하는 자비로운 관음보살을 그림 주제로 삼은 '수
월관음'도 많이 그렸다.

고려 시대 화원 화가

고려는 그림을 담당하는 관청으로 '도화원'을 두었다. 고려 수도
'개경(개성)'뿐 아니라 '서경(평양)'에도 도화원 분원이 있었다. 도화

원 소속 화공(화원 화가)은 전문적으로 그림을 그리는 직업 화가였다. 화원 화가는 왕이 거동하는 장소를 화려한 그림으로 치장했다. 왕족과 귀족 집안을 꾸미는 그림도 그렸다. 왕, 왕후, 공신, 성현을 사실적으로 정밀하게 초상화로 그렸다.

'이녕李寧'은 역사에 이름을 남긴 고려 화가이다. 그는 1124년 사신을 따라 송나라에 들어갔다. 송나라 황제 휘종은 이녕이 그린 그림에 감탄했다. 중국 한림도화원 소속 화가도 이녕에게 배웠고, 일본까지 이름이 퍼졌다. 귀국해서는 정부에서 그림을 관장했다. 화원 화가는 대대로 직업을 아들에게 물려주었다. 이녕을 이어 아들 '이광필'도 관직을 받아 화가로 활동했다.

문인화가가 등장

고려는 과거 제도를 실시하고 유학자를 배출했다. 12세기 무렵 왕족이나 귀족, 관리, 유학자 등 지배층 지식인 중에서 뛰어난 화가가 등장했다. 고위 관리이자 유학자였던 '정홍진'은 먹으로 대나무를 그리는 '묵죽화墨竹畫'에 능했다. 사람들은 정홍진을 이름난 중국 문인화가 '문동' 만큼이나 그림 솜씨가 뛰어나다고 평가했다. 뛰어난 문장을 자랑했던 유학자이자 정치가 '이제현'도 문인화를 그렸다.

문인화가는 스스로 화공과 다르다고 생각했다. 사대부가 그림을 그릴 때는 '시詩'를 표본으로 삼았다. 다른 사람이 그린 그림을 그대로 따라 그리면 이는 '화공'일 뿐이었다. 문인화가는 주로 색을 칠하 지 않고 먹만 사용해 '수묵화'를 그렸다. 대나무와 매화가 인기 있는 그림 소재였다. 『삼국사기』를 편찬한 문신이자 학자인 '김부식'은 대 나무를 잘 그렸다고 한다. '정지상'은 뛰어난 문장가로 김부식과 겨뤘 다. 그는 매화 그림으로 유명했다.

조선 건국과 화가

고려는 불교를 기반으로 화려한 귀족 문화를 뽐냈다. 반면에 조선 은 유학을 공부한 사대부가 중심인 나라였다. 유교에 기반을 둔 사대부 문화와 예술이 발전했다. 직업 화가는 그림을 관리하는 관청 소속이었다. 화가는 왕궁이나 관청 건물을 장식하고, 국가 행사에 쓰이는 그림을 그렸다. 충신, 효자, 열녀 이야기 등도 그림으로 그려 백성에게 알렸다.

조선이 불교는 천대하면서 승려 화가는 자취를 감추었다. 아마추어 문인화가도 있었는데, 유학을 공부하고 관직에 나가기 위해 과거를 치르는 사대부였다. 사대부는 글짓기, 서예, 그림 그리기를 교양으로 익혔다. 이들은 그림을 그리고 다른 사람이 그린 그림을 비평했다. 전문 직업 화가 만큼 문인화가도 활약했다.

그림을 담당한 관청, 도화서

조선 초기에는 고려 왕조 때 관직을 그대로 이어받았다. 도화원이라는 이름도 그대로 사용했다. 도화원 소속 화가도 전처럼 활동했다. 태조 이성계는 조선을 건국한 그해 공을 세운 신하 46명의 초상화를 도화원 화가들에게 그리게 했다.

1303년 조선은 수도를 한양(서울)으로 옮기고 궁궐과 관청을 새로 세웠다. 건물을 장식하기 위해서는 그림이 많이 필요했다. 위엄을 보이기 위해 왕의 초상화를 그렸고 왕실 행사를 그림으로 그려 보관했다. 새롭게 만드는 책과 기록에는 삽화가 들어갔다. 군사와 행정을 위한 지도 제작 등도 늘어났다. 전부 화가가 해야 하는 일이었다. 태종

은 궁궐 벽에 본받을 만한 옛이야
기를 그림으로 그리도록 했다. 기
우제를 지낼 때 필요한 용 그림도
그렸다.

조선 건국 초기 도화원은 산림,
수공업, 건축, 조선 등을 담당한
'공조' 소속이었다. 도화원 소속
화가를 '화공'이라 부른 이유다.

서울시 종로구 우정총국 앞에 남아있는 도화
서터 표지석

1405년 도화원을 예악, 제사, 학교, 과거 등을 맡아보는 '예조' 소속으
로 변경했다. 이때부터 도화원 소속 화가를 '화원'이라 불렀다. 1471
년 성종 때 도화원은 '도화서'로 변했다. 관청 이름 중 '원院'이 들어간
부서가 '서署'가 들어간 부서보다 높았다. 전보다 격이 떨어졌다. 건
국 초기에는 도화원이 해야 하는 중요한 일이 많았다. 그러나 점차 왕
조가 안정되면서 할 일이 줄어들었다. 그러자 사람들은 화원을 낮춰
보기 시작했다. 화원은 문관이나 무관이 아닌 잡직(기술직) 관리였다.

도화서 화원이 되려면

도화서 화원을 뽑는 방법은 법으로 정해 두었다. 도화서 정식 화원
이 되려면 시험을 통과해야 했다. 매년 3월, 6월, 9월, 12월에 시험이
있었다. 응시자는 대나무, 산수, 인물, 영모(새나 동물), 화초 중 두 가

지를 골라 그림을 그렸다. 대나무나 산수를 그리면 가산점을 받았다.

화원이 되려면 어려서부터 오랜 시간을 들여 그림을 배워야 했다. 왕이 직접 임명하거나, 큰 공을 세우거나, 관리가 추천하거나, 대대로 화원 집안 자손인 사람은 시험을 치지 않고 화원이 되기도 했다. 도화서에는 그림을 배우는 학생인 '화학 생도'도 있었다. 15세 이하 재능 있는 소년을 뽑아 그림을 가르쳤는데, 3년 안에 만족할 만큼 그림을 잘 그리지 못하면 도화서를 떠났다.

화원이 된 다음에도 승진은 어려웠다. 승진이 안 돼 도화서를 떠나는 화원도 많았다. 이들이 오랫동안 쌓은 실력을 살리기 위해서 나라에서 임시로 관직을 만들었다. 그러나 임시직도 모두가 얻을 수는 없었다. 계절마다 시험을 치러 성적이 좋은 화원만 임시직을 받았다.

화원이 하는 일

도화서 총책임자는 대부분 예조 판서가 겸임했다. 실제 그림을 그리는 화원은 총 20명이었다. 화원 중에서는 종6품* 벼슬이 제일 높았다. 그림을 배우는 생도는 15명이었다. 그림을 액자나 병풍 등으로 만드는 표구 기술자 2명과 노비 7명도 도화서 소속이었다. 조선 영조 때는 생도 정원이 30명으로, 정조 때는 화원 정원이 30명으로 늘었다.

* 조선 관직은 정1품에서 종9품까지 총 18등급이었다. 정1품, 종1품, 정2품, 종2품 순으로 낮아진다.

도화서 화원은 국왕 초상화(어진), 공신 초상화, 국가 행사 기록(의궤)을 그렸다. 지도 그림과 책 삽화를 그리고 궁궐 단청도 칠했다. 새해를 맞이하면 왕은 신하에게 새해 축하 그림을 선물했는데 이 그림도 화원이 그렸다. 화려한 그림이 들어가는 병풍이나 가리개를 만들기도 했다. 왕실에서 절에 불공을 드릴 때 필요한 그림도 그렸다. 관리나 선비로부터 부탁받아 그림을 그리기도 했다. 대나무, 산수, 화초, 동물 등을 소재로 보고 즐기기 위한 그림도 그렸다. 화원은 중국이나 일본으로 가는 사신을 따라가 외교 활동을 기록해 왔다. 그림 재료를 수입하고 제작하는 일도 도화사 화원 몫이었다.

지방 관아에도 화원이 있었다. 도마다 군관 자격으로 그림 그리는 사람을 두었다. 이들은 지방 관청을 장식하고, 깃발을 만들고, 초상화와 지도를 그렸다.

화원은 어떤 대접을 받았나?

화원은 숙련 기술자였다. 조선에서 기술 관리는 분야에 따라 승진할 수 있는 계급이 달랐다. 통역 일을 하는 역관이나 의원 일을 하는 의관은 정3품까지 승진할 수 있었다. 화원은 종9품에서 시작해서 종6품까지 오를 수 있었다. 이는 기술직 관리 중에서도 낮았다. 같은 계급이라도 문관이나 무관보다 천대했다. 왕의 초상화 등 중요한 그림을 잘 그리면 특별히 승진하기도 했다. 공을 세운 화원에게는 때로 비단, 쌀, 말과 마구 등을 상으로 내렸다.

'안견'은 조선 전기 뛰어난 화원 화가이다. 어느 날 세종의 셋째 아들 안평대군이 꿈에 거닐며 본 장면을 안견에게 이야기했다. 안견은 이 이야기를 듣고 상상으로 〈몽유도원도〉라는 명작을 그렸다. 안견은 뛰어난 그림 실력으로 정4품 호군 벼슬까지 올랐다.

화원 '최경'과 '안귀생'은 의경세자 초상화를 그렸다. 의경세자는 조선 9대 국왕 성종의 아버지다. 완성된 그림을 받아본 성종은 최경과 안귀생의 벼슬을 높이고자 했다. 그러나 신하들이 격렬하게 반대했고, 결국 벼슬을 높이지는 못했다. 대신 말과 안장을 상으로 내렸다. 훗날 최경은 고위 무관직인 정3품 절충장군에 올랐다. 신하들은 그때도 강력하게 반대했으나 성종은 뜻을 굽히지 않았다. 이후에도 뛰어난 그림을 그려 공을 세운 화원은 종6품보다 높은 벼슬을 받았다.

안견이 그린 〈몽유도원도〉

발전하는 그림 감상과 비평

16세기~17세기 조선은 임진왜란과 정묘호란, 병자호란을 겪으면서 사회 전체가 크게 달라졌다. 전쟁이 가져온 피해를 극복하고 사회를 개혁하기 위한 움직임이 활발했다. 점차 생산력이 늘고 인구가 증가했다. 상업도 활발해졌다.

명나라 문인화와 남종화가 우리나라에 들어왔다. 17세기 후반 서울과 경기 지방 양반은 활발하게 그림을 수집하고 감상하고 평가했다. 18세기에는 서얼, 역관, 의관 등 중인 계급까지 서화를 즐겼다. 전문적으로 그림을 감상하는 '감상학' 같은 학문도 생겼다. 선비들은 유교 경전을 토론하듯이 그림에 관해서도 치열하게 논쟁했다.

조선 초기만 해도 사대부들은 그림을 천한 기술이라고 생각했다. 그러나 조선 중기 이후에는 화가로 이름나면 자랑스러워했다. 사대부 출신 문인화가들은 더 이상 옛 그림을 모방하지 않았다. 그들은 대상을 관찰하며 영감을 얻어 그린 그림을 중시했다.

민간 직업 화가

민간 화가도 있었다. 민간에서 활동하는 직업 화가는 화원 화가나 문인화가보다 훨씬 어렵게 생활했다. 그림만 팔아서는 살기 어려웠고, 그림값도 돈 대신 물품으로 받을 때가 많았다. 다른 일을 하면서 그림 그리기도 겸했으리라 짐작한다.

17세기 무렵 민간 화가 활동이 활발해졌다. 그림을 원하는 사람이 많아지면서 생활도 점점 나아졌다. 권세가나 부유층에서 개인적으로 주문하는 그림도 늘었다. 유명한 민간 화가는 화원 화가와 함께 국가가 주관하는 미술 활동에 참여했다. 궁궐 단청을 칠하거나 벽화를 그릴 때 민간 화가를 불러 작업을 시키기도 했다.

뛰어난 화가들

숙종 때 화가 '윤두서'는 과거에 급제했다. 그러나 그는 관직에는 나가지 않고 학문과 그림에 전념했다. 윤두서는 중국 남종화를 연구해 새로운 화풍을 만들었다. 말과 인물화에 특히 뛰어났는데, 매우 사실적인 그림을 그렸다. 자기 얼굴을 그린 '자화상'이 유명하다. 나무 그릇 깎는 모습, 나물 캐는 여인, 돌 깨기 등 생활상을 담은 그림도 그렸다.

윤두서가 그린 자화상

'정선'은 도화서 화원이었다. 중국 남종화를 잘 그렸다. 30세 무렵부터는 독창적인 우리나라 산수화를 그렸다. 정선은 기존에 산수화를 그리는 규칙에서 벗어나 직접 명승지를 찾아가 풍

정선이 그린 〈인왕제색도〉, 국보 제216호

경을 보고 그렸다. 하지만 정선은 풍경을 있는 그대로 그리지는 않았
다. 대상을 여러 각도에서 보고 형태를 확대하거나 변형했다. 자연 풍
경이 주는 기운과 감흥을 표현하려 한 것이다. 이런 산수화를 '진경산
수화'라 한다. 진경산수화는 왕실과 사대부들이 좋아했다. 화원 화가
를 통해 전통이 이어져 많은 훌륭한 작품이 나왔다.

자비대령화원 제도

조선 21대 왕 영조는 '자비대령화원'을 처음 두었다. 자비대령화원
이란 특별한 일을 임시로(자비) 하기 위해, 명령을 기다리는(대령) 화
원이란 뜻이다. 영조는 왕이 보는 책을 인쇄하는 화원 5명을 임명했
다. 영조를 이은 정조는 왕실 학문 연구 기관인 '규장각'을 만들었다.

규장각은 당시 가장 중요한 기관이었다. 왕이 믿고 총애하는 신하만 규장각에 들어갈 수 있었다. 정조는 도화서 화원을 대상으로 시험을 치러 자비대령화원을 뽑아 이들을 규장각에 배치했다.

자비대령화원은 왕이 직접 명령하는 중요한 그림을 그렸다. 자령대비화원은 임금이 지은 글을 출간했다. 왕이 쓴 글자를 새겨 비석을 만드는 일, 규장각에서 출판하는 책을 만들고 삽화 그리기 등도 고유 업무였다. 물론 왕이 개인적으로 내리는 명령도 따랐다. 다른 화원과 공동으로 일하기도 했다. 조선은 1881년 고종 18년까지 100여 년간 자비대령화원 제도를 운용했다.

풍속화의 등장

18세기부터 '풍속화'가 발전했다. '풍風'은 자연과 지리적 차이로 생겨난 습관, '속俗'은 사회환경에 따라 만들어진 관습이다. 풍속을 표현한 그림이 풍속화이다. 풍속화는 갑자기 나타나지 않았다. 고대 고분 벽화도 일상생활을 담았으니 넓게 보면 풍속화라고 할 수 있다. 17세기부터 저잣거리 일생 생활을 표현하는 그림이 늘어났다. 농사 짓는 모습, 장사하는 모습, 관아 풍경, 설 풍경이나 명절놀이 장면 등을 그렸다.

18세기 정조 때는 화원 화가도 풍속화를 그렸다. 지방에서도 풍속화 인기가 높았다. 민간에서도 중인 계급, 시장 상인들 경제적으로 여유가 생긴 사람들이 풍속화를 찾았다. 풍속화는 사람들의 자연스러운 감정을 담았다. 유교적 도덕 기준에서 벗어난 그림도 있었다. 목욕하는 여인을 훔쳐보는 모습, 술 마시고 노는 장면, 밤에 몰래 만나는 남녀 등도 풍속화 주제였다.

풍속화로 이름난 화가

조선 후기 풍속화는 '윤두서', '조영석'* 같은 문인화가가 먼저 시작했다. 이어 '김홍도'와 '신윤복'이 뛰어난 풍속화가로 이름을 날렸다.

김홍도는 정조 때 화가로 어려서부터 그림 솜씨가 뛰어났다. 20대에 영조와 당시 왕세손이었던 정조 초상화를 그렸다. 이 공으로 관직에 올랐다. 정조는 김홍도를 믿어 그림과 관련한 일을 모두 맡겼다.

---

* 조선 후기 문인화가. 산수화와 인물화를 잘 그렸다.

벼를 베고 곡물을 터는 농부 모습을 그린 김홍도의 〈타작〉(왼쪽)과 선비와 기생이 꽃놀이 가는 모습을 그린 신윤복의 〈연소답청〉(오른쪽)

김홍도는 풍속화에도 능했다. 사람들이 살아가는 모습, 명절 풍속, 놀이 등을 그렸다. 소박하고 익살스러운 표정을 잘 표현했다. 이후 화가는 김홍도가 그린 그림을 모범으로 삼았다.

신윤복은 정조 때 도화서 화원이었다. 섬세한 필법으로 곱고 화사한 그림을 그렸다. 청색이나 홍색을 잘 사용했다. 낭만적인 시정 생활, 아름다운 여인 등을 주제로 풍속화를 그렸다.

속화, 민화

조선 후기에는 장식을 위한 실용적 그림이 늘었다. 돈이 있는 중인이나 상인은 궁중이나 양반가를 본떠 집을 장식했다. 백성들도 집안이 평안하고 번창하기를 기원하는 그림을 걸었다. 그림으로 복을 들여오고 나쁜 기운이 쫓아내려 했다. 이런 그림은 대개 이름 없는 민간 화가가 그렸다. 당시 지식인들은 품위 없고 저속한 그림이라며 속화라 낮춰 불렀다. 문인이나 사대부의 눈에는 배운 게 없는 사람이 막 그린 그림이었다. 하지만 속화는 큰 인기를 끌었다. 백성들만이 아니라 왕실, 관청, 양반, 사찰 등에서도 속

대표적인 민화 〈호작도〉(국립중앙박물관). 까치는 복을 불러오고 호랑이는 잡귀를 물리친다. 배경의 소나무는 장수를 상징한다.

화를 구했다. 속화가 유행하면서 전문 화가, 그림을 공부하는 학생, 솜씨 있는 일반인도 속화를 그렸다.

속화는 기존 그림 형식과 틀에 얽매이지 않았다. 그림 구도, 원근법 등을 벗어나 자유롭게 그렸다. 솜씨는 좀 떨어졌지만 창의적이었다. 19세기 말~20세기 초 속화는 널리 퍼졌다. 구하기도 쉬웠다. 종이나 붓, 먹 등 문구를 파는 가게에서 그림도 팔았다. 그림을 파는 전문 상점도 있었다. 그림 주제는 산수화, 화조도, 풍속화, 인물화, 정물화 등

다양했다. 20세기 초 일본인 미술 평론가이자 학자인 '야나기 무네요시'는 이런 그림에 '민화'라는 이름을 붙였다. 그는 민화를 "민중에서 태어나고, 민중이 그리고, 민중이 사들인 그림"으로 정의했다. 현재까지 민화라는 이름을 널리 사용한다. 보통 사람들은 민화를 즐겨 감상했다.

개항과 서양 문물 수용

19세기는 근대로 변화하는 시대였다. 영국, 프랑스, 미국, 러시아는 물론 일본도 조선과 교역하기를 원했다. 당시 권력자인 흥선대원군은 문을 걸어 잠근 채 외세를 물리쳤다. 하지만 조선은 군함을 앞세운 일본에 밀려 1876년 '강화도 조약'을 체결했다. 부산, 원산, 인천의 세 항구를 외국에 개방했다.

항구가 열리면서 서양 문물이 밀어닥쳤고, 그 영향으로 그림도 크게 변화했다. '동양 정신을 이어받아 서양 기술을 이용한다.'라는 '동도서기東道西器' 시각을 그림에도 도입했다. 조선 말기 문인화와 풍속화 전통을 '동양화'가 이었다.

일본에서 들어온 서양식 그림을 받아들여 '서양화'라는 새로운 그림 양식이 생겼다. 문인화 전통에서 벗어나 대중이 원하는 그림을 그리기 시작했다. '미술'이란 단어도 등장했다. 일본은 독일어 'kunstgewerbe(예술과 공예)'를 '미술美術'로 번역했다. 이 번역어가 우리나라에 들어왔다. 1884년 『한성순보』는 최초로 '미술'이란 단어를 썼다.

1894년 조선은 '갑오개혁'을 시작했다. 그때까지 제도를 뜯어고쳤다. 신분제를 폐지했다. 노비 제도를 없앴다. 과거 시험도 사라졌다. 행정, 사법, 교육, 경찰 제도를 바꿨다. 관직도 새롭게 했다. 1895년 새로 소학교(초등학교)를 세웠다. 소학교에서는 도화(미술)과목을 가르쳤다. 붓과 먹이 아닌 연필로 도화지에 그림을 그렸다.

도화원 폐지로 민간에서 활동하는 화가

개방 이후 외국에 나가서 새로운 문물을 접하는 사람도 늘었다. 일본과 중국에 간 사람들은 '사진'을 처음 접했다. '황철'은 상하이에서 사진 촬영을 익혔다. 1883년 돌아올 때 사진기를 사 왔다. 그는 그림 대신 사진을 이용하자고 주장하며 고종에게 도화서 폐지를 건의했다. 이때는 건의가 받아들여지지 않았으나 갑오개혁(1894년)으로 행정 부서를 개편할 때 도화서는 결국 폐지했다.

도화서가 폐지되었어도 화원의 일은 그대로였다. 왕실 행사나 전통 의례를 진행하며 화원은 다른 관청 소속으로서 그림을 그렸다. 이 사이에 궁중을 떠난 화원은 그림을 팔아 생활해야 했다. 이들이 민간에서 화가로 활동하면서 궁중식 그림 스타일이 민간에 널리 퍼졌다. 어진(왕의 초상화)을 그렸던 화가도 민간에서 그림을 그렸다.

소수의 화가는 중국을 여행하면서 서양식 그림을 접했고, 외국 그림을 모아 엮은 책, 화집을 연구했다. 이들은 서양식 원근법과 명암을 조금씩 적용하기 시작했다.

근대화에 따라 달라진
서양 그림과 화가

산업화와 포스터

18세기 후반~19세기 산업 혁명이 일어나 공업화, 산업화로 경제
가 발전했다. 산업 혁명은 예술 분야에도 거대한 영향을 미쳤다. 기계
는 그림을 그리지는 못하지만 같은 그림을 수천, 수만 장씩 찍어낼 수
있었다. 장인이 손으로 하나씩 만들던 공예품도 대량으로 생산했다.
판화 그리는 사람이나 삽화 그리는 사람은 수많은 대중을 상대로 그
림을 팔 수 있었다. 이렇게 대량 생산된 작품은 품질이 뛰어나지는 않
았다.

19세기 후반에는 상점이나 상품을 선전하는 포스터가 등장했다.
포스터에는 알아보기 쉬운 그림과 글귀를 담았다. 프랑스 화가 '쥘 세
레'는 생동감 있는 포스터를 그렸다. 그는 산업이나 상업에서 요구하

쥘 세레가 그린 자전거 가게 선전 포스터(왼쪽), 앙리 드 툴루즈 로트레크가 그린 국제 포스터 전시회 포스터(오른쪽)

는 내용을 하나의 예술 작품으로 만들었다. 그가 그린 작품은 큰 인기를 끌었다. 쥘 세레는 공연, 축제, 음료, 화장품, 의약품 등 수많은 광고 포스터를 제작했다. 프랑스 화가인 '앙리 드 툴루즈 로트레크'도 포스터를 예술 작품으로 끌어올렸다. 로트레크는 포스터 외에도 뛰어난 작품을 많이 남긴 화가였다.

예술 학파

19세기까지 화가 대부분은 고객이 주문하는 대로 그렸다. 그림도 비슷비슷했다. 초상화나 풍경화 등 그림마다 인기 있는 그리기 방식이 있어서 그림도 비슷비슷했다. 몇몇 화가들만 이 방법을 따르지 않았다. 그들은 새로운 방식으로 그림을 그리고 전시회를 열었다.

19세기 말부터 예술계에는 '학파'가 생겨났다. 학파는 기본적인 사상을 공유하고 표현하는 예술가 집단이다. 누가 어느 학파에 속하는지 공식적으로 정하지는 않았다. 그림을 발표하면 자연스럽게 어느 학파에 속하는지 알 수 있었다. 19세기 대표적 학파는 '인상파 impressionism'다. 인상파 화가들은 주관적으로 경험한 세상을 표현했다. 처음에 사람들은 인상파 그림을 비웃었다. 시간이 지나면서 인상파 화가 그림이 대중으로부터 인기를 끌고 비싸게 팔렸다. 같은 학파 화가들은 함께 전시회를 열거나 잡지에 글을 발표했다. 다양한 학문과 사상이 예술을 뒷받침했다. 치열한 논쟁도 있었다. 하지만 그림을 좋아하는 일반인이라 할지라도 이런 주제에 깊은 관심을 두지는 않았다.

미술 관련 직업

20세기 이후 미술과 관련 있는 다른 직업도 발전했다. 특별한 전문 잡지 외에도 일반 신문에 '예술'면이 등장했다. 신문사에는 예술 비평 부서가 생겼다. 과거

인상주의 화가 클로드 모네의 〈파라솔을 든 여인〉

와 현재 예술 작품을 연구하는 '예술사가'도 활동했다. 이들은 그림 그리는 방법, 시대별 작품 특징과 전통, 개별 화가가 그린 작품을 연구하고 주로 대학에서 가르쳤다. 체계적 지식은 미술 교육뿐 아니라 미술관에서 작품을 수집하고 전시하는 데 유용했다.

미술품을 수집, 보관, 전시하는 미술관에서 많은 미술 전문가가 일했다. 19세기까지 미술관은 아마추어 예술 애호가가 운영했다. 미술관에 돈을 지원하는 후원자가 어떤 그림을 사고 전시할지 정하기도 했다. 20세기 이후 미술관은 미술학자, 예술사가 등 전문가를 고용했다. 보통 미술관에서 일하는 전문가보다 대학에서 가르치는 전문가를 더 후하게 대접했다. 1965년이 돼서야 국제 미술관 협회는 대학에서 가르치는 사람과 미술관에서 일하는 사람이 동등한 자격을 가진다고 선언했다.

그림 판매 시장과 구매자

갤러리는 판매를 목적으로 그림을 전시하고 대중에게 새 그림을 소개했다. 신인 화가에게 자기 그림을 내보이는 기회를 주었다. 그림을 사고파는 중개상과 갤러리 운영자는 예술가라기보다는 사업가였다.

1970년대 이후 그림 거래 시장은 크게 성장했다. 미국 뉴욕에 있는 갤러리 숫자는 10년 만에 두 배가 되었다. 작은 도시에도 갤러리가 생겼다. 이 갤러리들은 그 지역 출신 화가가 그린 작품을 소개하고 판매했다. 런던이나 뉴욕 미술품 경매 시장에서는 어마어마하게 비싼

경매와 경매 시장

미술품을 판매할 때 주로 사용하는 방법이 '경매'다. 팔려는 그림을 선보이면 사고자 하는 사람이 가격을 매긴다. 한 그림을 여러 명이 사려 하면 가격이 올라간다. 제일 비싼 값을 부른 사람이 그림 주인이 된다. 미술품 경매는 16세기 후반 네덜란드에서 처음 열렸다.

경매로 물건을 거래하는 곳이 '경매장'이다. 1744년 영국에서 '소더비' 경매장이 처음 문을 열었다. 1776년 역시 영국에서 '크리스티' 경매장이 선보였다. 경매장에서는 미술품 외에 보석, 의류 등 귀중품도 판매한다. 크리스티와 소더비는 현재도 세계 1위와 2위 규모를 자랑하는 경매장이다.

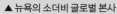
▲ 뉴욕의 소더비 글로벌 본사
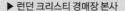
▶ 런던 크리스티 경매장 본사

그림을 거래했다. 개인보다 단체에서 비싼 그림을 많이 샀다. 부유한 회사, 은행, 정부 기관 등이 그림을 사는 주요 고객이다.

생활과 밀접한 예술

예술 작품 감상은 이제 현대 사회에서 떼놓을 수 없는 일상이 되었다. 많은 국가가 문화예술 육성을 의무로 삼는다. 정부에서는 세금 일부를 예술품 구매나 예술가 지원에 사용한다. 부유한 민간인이나 회사는 재단을 만들어 예술가를 후원하고 예술 작품 제작을 돕는다.

박물관이나 미술관은 예술 작품 보존에 가장 중요한 기관이다. 국가나 민간 기관에서 박물관과 미술관을 지원한다. 일반 관람객은 공짜로, 혹은 싸게 훌륭한 예술 작품을 감상할 수 있다. 작품 선정, 구입, 전시는 미술관 관장이나 전시 전문가(큐레이터)가 한다. 이들은 예술 분야에서 큰 영향력을 발휘한다. 미국 뉴욕, 파리, 런던에는 세계적으로 유명한 대형 미술관이 있다. 옛날 위대한 미술 작품을 감상할 수 있어서 매년 수많은 관광객이 찾는다. 때로 미술관에서 유명한 화가나 학파를 골라 특별 전시회를 열기도 한다.

20세기 이후
중국 그림과 화가

서양식 미술 도입

19세기 말 청나라는 내부 분열과 부정부패로 쇠락해 갔다. 궁정 화가들도 몰락해 몇 명 남지 않았다.

서양 문물과 함께 서양식 미술 교육도 도입되었다. 1906년 난징에 '남경고등사범학교', 베이징에 '북양고등사범학교'가 문을 열었다. 이 학교에는 서양식 미술학과가 있었다. 그림을 공부하기 위해 일본이나 유럽으로 유학 가는 학생도 있었다. 이들은 공부를 마치고 돌아와 서양식 그림 기법을 전했다. 중국 화가는 서구 문명에 충격을 받았지만 오랜 시간 이어온 중국 문화와 그림에 자부심이 있었다. 대부분 화가는 전통적 그림을 이어갔다.

전쟁과 착취로 고통받는 대중을 위한 그림

1911년 신해혁명으로 청나라는 멸망하고 중화민국이 수립되었다. 그 후로도 일본 제국주의와 전쟁, 공산당과 국민당이 서로 패권을 다투는 전쟁이 끊이지 않았다.

혼란한 시기, 글자를 모르는 백성을 그림으로 계몽하려는 움직임이 있었다. 소설가 '루쉰'은 1920년대 말부터 목판화 운동에 힘썼다. 그는 일본 판화가를 중국으로 데리고 오기도 하고, 독일 판화가 '케테 콜비츠' 작품집을 들여오기도 했다. 젊은 화가들이 그와 함께했다. 이들은 고통받는 민중, 백성을 착취하는 지주와 관리, 전쟁의 고

케테 콜비츠의 〈행진〉

통, 현실 생활이 주는 어려움 등을 주제로 목판화를 만들어 보급했다. 광저우 시립 미술학교 교수였던 '리후아'와 제자들이 중심에 섰다. 1937년 일본은 중국을 침략했다. 전쟁이 격화되면서 국민을 위로하고 용기를 북돋기 위한 그림이 성행했다.

현대 중국 그림과 화가

1949년 마오쩌둥이 이끄는 중국 공산당은 중국을 통일하고 '중화인민공화국'을 건국했다. 사회주의 국가에서 예술은 국가에 봉사해야 했다. 화가는 노동자나 농민과 함께 생활하면서 공산당 선전에 필요한 그림을 그렸다. 1960~70년대에는 '문화혁명'으로 지식인 예술가를 시골 농장으로 쫓아냈다. 대신 많은 아마추어 화가가 활동했다.

1976년 마오쩌둥이 죽고 난 후 중국은 개혁 개방 정책을 추구했다. 외국과 교류하고 자본주의적 경제를 일으켰다. 그림도 정치적 주제에서 벗어났다. 화가들은 삶의 본질과 의미가 무엇인지를 탐구하는 작품을 그리기 시작했다.

1989년 베이징에서 '중국현대미술전'이 열렸다. 이 전시회에서 중국 현대 미술을 대표하는 작가들이 등장했다. 이들은 생명, 의지, 이상, 인류애 같은 추상적이고 철학적인 주제를 그렸다. 21세기 들어와 중국 경제는 크게 성장했다. 중국 정부와 기업은 문화 육성에 투자했다. 중국 미술 시장도 크게 성장했다. 중국에서 사고파는 미술품 시장

다펀 유화 마을에서 그림 그리는 사람들

은 20조 원에 달한다. 세계 1~2위를 다투는 규모다.

중국 '선전深圳'시에는 '다펀 유화마을'이 있다. 이곳에는 8천 명이 넘는 화가가 살고 있으며 1,100여 개가 넘는 갤러리와 화실이 들어서 있다. 전 세계 유화* 60%를 여기서 그린다. 전 세계에 이름을 날리는 중국인 화가도 있다. 수많은 인구와 경제력을 바탕으로 중국 화가와 그림은 더욱 발전하리라 예상한다.

* 물감을 기름에 개어 그리는 그림.

변화하고 발전하는
우리나라 미술과 화가

대한제국과 실패한 개혁

1897년 조선은 '대한제국'으로 나라 이름을 바꾸었다. 고종은 초대 황제가 되었다. 연호는 '광무光武'였다. 황제와 측근은 국가를 새롭게 개혁하려 했다(광무 개혁).

황제가 사용하는 연호

황제는 즉위하면 한 해를 부르는 호칭을 정했다. 이를 '연호(年號)'라 한다. 황제가 다스리는 지역에서는 같은 연호를 사용했다. 조선은 명나라와 청나라 황제가 정한 연호를 따랐다. 고종은 황제로 즉위하며 독자적인 연호, '광무'를 선포했다. 1897년은 광무 원년이다. 고종을 이은 순종은 '융희'라는 연호를 썼다.

대한제국은 도로를 건설하고 전기, 전화, 전신, 우편, 철도 등 근대 기술과 제도를 도입했다. 각종 외국어학교, 기술학교를 세웠다. 주식회사도 설립해 상공업을 북돋웠다. 화폐를 개혁하고 은행을 만들었다. 만국 박람회에 참석해 해외 견문을 넓혔다. 나라에서 예술을 진흥하고 박물관을 건설하고자 했으나 황실 재정이 부족해 개혁은 큰 성과를 거두지 못했다.

1904년 일본 제국주의는 대한제국을 침탈하는 과정에서 모든 개혁 사업을 중단했다. 1910년 일본은 대한제국을 강제로 병합하여 식민지로 삼았다.

근대 미술 교육 기관

1911년 우리나라 최초 근대 미술 교육 기관인 '서화미술원'을 만들었다. 서화미술원은 옛 글씨와 그림을 수집, 전시했고 전통 서화를 가르쳤다. 처음에는 문인화가 출신 '윤영기'가 주도했다. 이완용* 등 친일파 고관들이 후원했는데, 특히 '이왕직'**에서 돈을 지원했다.

1912년에는 이완용이 글씨와 그림을 좋아하는 세도가를 중심으로 '조선서화미술회'를 만들었다. 점차 서화미술회가 서화미술원 사업을 주도했다. 서화미술회는 강습소를 열어 학생을 모집했다. '서

*　대한제국 관료로 일제에 나라를 넘긴 친일파, 매국노.
**　일제 강점기 조선총독부에서 대한제국 황족과 관련한 일을 맡아보던 기구.

과'와 '화과'가 있었다. 동양화가를 육성하는 양성소 역할을 했다. 세도가 자제가 취미로 배우기도 했다. 이곳 출신 화가들이 근대 동양화 분야에서 활약했다. 네 번에 걸쳐 졸업생을 배출하고 1920년 문을 닫았다.

1918년에는 대표적 서화가 13명이 모여 '서화협회'를 만들었다. 서화협회는 1923년 교육, 연구 기관으로 '서화학원'을 열었다. 동양화과, 서양화과, 서화과를 두었다. 고등보통학교* 졸업 이상 자격을 가진 학생을 뽑았다. 과마다 20여 명이 입학했다. 졸업까지 3년이 걸렸다.

서양화가가 등장하다

1900년 전후 서양 출신 화가들이 우리나라를 방문했다. 이들은 초상화나 서울 풍경과 생활상을 담은 그림을 남겼다.

1910년대에는 일본 '도쿄 미술학교'에서 서양화를 공부한 우리나라 화가들이 나왔다. 1909년 왕실 관리였던 '고희동'은 일본 유학을 떠났다. 1910년 도쿄 미술학교에 들어가 1915년 졸업했다. 우리나라 첫 서양화가였다. 조선에는 미술 대학이 없었기에 일본에서 그림을 배우는 학생이 늘어났다. 극소수 학생은 유럽 유학을 떠났다.

* 중학교와 고등학교 과정이 합쳐진 중등 교육 기관.

고희동 〈사계산수도〉 8폭병풍 중 (국립
중앙박물관)

1930년대에는 서양화가 수가 늘어났다. 유럽과 일본에서 야수파, 표현주의, 인상주의 등 여러 예술 학파의 여러 사상이 들어왔다. 우리 것, 민족 고유 그림을 추구하는 움직임도 생겼다. 향토색을 추구하는 화가는 우리 땅에 맞는 분위기를 가진 그림을 그렸다. 조선 전통 그림을 서양화 소재로 삼았다.

미술 전람회의 발전

대중에게 그림을 전시하는 미술 전람회도 번창했다. 1919년 3월 1일, 일본의 탄압에 맞서 조선 독립을 외치는 만세운동이 전국을 흔들었다. 3.1 만세 운동은 전 세계에 알려졌다. 일본을 비난하고 조선 독립을 지지하는 목소리가 높아졌다. 놀란 일본 제국주의는 경찰이나 헌병을 앞세우는 대신 조선 민중을 겉으로는 부드럽게 다루기 시작했다. 미술, 음악 등 문화예술을 강조한 것도 하나의 방법이었다.

1922년 조선총독부는 '조선미술전람회'를 만들었다. 일본의 미술 전시회를 본뜬 것이다. 동양화, 서양화, 서예* 세 부문에서 작품을 공

제1회 조선미술전람회 동양화부 〈산수〉 사츠마 데츠엔(왼쪽), 제 13회 조선미술전람회 〈모연〉 이상범(오른쪽) (국립중앙박물관)

개 모집하고 좋은 작품을 등급을 매겨 선발했다. 초기에는 주로 일본 인 화가가 응모했으나 1930년대에는 우리나라 미술가가 절반 이상 을 차지했다. 매년 1회 전시회를 열고 입상자를 신문에 소개했다. 많 은 관람객이 방문했다. 학생들은 단체로 전시회를 찾았다. 조선미술 전람회를 통해 새로운 화가가 탄생했다, 이들은 이후 우리나라 미술 계를 이끄는 인물이 되었다.

* 1932년부터는 서예 대신 공예 부분을 넣었다.

여성 화가들

조선 시대까지 그림을 전문으로 그린 여성 이름은 전해지지 않았다. 술자리에서 노래나 춤으로 흥을 돋우던 기생 중에 서화에 능한 이도 있었으나 이들은 화가로 역사에 이름을 남길 수 없었다.

신사임당과 허난설헌은 양반 출신 여성으로 이름을 남겼다. 16세기 '신사임당'은 글과 그림에 능했다. 어려서부터 화가 '안견'이 그린 그림을 본떠 그림을 그렸다. 산수, 포도, 대나무, 매화, 화초, 벌레 등을 즐겨 그렸다. 그녀가 그린 그림에 당시 유명한 문인들이 글을 더했다. 천재 시인으로 이름난 '허난설헌'도 그림 솜씨가 뛰어났다. 풍경

신사임당 〈초충도병〉 중 (국립중앙박물관)   허난설헌 〈작약도〉 (국립중앙박물관)

도쿄 여자미술학교

1900년 세운 여성을 위한 미술 교육 기관이다. 지금도 '여자미술대학'이라는 이름으로 남아있다. 서양화과, 일본화과, 자수과 등이 있었다. 많은 우리나라 여성 화가가 이 학교에서 공부했다.

화와 수묵담채화, 난초화 등을 남겼다.

1910년대 이후 여성도 '강습소'에서 그림을 배우기 시작했다. 1913년 서화미술원 운영에서 물러난 윤영기는 평양에 '기성서화회'라는 교육 기관을 만들어 여학생도 받았다. 평양 기생들도 여기서 서화를 익혔다. 서화가 김규진은 1915년 '경성서화연구회'를 만들었다.

여기에도 여성 회원이 있었다. 기생 서화가들이 모여 전시회를 열기도 했다. 1926년에는 '경성여자미술학교'가 만들어졌다. 첫 정식 여성 미술 교육 기관이었다.

우리나라 첫 여성 서양화가로 꼽는 이는 '나혜석'이다. 나혜석은 1913년 일본 도쿄 여자미술학교 서양화과에 입학하고, 1918년 우리나

나혜석 작 〈자화상〉, 1928년

라로 돌아와 화가로 활발하게 활동했다. 제1회 조선미술전람회에서 상을 받고, 개인 전시회도 열었다. '백남순'은 1928년 프랑스 파리로 유학을 떠났다. 프랑스 미술전시회에서 상을 받기도 했다. 1930년 돌아와 활발히 그림을 그렸다. '박래현'과 '천경자'는 도쿄 여자미술학교 '일본화과'에서 동양화를 공부했다. 두 사람은 훗날 우리나라 동양화단을 이끌었다.

격화된 전쟁 속에서

1937년 일본 제국주의는 중국을 침략했다. 1941년에는 미국을 기습해 태평양 전쟁이 발발했다. 일제는 식민 지배를 하던 우리나라 사람과 물자를 전쟁에 동원했다. 자원 약탈로 그림 재료도 부족했다. 물감과 종이를 구하기 어려운 화가들의 작품 활동이 위축했다.

일제는 침략 정쟁을 성스러운 전쟁(성전)으로 미화했다. 화가는 전쟁을 선동하는 그림, 일제를 옹호하는 그림을 그려야 했다. 이런 그림을 '성전 미술'이라 불렀다. 조선미술전람회에도 성전 미술 작품이 주로 나왔고, 성전 미술 전시회를 열어 대중에게 전쟁을 부추겼다.

1943년에는 우리나라와 일본 미술가가 포함된 '단광회'라는 단체가 만들어졌다. 이 단체는 미술로 충성을 다하여 나랏일을 돕는 '미술보국'을 위해 활동했다. 조선인이 일본군에 입대하면 이를 기념하는 그림을 그리기도 했다.

노동자와 농민을 위한 예술

사회주의 사상을 받아들여 노동자와 농민을 위한 예술을 추구하는 사람도 있었다. 이들은 1925년 '조선 프롤레타리아 예술가 동맹(카프, KAPF)'을 결성했다. 1931년에는 분야별로 문학, 연극, 영화, 미술 동맹을 두었다. 이들은 개인적이고 아름다움을 추구하는 순수 미술을 멀리하고 사회적 흐름과 함께 했다. 포스터나 무대 미술 등으로 '삶과 예술을 통일'하고자 했다. 신문에 만화를 그려 일제를 비난했다. 조선 민족 해방을 목표로 삼았다. 일제는 카프 소속 예술가를 탄압하고 잡아들였다. 결국 1935년 카프는 공식 해산했다.

해방과 전쟁을 겪으며

1945년 일제가 제2차 세계 대전에서 패망하고 우리나라는 독립했다. 북위 38도선을 경계로 남쪽에는 미국이, 북쪽에는 소련이 들어왔다. 정치, 사회, 문화 모든 부분에서 자본주의를 지지하는 우익과 공산주의를 지지하는 좌익으로 나뉘어 격렬하게 다퉜다. 미술도 다르지 않았다.

광복 이후 우익 미술가들은 '조선미술가협회'를 조직했다. 위원장은 고희동이었다. 이 조직을 반대하는 미술가와 카프를 이은 좌익 미술가들은 '조선미술가동맹'을 만들었다. 이념이 아닌 순수한 창작 활동을 내세운 작가들은 따로 모였다. 예술가 조직들은 오래 활동하지 못했다. 1950년 일어난 6·25전쟁은 전 국토를 파괴했고 예술 활동도 거의 중단되었다. 전쟁이 남긴 상처가 아문 1950년대 후반이 되어서야 화가는 다시 활동하기 시작했다.

1950년대 이후 그림과 화가

해방 이후 우리나라 대학에서 미술 교육을 시작했다. 1946년 서울대학교 예술대학에 미술부가 만들어졌고, 1949년에는 홍익대학교 미술과가 문을 열었다. 우리 대학에서 공부한 새로운 세대가 화가로 등장했다. 이들은 새로운 그림 풍조를 도입했다. 즉흥 행동과 격정적 표현을 중요시하는 유럽 추상미술* '엥포르멜'과 미국 '추상표현주의'**를 받아들였다. 기존 미술 전시회에 반발해 따로 그림을 전시했다.

1960년대에는 서양 미술보다는 우리 것을 찾아야 한다는 목소리가 커졌다. 민화, 탈춤 등 우리 전통문화에 관심을 기울였다. 독자적인 표현 방법도 고민했다. 이들은 신라 시대 토기나 조선 시대 백자를 연상하는 색을 사용하고 그림에서 형상을 최대한 단순화했다.

1980년대 진보적 미술가들은 그림으로 사회 변화와 민주주의 발전에 이바지하고자 했다. '시민판화학교'를 열어 시민과 노동자가 직

* 눈에 보이는 사물을 묘사하지 않는 그림. 색, 선, 형 등으로 의미와 느낌을 표현한다.
** 1950년대 뉴욕을 중심으로 일어난 추상미술 운동.

접 그림을 그리게 했다. 학생운동과 노동운동 현장에 쓰이는 걸개그림*을 그렸다. 동학농민혁명, 4·19 혁명 등 역사적 사건, 사회 모순, 노동 현장, 농촌 현실 등 이전에는 다루지 않는 주제를 그림으로 표현했다.

1990년대 이후 우리나라는 전 세계 미술가들과 활발히 교류하기 시작했다. 외국 화가들이 우리나라에서 전시회를 활발히 열었다. 우리나라 화가도 외국에서 전시회를 자주 연다. 20세기 말부터는 발전한 영상 기술을 미술에 적극적으로 활용하고 있다.

---

* 커다란 종이나 천에 그려 건물 벽이나 틀에 거는 그림.

오늘날과
미래의 화가

20세기 이후 미술관, 전시회, 갤러리 등이 늘며 대중은 더 쉽게 그림에 다가갈 수 있었다. 국가도 정책으로 문화, 예술을 지원했다. 전 세계에 걸친 거대한 미술 거래 시장도 탄생했다. 유명한 화가는 스타로 대접받고 그림값도 수십~수백억 원에 달한다.

그리는 직업

화가가 하는 일

화가는 그림 그리는 사람이다. 그림을 그리기 전에 어떤 그림을 그릴지 구상한다. 유화, 수채화, 연필, 파스텔, 잉크 등 어떤 재료를 사용할지 선택한다. 종이, 캔버스*, 나무판, 건물 벽 등 어디에 그릴지도 중요하다. 선, 면, 크기, 색, 원근, 명암 등을 이용해 원하는 내용을 담는다. 화가는 대부분 자유롭게 일한다. 집단이나 기업에 속하지 않는다. 그림은 실내에서 주로 그리지만 야외에 나가 스케치하기도 한다. 일하는 시간과 환경도 제각각이다.

---

* 유화를 그릴 때 사용하는 거친 천, 화포라고 한다.

한국화가와 서양화가

우리나라에서는 화가가 어떤 방법으로 그리느냐에 따라 화가를 한 국화가와 서양화가로 나눈다. '동양화'는 주로 종이나 비단 위에 먹으 로 그린다. 색을 칠하기도 한다. 1920년쯤부터 서양에서 들어온 방법 으로 그린 그림과 구분하기 위해 동양화라는 명칭을 사용했다. 1970 년대부터는 우리 예술이라는 점을 강조해 '한국화'라고 부른다. 한국 화(동양화)를 그리는 화가가 '한국화가(동양화가)'이다.

서양 미술에 뿌리를 둔 그림이 '서양화'이다. 기름 물감으로 천 위 에 그린 유화(유채화), 혹은 물에 녹는 물감을 사용한 '수채화'가 대표 적이다. '양화'라고 부르기도 한다. 서양화를 그리는 화가가 '서양화 가'이다. 초상화가, 정물화가, 풍경화가, 추상화가 등 주로 그리는 그 림 종류에 따라 구분할 수도 있다. 한 명의 화가가 여러 종류 그림을 그리기도 해서 딱 들어맞지는 않는다.

응용 미술을 하는 디자이너

실제 생활에 필요한 물건을 만들거나 꾸미는 일을 응용 미술이라 한다. 응용 미술은 정보를 전달하거나, 상품을 광고하거나, 일상생활 에 필요한 장식을 한다. 정보나 상징을 이차원, 혹은 삼차원 이미지나 영상으로 전달하는 전문가가 '시각디자이너'이다. 시각디자이너는 분야에 따라 '광고 디자이너', '편집 디자이너', '서체 디자이너', '일러스트레이터', '캐릭터 디자이너', '포장 디자이너' 등으로 나눈다.

광고 디자이너는 포스터, 광고화면, 신문이나 잡지 광고면 등을 구성하고 제작한다. 편집 디자이너는 책이나 잡지 등 각종 인쇄물 표지나 내용을 꾸민다. 서체 디자이너는 인쇄나 영상에 쓰는 글자 모양을 만든다. 인쇄물에 들어가는 삽화를 그리는 사람이 일러스트레이터이다. 캐릭터 디자이너는 기념품이나 상품에 주로 사용하는 인물이나 캐릭터를 고안한다. 각종 상품을 포장하는 상자, 종이, 용기 등을 디자인하는 일은 포장 디자이너가 한다. 이 외에도 기업이나 상표를 대표하는 이미지를 만드는 일을 하는 사람을 CI(기업 이미지 통합), BI(브랜드 이미지 통합) 디자이너라 부른다.

만화가

만화는 이야기와 그림을 섞어 생각을 표현한다. 19세기 무렵 시작되어 20세기 초 신문에 연재하면서 큰 인기를 얻었다. 2차 대전 이후 만화 잡지와 만화책이 크게 성장했다. 만화에는 그림 외에 대화를 나타내는 말풍선, 짧은 해설, 의성어 등을 쓴다. 순서대로 그림과 글을 배열하는 '코믹 스트립', 한 장에 담는 '카툰', 소설만큼 길고 복잡한 이야기를 만화로 풀어 쓰는 '그래픽 노블' 등 다양한 만화가 있다. 요즈음에는 인터넷 웹 페이지에 만화를 연재하는 '웹툰'이 큰 인기다.

만화는 20세기 말부터 큰 산업이 되었다. 만화를 기반으로 영화와

세계 여러 나라 만화책

소설을 만들기도 한다. 만화를 그리는 작가가 '만화가'이다. 만화가
는 그림 실력은 물론 이야기를 재미있게 꾸며내는 능력이 필요하다.
이야기가 재미있으면 그림 솜씨가 좀 떨어지더라도 인기를 끌 수 있
다. 그림 그리는 일과 이야기 꾸미는 일을 서로 다른 사람이 맡기도
한다. 인터넷에서 연재하는 웹툰이 유행하면서 웹툰 작가의 인기도
커졌다.

그림을 전시하고 판매하다

그림을 전시하고 판매하는 곳

직업 작가는 그림을 팔아 수입을 얻는다. 화가가 자기 그림을 소비자에게 직접 파는 경우는 많지 않다. '그림 유통 업체'는 화가와 소비자 사이에서 그림 판매를 중계한다. '갤러리(화랑)'는 그림을 전시한다. 소비자는 갤러리에서 그림을 보고 마음에 들면 구매한다. '경매회사'는 그림 경매를 주선한다. 소더비나 크리스티 같은 국제적 경매회사부터 온라인에서 그림을 경매하는 회사까지 다양하다. 여러 갤러리와 화가들이 함께 모여 대규모로 미술품을 전시하고 판매하기도한다. 이를 '아트 페어'라 하는데 '미술품 시장'이란 뜻이다. '미술관'은 대중에게 그림을 전시한다. 국가가 나서 근, 현대 미술 작품을 수집, 보존, 전시하는 국립 현대 미술관이 대표적이다. 옛 그림은 '박물관'에 보관하고 전시한다. 많은 공공기관, 대학, 기업, 개인도 미술관을 운영한다.

미술관은 그림을 사는 소비자이기도 하다. 국립현대미술관에서는 '미술은행'을 운영한다. 미술은행은 우수한 작품을 사들여 공공기관, 문화예술단체, 기업 등에 전시하도록 빌려준다. 외국에 있는 우리나라 공관에도 작품을 전시해 우리 문화를 해외에 알린다. 그림은 단체에서도 많이 구매한다. 문화예술진흥법에는 일정 규모보다 큰 건축물에는 미술품을 설치하도록 정해 두고 있다. 이 법에 따라 공공기관이나 큰 회사는 미술품을 사들여 건물을 장식한다.

그림 전시, 판매와 관련된 직업

그림을 전시하고 판매하는 일을 하는 여러 전문가가 있다. '큐레이터(학예사)'는 박물관, 미술관 등에서 그림을 수집하고, 전시하고, 교육하는 일을 담당한다. 갤러리에서 이 일을 하는 사람을 '갤러리스트'라 한다. 갤러리스트는 그림을 판매한다는 점에서 큐레이터와 구분한다. 일반인 눈높이에 맞게 작품을 설명해 주는 전문가는 '도슨트'이다.

'컨서베이터 conservator'는 문화재나 미술품을 보존하고 복원하는 전문가이다. 미술 작품이 진짜인지 가짜인지를 가리고 가치를 평가하는 '미술품 감정사'도 있다. '미술품조사분석사'는 작가, 제목, 시기,

재료, 크기 등 그림 상태와 정보, 유통 경로를 조사해서 데이터를 구축한다.

화가를 지망하는 사람

화가에게는 타고난 재능이 필요하다. 남들과는 다르게 아름다움을 찾아내는 감각, 표현하는 손재주, 새로운 것을 만드는 창의력이 있어야 한다. 문학, 영화, 동서양 미술 역사 등 예술 분야 전체에 관해 관심과 흥미도 필요하다. 이런 재능과 자질 위에 오랜 기간 연습하고 그림을 그릴 수 있는 끈기가 훌륭한 화가를 만든다. 언제나 재능 있는 새 화가가 등장한다. 그렇지만 꾸준하게 자기 분야에서 작품을 만드는 화가는 별로 많지 않다. 2~30년 동안 꾸준히 직업 화가로 활동하는 사람은 10%가 채 안 된다. 재능은 조금 부족해도 끈기와 열정을 잃지 않는 화가가 성취를 이룬다.

미래에 화가는 어떤 모습일까?

가까운 미래

우리나라 미술 시장은 점점 성장하고 있다. 거래되는 작품 수가 늘고 작품 가격도 높아졌다. 국내 그림 전시 건수도 증가하고 있다. 정부도 문화예술 분야에 지원을 늘리고 있다. 더 많은 국가 예산을 쓰고 지원하는 정책도 만들고 있다. 화가 직업도 점점 늘어날 것이다. 2031년까지 화가 수는 약 1~2% 증가하리라 예측한다(한국직업전망 2021, 한국고용정보원). 인터넷을 통한 온라인 모바일 전시회도 늘어나 화가가 쉽게 자기 그림을 알릴 수 있다. 기술 발전으로 표현 방식도 달라지는 중이다. 가상현실* 같은 최신 기술을 사용해 새로운 작품을 내

* 컴퓨터 등을 사용해 인공적으로 만들어 낸 환경이나 상황. 실제와 비슷하지만, 실제가 아니다.

보이는 화가도 늘어나고 있다.

성공한 화가는 부와 명성을 누린다. 하지만 그만큼 이름을 알리지 못한 화가는 그림만 그려서 안정적인 생활을 하기에는 힘들다. 신인 화가나 무명 화가는 전시나 작품 판매가 어렵다. 가까운 미래에도 이런 상황은 크게 변하지 않으리라 예상한다. 그래도 예술을 사랑하고 그림을 갈망하는 사람은 줄어들지 않을 것이다.

인공지능이 그리는 그림

최근 인공지능 기술은 눈부시게 발전했다. 그중에서도 '생성형 인공지능'은 사람들을 놀라게 한다. 생성형 인공지능은 컴퓨터가 미리 학습한 자료를 바탕으로 새로운 콘텐츠를 만드는 기술이다. 세계적인 IT기업들은 너도나도 생성형 인공지능 기술 개발에 뛰어들고 있다. 아직은 실수도 잦고 거짓 정보를 쏟아내기도 하지만 이런 문제는 얼마 지나지 않아 해결될 것이다.

인공지능으로 그림을 그리는 컴퓨터 소프트웨어도 늘고 있다. 'AI 화가 프로그램'이라 부른다. AI 화가 프로그램은 사람이 원하는 그림 내용을 글로 쓰면 그 내용에 맞는 그림을 그려준다. '미드저니', '달리 2', '스테이블 디퓨전' 등 유명한 프로그램을 여러 사람이 사용하고 있다. 2022년 미국 콜로라도 주립 박람회 미술대회 디지털 아트 부문에서는 인공지능 프로그램 미드저니로 그린 그림이 우승을 차지했다.

사람들은 혼란에 빠졌다. 과연 이것을 인간이 창작한 작품으로 볼 수 있는지 논란이 이어졌다. 어떤 예술가들은 인공지능이 그린 작품을 출품하면 안 된다고 주장했다. 그러나 당시 작가 당사자와 대회 주최 측은 문제가 없다고 판단했다.

인공지능을 붓이나 물감 같은 그림 창작 도구로 볼지, 아니면 그림 그리는 주체인 화가로 취급해야 할지 아직도 분명하지 않다. 인공지능이 그린 그림은 누구의 소유인지도 논쟁거리다. 빠르게 훌륭한 그림을 그리는 인공지능 기술은 지금도 발전하고 있다. 생성형 인공지능의 발전 속도는 매우 빨라 앞으로를 예상하기 어려울 정도다. 인공지능은 앞으로 직업 화가에게 큰 도전이 될 것이다.

제이슨 앨런이 인공지능 프로그램으로 만든 〈스페이스 오페라 극장〉. 콜로라도 미술 대회 디지털아트 부분 우승작, 미드저니에 "돌로 된 원 모양의 스타게이트, 영화 같은 풍경, 장대한 하늘"이라는 문장을 입력해 만들었다.

미술품을 거래하는 새로운 방식

오늘날 사람들은 블록체인 기술을 사용해 디지털 미술품을 사고판다. '블록체인'은 데이터를 함부로 변경하거나 복사하지 못하게 하는 기술이다.

컴퓨터로 그린 그림은 '컴퓨터 파일'로 존재한다. 파일은 쉽게 복사할 수 있고, 인터넷 등의 통신을 이용해 무한히 퍼트릴 수도 있다. 디지털 파일은 어느 것이 진짜고 어느 것이 복제품인지를 구별할 수도 없다. 이때 블록체인 기술을 이용하면 디지털 그림이 원본인지 아닌지와 누가 소유하는지를 기록할 수 있다. 거래 내용도 기록한다. 이 기록은 누구도 바꿀 수 없다. 마치 보증서처럼, 원본인지 아닌지와 소유권을 증명하는 디지털 예술작품을 'NFT^{Non-Fungible Token} 작품'이라 한다.

NFT 작품은 비싸게 팔린다. 최고로 비싼 작품은 약 800억 원에 팔리기도 했다. 유명인들도 자기가 그린 디지털 그림을 NFT 작품으로 판매한다. 비싼 NFT 작품을 여럿이 돈을 모아 사기도 한다. 작품 전체 가격 일부분에 해당하는 돈을 내고 그만큼 비율로 소유한다. NFT 작품 거래는 최근 몇 년간 어마어마한 규모로 커졌다. 앞으로 더욱 성장하리라 예측한다.

어떻게 화가가 될 수 있나요?

화가가 되는 길

화가가 되려는 사람은 대개 미술 대학에 진학해 그림과 예술 관련 지식을 배운다. 미술 대학에는 '회화과', '동양화(한국화)과', '서양화과' 등 그림 전공 학과가 있다.

미술대학에 입학하기 위해서는 실기시험을 치러야 한다. 실기시험은 대학에서 정한 시간에 한곳에 모여 치른다. 구체적인 시험 과목이나 주제는 학교마다 다르다. 2023년 서울대 미술 대학 서양화과는 '주어진 대상의 윤곽을 기반으로 천의 내부를 상상하여 연필로 그리시오', '주어진 대상을 관찰하여 수채화로 그리시오'라는 문제를 냈다.

수능시험 성적과 면접 점수 역시 중요하다. 2023년 서울대 미술 대학 동양화과와 서양화과는 수능 40%, 실기 30%, 면접 30%를 반영해 신입생을 뽑았다. 미술 대학에 가려는 학생은 대부분 중고등학교 때 그림 공부를 따로 한다. 이들은 공모전이나 전시회에 작품을 출품해 실력을 겨뤄본다.

미술 대학 같은 정규 교육을 받지 않아도 화가로 활동할 수 있다. 미술 학원이나 문화 센터에서, 개인 교사에게, 혹은 독학으로 그림을 배워 화가가 되기도 한다. 화가 자격증이나 면허증은 없다. 누구나 그림을 그려 팔아 생활하면 직업 화가이다.

화가로 이름을 알리는 법

화가는 빈익빈 부익부가 크다. 유명한 화가가 그린 그림은 엄청나게 비싸게 팔린다. 이름 없는 신진 작가 그림을 사려는 사람은 드물다. 작품을 인정받고 이름이 나야 직업 화가로 살아갈 수 있다. 화가는 자기 이름을 알리기 위해서 '공모전'에 그림을 출품한다. 공모전은 공개적으로 작품을 모집해 좋은 작품을 골라 상을 주는 제도다. 가장 권위 있고 유명한 공모전은 '대한민국 미술대전'이다. 신인 발굴 목적으로 한국 미술가협회에서 주최한다. 신문사에서 후원하는 동아 미술제, 중앙회화 대전도 큰 공모전이다. 이 외에도 지방 정부, 학교, 각종 단체에서 주최하는 공모전도 많다. 공모전에 입상하면 신인 화가로 인정받는다.

개인 전시회로 이름을 알릴 수도 있다. 갤러리를 빌려 그림 전시회를 열면 사람들이 찾아와 마음에 드는 그림을 산다. 인터넷 갤러리에서 온라인 전시를 열기도 한다. 개인이 여는 전시회를 어떻게 많은 사람에게 알리느냐가 중요하다. 요즘은 SNS를 활발히 이용해 홍보한다. 때로는 언론에서 그림을 소개해 이름을 얻기도 한다. 유명 인사가 추천하기도 한다. 미디어에 나올수록 유명해진다.

문제점도 있다. 공모전은 때로 특정 학교 출신만 혜택을 받는다는 불평을 불렀다. 개인 전시회를 열려면 비용이 많이 든다. 이런 어려움 때문에 신인 작가들이 모여 함께 작업하고 전시하려는 움직임도 활발하다. 이들은 국내 공모전이나 전시회를 거치지 않고 직접 국제 전시회나 아트 페어에 진출해 이름을 알리기도 한다.

미술 관련 산업 현황

2021년 기준으로 우리나라 미술 시장에서 거래된 작품은 57,563점이다. 거래 금액은 7천 5백여억 원에 달한다. 갤러리가 598개, 경매회사가 11개, 아트페어 65개가 있다. 총 6천여 회 전시회가 열렸고 2백 3십여만 명이 관람했다. 이 중 국내 미술관, 미술은행, 법에 따라 건축물을 지을 때 사들인 미술 작품 수를 다 합하면 총 2,348점, 액수는 1천 2백억 원 수준이다. 미술품 거래 대부분은 그림이다. 그림 거래는 갤러리 판매 79.3%, 경매회사 판매 82.9%를 차지한다. 아트페어에서

도 압도적으로 그림이 많다. 서양화와 동양화 비율은 거의 9:1로 서

양화가 많다(2022 미술시장조사, 문화체육관광부).

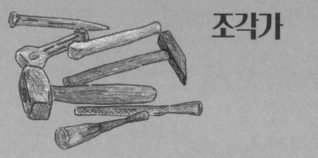

2부

입체 작품을 만드는
조각가

조각가의
탄생과 변화

인류는 수만 년 전부터 돌이나 흙으로 모양을 깎고 빚었다. 사냥감을 많이 잡거나 풍요로운 수확을 기원하는 부적으로 조각상을 가지고 다니기도 했다. 고대 왕국에서는 왕궁이나 사원, 무덤을 화려한 조각상과 부조로 장식했다. 신과 영웅, 조상의 모습을 대리석이나 청동으로 만들어 세웠다.

문명과 함께 발전하는 조각

구석기 시대 조각상

인류가 언제부터 조각을 시작했는지는 정확히 모른다. 1908년 오스트리아 빌렌도르프 근처 유적지에서 여자 조각상을 발견했다. 조각상을 만든 시기는 기원전 2만 5천 년 전이었다. 크기는 11cm 정도로 한 손에 쥘 수 있었다. 여성 조각상은 커다란 가슴과 넓은 엉덩이가 두드러졌다. 학자들은 다양하게 해석했다. 어떤 학자는 이상적인 여성을 나타낸다고 생각했고, 어떤 학자는 '풍요의 여신'을

빌렌도르프에서 발견된 선사 시대 여성 조각상, 일명 '빌렌도르프의 비너스'

뜻한다고 보았다. 출산과 풍요, 성공과 안정을 기원하는 의미다. 당시 부족을 다스리는 여성 족장이 가진 힘을 표현한다고 보는 사람도 있다. 손안에 들어가는 크기 때문에 지니고 다니는 부적이 아닐까 짐작하기도 한다.

본격적인 조각은 이집트로부터

조각은 고대 이집트에서 발전했다. 이집트인은 기원전 4~5천 년 무렵 흙이나 상아로 조각상을 만들었다. 기원전 2600년이 지나면서 이집트 조각은 최고 수준에 올랐다. 이집트 조각가는 큰 바위에 형태를 새겼다. 돌을 깎아 만든 조각상을 사원이나 무덤에 배치했다. 건축물 벽을 형상이 튀어나오게 팠다.

조각가는 파라오나 귀족이 소유한 노예였다. 어린 노예는 능숙한 장인 아래서 오랫동안 조각을 배웠다. 파라오는 조각가를 모아 공방을 운영했다. 딱딱해 다루기 힘든 돌은 제일 뛰어난 조각가에게 주었다. 가장 귀중한 돌은 화강암이었고 석회암은 깎기 쉬웠다. 석회암으로는 어떤 모양이든 만들 수 있었다. 조각가라면 누구나 한 번씩은 다뤄 보았다. 나무도 이용했다. 이집트에는 나무가 별로 없어서 나무를 귀금속처럼 취급했다. 좋은 나무는 외국에서 수입했다.

이집트 조각품

초기에는 진흙으로 사람 크기만 한 조각상을 빚었다. 조각상이 넘어지지 않도록 넓은 의자에 앉아 있는 모습을 주로 만들었다. 서 있을 때는 한 발을 앞으로 내밀어 안정적인 자세를 취했다. 이 자세는 내내 이어져 돌로 만든 조각상도 같은 모습이었다.

이집트인들은 조각 작품을 귀중하게 여겼지만 아름다움보다는 쓸모가 중요했다. 조각상이 기능과 역할을 충실하게 할 때 가치를 인정했다. 왕궁, 사원, 무덤 등 건물을 장식하기 위해 주로 조각품을 만들어 무덤 속을 가득 채웠다. 죽은 사람과 그 사람이 생전에 쓰던 물건을 조각으로 만들었다. 저세상에서도 현실과 같은 일상생활을 누리라는 뜻이었다. 조각할 때는 전체 그림을 미리 그려 두지는 않았다. 우선 하나를 새기고 다른 형태를 계속 더해나갔다. 조각상의 일부분을 따로 만든 뒤 합쳐서 전체 조각상을 만들었다. 때로 팔과 다리를 다른 조각가가 만들기도 했다. 마지막으로 조각 작품에 화려한 색을

군대 감독관 사원에서 발견된 '돋을새김'(왼쪽)과 '파라오 왕비 네페르티티 조각상'(오른쪽)

칠했다. 조각상은 수십 미터나 되는 거대한 작품에서부터 몇 센티미터가 안 되는 작은 크기까지 다양했다.

메소포타미아 문명과 조각

티그리스강과 유프라테스강 사이는 농사짓기 좋은 넓은 땅이 있었다. '비옥한 초승달'이라고 불렀다. 여기에 수메르인들이 처음 메소포타미아 문명을 건설했다. 기원전 4천여 년 경부터 두 강을 따라 많은 도시가 발전했다. 기원전 7세기까지 아카드 제국, 바빌로니아 왕국, 아시리아 제국 등 강력한 국가가 등장했다가 사라졌다. 이 사이 메소포타미아 조각은 번성했다.

현재 이라크 남부 텔 아스마르에는 기원전 2750~2600년 경 만들

새로운 기술을 만드는 조각가

프랑스 파리에 있는 루브르 박물관은 세계적으로 유명하다. 1793년 문을 열었으며 전 세계 유물 60여만 점을 소장하고 있다. 루브르 박물관 중 이집트 관(이집트 콜렉션)에는 기원전 4천여 년 전까지 거슬러 올라가는 고대 이집트 유물이 있다. 이 중에 '마르티센'이라는 사람에 관한 기록을 찾을 수 있다.

마르티센은 기원전 2천여 년 전 이집트 조각가이다. 그는 자신을 "예술을 이해하는 사람 중 대가"라 칭했다. 그는 금과 은, 상아, 흑단 등 모든 종류 귀금속과 재료로 훌륭한 조각 작품을 만들었다. 다양한 자세를 취하는 조각상 만드는 법에 관해서도 이야기했다. 또한 조각에 색을 입히는 특별한 방법을 발명했다. 돌이나 금속 표면을 깎아내 녹인 다음 색을 칠했다. 이러면 불로 태우거나 물로 씻어도 색이 벗겨지지 않았다고 한다. 이 방법은 마르티센과 그의 큰아들 외에는 아무도 몰랐다.

어진 '아부' 신전이 있다. 아부 신전에서 설화석고*로 만든 크고 작은 조각상 12개를 발견했다. 조각상 눈동자는 검은색 석회석이나 푸른 조개껍데기로 강조했다. 인간을 대신해 신에게 기도하는 역할이었다.

커다란 돌로 비석도 만들었다. 바빌로니아 왕 함무라비는 법을 만들었는데 이를 검은색 큰 돌기둥에 새겨 널리 알렸다. 돌기둥 위편에는 정의의 신과 함무라비 왕을 조각했다.

---

* 흰색이나 누르스름한 색, 분홍색을 띠는 부드럽고 반투명한 돌.

텔 아스마르 아부 신전에서 발굴한 '기
도하는 남자(왼쪽)'와 함무라비 법전을
새긴 돌기둥(오른쪽)

중국 고대 문명과 조각

　중국 황허강, 양쯔강 유역과 북동부 지역에서 기원전 5천여 년부터
기원전 2천여 년 전에 이르는 신석기 시대 유물을 발견했다. 진흙이
나 돌로 인물이나 동물 모습을 만든 조각상도 나왔다. 인물상은 신체
모두를 표현하기보다는 얼굴 모습을 주로 조각했다. 동물 모습도 실
제와 흡사했다. 어떤 용도로 썼는지는 정확히 모른다.

　중국 최초 국가인 '상나라'와 뒤를 이은 '주나라'에서는 청동 조각
을 많이 만들었다. 국가에서 체계적으로 장인을 동원해 조각품을 만
들었다. 상나라는 '육공' 제도를 두었다. 흙으로 용기를 만드는 '토공',
땅을 파고 금속을 다루는 '금공', 돌을 깎는 '석공', 나무를 가공하는

'목공', 가죽을 손질하는 '수공', 염색하는 '초공' 등 여섯 장인을 나라에서 관리했다. 조각 기술도 발전해 옥을 재료로 정교한 인물상과 동물상을 만들기도 했다. 기원전 1200년 상나라 여성 장군이자 왕비인 '푸하오' 무덤에서 옥으로 만든

기원전 5천여 년 전 중국 '양사오' 유적에서 발견한 올빼미 상 (베이징대학교 박물관)

조각상 755개를 발견했다. 품질이 좋은 옥을 사용해서 정교하게 인물과 사람 모습을 조각했다.

조개무덤에서 나온 우리나라 조각

신석기 시대 해안 지역에 모여 살던 사람은 조개를 먹고 껍질을 한군데 버렸다. 조개무덤이라는 의미로 '패총貝塚'이라 한다. 당시 사람들은 조개껍데기와 함께 쓰레기도 버렸다. 이 쓰레기는 당시 생활 모습을 보여주는 중요한 유물이다. 유물 중에는 뼈를 깎아 만든 '골각기'도 있었다. 부산 영도구 동삼동 조개무덤에서 조개껍데기에 구멍을 낸 가면과 조개껍데기를 갈아 만든 팔찌 등 조각품을 발견했다. 울산 신암리 유적에서는 '흙으로 빚은 여인상'을 발굴했다. 기원전 6천 년에서 기원전 3500년 사이에 만

푸하오 무덤에서 발굴한 옥으로 만든 봉황 조각 ⓒGary Todd

동삼동에서 나온 조가비팔찌, 조가비면, 뼈작살(왼쪽), 신암리에서 나온 '흙으로 만든 여인상'(가운데), 소영자 석관묘를 장식한 '사람 얼굴'(오른쪽)

든 것으로 추정한다. 얼굴은 없고 가슴과 몸통, 엉덩이를 강조하여 다산과 풍요를 상징한다. 부산, 김해 등 다른 지역에서도 비슷한 여인상을 찾았다. 그 외에도 새, 말, 호랑이 등 동물 모양을 본뜬 토기, 장신구 등도 나왔다. 한반도 북쪽 두만강 부근 연길시 소영진에서 기원전 2100년~기원전 1700년에 만든 무덤을 발굴했다. 무덤 돌관 위를 흙으로 빚은 사람 얼굴로 장식했다.

그리스 · 로마의 조각과 조각가

그리스 조각가들

기원전 7세기 무렵 그리스인은 대규모 대리석 광산을 발견했다. 대리석 생산이 크게 늘며 그리스 조각가는 풍부한 대리석을 사용해 조각할 수 있었다. 대리석 광산에서 일하는 '석공'이 조각가 역할을 했다. 조각가들은 주로 정부로부터 주문받아 국가에 필요한 조각을 만들었다.

조상 무덤을 꾸미려는 개인도 조각 작품을 주문했다. 주로 돌아가신 조상의 모습을 조각 작품으로 만들었다. 조각가는 자기가 만든 작품 받침대에 이름을 새겨 넣었다. 때로 조각 작품을 찬양하는 글귀를 더하기도 했다.

조각가들은 모여서 서로 작품을 비교하고 평가했으며, 아이디어를

아테나 파르테노스, 2세기 무렵 만든 모
조품 ⓒGeorge E. Koronaios

나누기도 했다. 후배에게 조각을 가
르치는 일도 신경 썼다.

조각가는 조각하는 방법에 관한
자기 생각을 글로 풀어 썼다. 5세기
조각가 '폴리클레이토스'는 청동 조
각으로 유명했다. 특히 젊은 남성 신
체를 아름답게 표현했다. 그는 『카
논Kanon』*이라는 책에서 인체를 가
장 이상적으로 표현할 수 있는 수학
적 비율을 밝혔다. 긴장하고 이완하
는 신체 부위가 조화를 이루게 하는
방법, 움직이는 모습을 표현하는 동
시에 균형을 유지하는 방법 등도 제
안했다.

폴리클레이토스보다 조금 먼저 활동한 '페이디아스'는 서양 최고
조각가로 꼽혔다. 그는 아테네 파르테논 신전을 재건하고 거대한 신
상을 조각했다. '아테나 파르테노스'라는 조각품이 특히 유명했다. 그
리스 여신 아테나 상으로, 11m가 넘는 거대한 작품이었다. 황금과 상

---

* 그리스어로 '규칙'이란 의미이다.

아로 장식해 정교하고 아름답다.

그리스 조각 작품 특징

고대 그리스 조각가들도 이집트와 마찬가지로 사원과 무덤을 장식하는 각종 부조와 조각상을 남겼다. 그리스 조각가들은 이집트 조각가들과는 달랐다. 이들은 실제 사람들이 보이는 생동감 있는 모습을 표현했다. 인체가 가진 특징을 정확히 나타내기 위해 해부학을 공부했다. 서 있는 모습뿐 아니라 구부리거나, 눕거나, 앉아 있는 다양한 조각상을 만들었다. 여러 개 조각상을 죽 늘어놓아 종교의식, 역사적 사건, 영웅 이야기를 연속해서 전하기도 했다.

그리스 조각은 이상적인 아름다움을 추구했다. 조각품은 무덤 장식이나 건물 장식으로도 쓰였지만, 사람들은 조각품이 선보이는 아름다움 자체를 사랑했다. 그리스인들에게 '아름다움이 바로 선善'이었으며, '선한 것은 아름다웠다.' 그리스 조각은 이후 서양 조각의 모범이 되었다.

파르테논 신전을 장식한 기수 조각, 기원전 440년경

그리스 조각가의 지위

그리스 사람들은 훌륭한 조각에 관심을 가졌지만 조각을 한 사람에 관해서는 크게 궁금해하지 않았다. 조각가보다는 조각 작품에 관심을 두는 경우가 많았다. 그리스 역사가 '플루타르크'는 훌륭한 조각 작품을 기록했지만 조각가에 관해서는 글을 남기지 않았다.

유명한 조각가는 존경받았다. 아테네는 뛰어난 조각가에게 시민권을 주었다. 당시 시민권은 얻기 어려운 특권이었다. 조각가가 아닌 다른 장인에게는 이런 권리를 주지 않았다.

권력자와 가깝게 지낸 조각가도 있다. 조각가 '페이디아스'는 아테네를 다스렸던 페리클레스와 친구이자 정치적 동지였다. 솜씨 좋은 조각가는 1년에 조각상 3개 정도를 만들었다. 이 일로 버는 돈은 당시 노동자가 받는 돈보다 일곱 배나 많았다.

조각 작품 만들기

조각가는 대리석을 깎아 작품을 만들기 위해 우선 전체 모양을 스케치했다. 돌을 깨뜨리고 다듬을 때는 끌과 망치를 사용했다. 끌은 끝을 날카롭게 한 도구로 단단

대리석 말을 조각하는 조각가의 작업장을 방문한 아테나, 기원전 480년 (뮌헨 국립 고미술품전시관)

색을 입혀 새롭게 만들어 본 그리스 조각

한 재료를 부수거나 자를 때 쓴다. 끝이 송곳처럼 뾰족한 '포인트 치즐'은 돌을 부숴 전체 모양을 잡을 때 사용했다. 끝이 여러 갈래로 나뉘어 마치 손톱 같은 '클러 치즐'로 표면을 다듬고 둥글게 깎았다. 끝이 평평하고 넓은 '게이지 치즐'은 세밀한 부분을 손볼 때 썼다. 마지막으로 '줄'이나 돌로 조각 작품 표면을 갈아 매끈하게 만든 뒤 색을 칠해 완성했다. 오늘날 남아있는 그리스 조각 작품은 세월을 거치며 칠이 벗겨져 원래 재료의 색이지만, 원래 그리스 조각 작품은 화려한 색을 뽐냈다.

야심에 찬 조각가는 자기 아이디어를 뽐냈다. 다른 조각가 작품보다 자기 작품이 관심을 끌기를 바랐다. 초기에는 평화로운 모습으로 조각했다. 그리스 후기로 갈수록 역동적이고 복잡한 자세, 뒤틀린 모습을 나타내는 조각이 늘었다. 조각하기 전에 하던 스케치 대신 찰흙으로 작은 모형을 만들어 보았다.

해외로 퍼진 그리스 조각 기법

마케도니아 군주 알렉산드로스 3세(알렉산더 대왕)는 그리스 여러 도시 국가를 제압했다. 이후 아시아로 눈을 돌려 페르시아를 정복했다. 기원전 326년에는 인도 북서쪽까지 지배를 넓혔다. 알렉산드로스는 그리스 바깥에 본거지를 두었다. 점점 그리스 내 여러 도시는 힘이 약해졌다. 도시가 힘이 빠지면서 조각 주문도 줄어들었다. 조각가들은 새로운 작품을 만들기보다 이전에 만든 작품을 유지, 보수하면서 생활을 이어갔다.

해외에서는 사정이 달랐다. 알렉산드로스가 점령한 지역에 그리스

헬레니즘 양식의 좌불상, 아프가니스탄 타파 쇼토르 2세기 경

인이 생활하는 사회가 생겨났다. 그리스 문화와 생활 방식도 퍼져 나갔다. 이 지역에서 그리스 조각가를 거장으로 취급하고 권위를 인정했다. 그리스 조각가는 주문을 쉽게 받고 돈도 많이 벌었다. 외국인 제자를 가르쳤다.

그리스 스타일 조각은 지중해 전역은 물론 중동과 서남아시아 지역까지 영향을 미쳤다. 그리스 조각은 아시아에도 영향을 미쳤

다. 중앙아시아 지역에서는 그리스 스타일로 거대한 불상을 만들었다. 인도에서도 그리스 스타일을 받아들였다. 인도를 거쳐 중국까지 전해졌다.

그리스를 이은 로마 조각

기원전 168년 로마는 그리스를 지배하기 시작했다. 직접 지배하지 않는 도시 국가로부터는 조공을 받았다. 로마인은 그리스 문화와 예술에 흠뻑 빠졌다. 그리스에서 활동하던 많은 조각가를 로마로 데려갔고 로마 조각은 그리스 조각이 가진 특징을 그대로 이어받았다. 이에 더해 이탈리아에서 살던 원주민 에트루리아 민족이 남긴 조각품도 영향을 미쳤다. 귀족이나 지배층은 그리스 스타일을 좋아했다. 자기 집과 정원을 조각품으로 장식했다. 유명한 그리스 조각품을 본뜬 모사품도 많이 만들었다. 주로 대리석을 사용했다. 공공 건축물로 조각상과 돌기둥도 만들었다. 로마 시대 조각은 지금도 많이 남아있다.

기념비와 초상화

로마는 강력한 군대를 앞세워 지중해, 유럽, 아프리카, 소아시아 등을 정복했다. 전쟁에 승리하면 업적을 커다란 기념비를 세워 기렸다. 기념비에는 전쟁과 승리를 부조로 조각했다. 113년 로마 황제 '트리야누스'는 다키아(오늘날 루마니아)를 평정하고 승리를 기념하는 기

트리야누스 원주(왼쪽)와 표면 부조(오른쪽)

등, '트리야누스 원주Trajan's Column'를 세웠다. 받침대까지 높이가 35미터에 달했다. 표면에는 155개 장면을 새겼다. 전투 장면, 요새 건설, 황제가 연설하는 모습 등을 담았다. 선원, 군인, 정치가, 성직자 등 총 2,500여 명이 등장한다. 각종 무기와 전투 방식도 드러난다. 트리야누스 황제는 58번이나 나온다. 마치 영화를 보듯이 전쟁 과정을 살필 수 있다. 꼭대기에는 독수리 조각을 세웠다고 한다. 지금은 성 베드로상이 올라가 있다.

인물을 나타내는 '초상조각'도 로마에서 발전했다. 그리스인들도 초상조각을 많이 남겼다. 그리스 초상조각은 인물이 가진 정신, 내면을 표현하려 했다. 로마인은 초상조각을 그 사람과 똑같은 모습으로 만들어야 한다고 생각했다. 개인적 특징을 있는 그대로 충실하게 재현했다. 돌아가신 선조를 얼굴 모습 그대로 만들어 귀중하게 간직했다. 공공 의식을 치를 때는 이 초상조각을 모두 꺼내 배치했다. 살아있는 선조가 참석한 것처럼 대했다. 귀족만 초상조각을 보관할 수 있었다. 죄를 지으면 이 권리를 박탈했다. 초상조각으로부터 가슴 위쪽을 표현하는 '흉상'이 본격적으로 나타났다.

아를 근처의 론 강에서 발견된 대리석 흉상, '율리우스 카이사르'가 모델이라 추측한다.

아시아 지역 조각

인도와 동남아시아 조각

인도에서도 거대한 건축물을 장식하는
조각상, 부조 등 다양한 조각 작품을 만들
었다. 조각가는 대개 노예 계층이었다.

기원전 3세기 무렵 인도 마우리아 제
국을 다스리던 '아소카 대왕'은 불교를
장려했다. 인도 조각가에게는 '불상'이
가장 중요했다. 아소카 왕은 인도 대륙
전역에 돌기둥을 세웠다. 기둥에는 불교
와 관련된 내용이나 왕이 내린 명령 등을
세웠다. 돌기둥 받침에는 부조를 새기고,

사르나트 아소카 기둥 꼭대기를 장
식했던 사자상 ⓒChrisi1964

꼭대기에는 화려한 조각상을 올렸다. 인도 조각은 동남아시아 지역은 물론 중국에까지 영향을 미쳤다.

춘추 전국 시대 중국 조각

기원전 770년부터 기원전 221년 진시황이 통일할 때까지 550년간 중국에는 여러 나라가 등장해 서로 패권을 다투었다. 정치적으로 복잡하고 전쟁도 잦았지만, 상공업이 발전하고 다양한 사상이 피어났다. 과학기술도 발전해 철기 사용이 늘어났다. '실랍법'이란 기술로 금속 표면에 정교한 무늬를 새길 수 있었다. 금, 은, 납, 상아, 뼈 등 다양한 재료로 조각품을 만들었다. 지역마다 특색 있는 작품이 있었다. 권위와 예절이 약해지면서 제사와 예식에 쓰이는 조각보다 실용적인

실랍법

실랍법(失蠟法)은 금속을 녹여 거푸집에 부어 물건을 만드는 방식이다. 거랍법, 혹은 주랍법이라고도 한다.

먼저 꿀벌이 남기는 천연 물질 밀랍이나 다른 녹기 쉬운 재료로 모형을 만든다. 이 모형을 모래나 흙으로 덮는다. 열을 가하면 밀랍은 녹는다. 밀랍이 녹으면 공간이 남는다. 여기에 금속 녹인 물을 부어 식힌다. 모래나 흙을 거둬내면 밀랍으로 만든 모양대로 조각품이 남는다. 실랍법으로 복잡한 무늬도 섬세히 새길 수 있었다.

조각품이 많이 등장했다.

진나라 청동상과 흙 인형

진나라 시황제는 중국을 통일하고 중앙 집권을 강화했다. 전국에서 우수한 장인을 모아 거대한 공사를 벌였다. 통일 후 키 큰 외국인 12명이 진나라에 도착했다. 이들은 체형과 옷차림새가 달랐다. 사람들은 이들의 등장을 불길하다고 여겨 불안해했으나 진시황은 오히려 좋은 징조라 생각했다. 장인에게 그들 모습을 본뜬 12개 청동 조각상을 만들게 했다. 이 조각상을 궁궐 앞에 전시했다. 훗날 다른 왕조에서 이 조각상을 녹여 금속화폐를 만들었다 한다.

당시에는 황제나 귀족이 죽으면 시중들던 노예를 함께 묻는 '순장'이라는 풍습이 있었다. 죽어서도 주인을 계속 모시라는 뜻이었다. 사람 대신 흙이나 나무로 만든 인형을 대신 묻기도 했다. 이를 '용俑'이

진시황릉에서 발굴한 병마용 ⓒGdynia

라 한다. 진시황이 죽고 난 다음 무덤에는 흙으로 군대(병마용)를 만들어 묻었다. 1974년 진시황릉 근처에서 군인, 장교, 마차, 말, 악사 등 다양한 병마용을 발견했다. 모두 8천여 점

이나 되었다. 장인들이 팔, 다리, 몸통을 각각 만들어 조립했다. 색도 칠했다. 병사 인형마다 얼굴 특징을 살렸다.

한나라 조각

진나라 뒤를 이어 한나라가 중국을 지배했다. 나라가 안정되고 백성 살기가 좋아졌다. 조각품은 크기도 커지고 숫자도 늘었다. 한나라 때는 조각품이 어떤 의미를 담고 있는지를 중요하게 생각했다.

무덤 앞에는 인물과 동물 조각상을 두 줄로 세웠다. 무덤에 각종 그릇, 공예품, 조각품을 함께 묻었다(부장품). 한나라 때도 병마용이 있었다. 진시황릉보다 규모가 작았지만, 자연스럽고 정교하게 '용'을 만들었다. 진흙, 돌, 옥, 금속, 나무, 뼈, 상아 등 다양한 재료로 조각품을 만들었다. 금속으로 만든 그릇에는 표면에 금과 같은 귀금속으로 모양을 새겼다. 유가, 도가에서 내려오는 이야기, 민간 전설, 연회 모습 등 조각 주제는 다양했다. 공자가 노자를 만나는 '공자견노자', 진시황을 암살하려는 '형가자진왕'은 그림뿐 아니라 조각품으로도 자주 등장했다.

불교와 불상 조각

1세기 무렵 중국에 불교가 들어왔다. 후한 명제 10년(67년) 뤄양 서쪽에 '백마사'라는 절을 처음 지었다고 전한다. 불교 경전과 함께 부처님을 조각한 불상도 들어왔다. 2세기 후반에는 불경을 한자로 번역하기 시작하면서 불교가 중국에 확실히 뿌리를 내렸다. 후한 환제 8년(154년) 궁궐에도 불사를 세워 참배했다.

한나라 멸망 이후 중국은 다시 여러 나라가 나타났다 사라지는 혼란기를 맞았다. 이 시기 중국에서 불교가 번성했다. 굴을 파고 불상을 조각하는 석굴사원이 등장했다. 불교가 전해진 길을 따라 석굴사원을 세웠다. 왕실에서 직접 나서 석굴사원을 세웠다. 당시 가장 우수한 인재를 모아 사원을 건축하고 그림을 그리고 조각상을 만들었다. 중국 간쑤성 둔황에는 어마어마한 규모의 석굴사원이 있다. '둔황 석

굴사원', 또는 '막고굴'이라
한다. 366년 만들기 시작
해 천년 간 공사를 계속했
다. 둔황 지역은 날씨가 건
조했다. 워낙 외진 변방이
라 전쟁도 일어나지 않았
다. 석굴 안에 있는 그림과

둔황 석굴 259번 안에 있는 불상 ⓒDavid Stanley

조각은 오랜 세월 온전할 수 있었다. 735개 동굴에 불상 2,400여 개가
남아있다. 그 외에도 '산시성 다퉁시 윈강 석굴', '허난성 뤄양 룽먼 석
굴'이 석굴사원으로 유명하다. 불교 조각이 가장 번성했던 시대였다.

6세기 초 중국 남부지방을 다스렸던 양나라 무제는 불교에 푹 빠졌
다. 그는 불교 사원을 건축하고 많은 불상을 만들었다. 인도로 사람을
보내 인도 불상을 가져왔다. 인도에서 불상이 도착할 때 손수 성 밖에
나가 맞이할 정도였다. 점차 중국 전통 조각 방식에 인도 스타일이 섞
여들었다.

발전하는 당나라 시대 조각

여럿으로 나뉜 중국을 통일한 수나라는 금방 무너지고 당나라가
뒤를 이었다. 중국 조각은 당나라 때 최고 수준에 도달했다. 사회가
안정되고 경제적으로 부유해지면서 묘에 묻는 부장품, 모 앞에 세우

는 장식 조각품도 늘어났다.

장인은 국가에서 관리했다. 사람과 물자를 대규모 건설 등 국가사업에 동원했다. 건설할 때는 조각하는 장인이 꼭 필요했다. 불상 등 종교적 조각, 건물과 무덤 장식, 각종 도구와 용품 등 조각은 다양한 분야에서 발전했다. 황제 무덤 앞에 어떤 조각상을 몇 개 세울지도 정했다. 이전까지는 특별한 규칙이나 제도가 없었다. 당나라 고종과 황후인 측천무후를 함께 묻은 '건릉'에 세운 석상 종류와 배열이 이후 표준으로 자리 잡았다.

조각을 담당한 장인

당시 조각가는 지위가 낮았다. 돌을 다루는 장인이나 금속을 다루는 장인, 나무를 다루는 장인이 조각품을 만들었다. 조각품을 누가 만들었는지도 기록하지 않았다. 우연히 조각가 이름을 전하기도 하지만 누가 무엇을 만들었는지 알기 힘들다.

'뢰비석雷卑石'은 기록에 이름이 남은 조각 장인이다. 489년 남쪽 바다에서 상서로운 돌이 떠올랐다. 사람들은 이 돌을 황제에 바쳤다. 황제는 뢰비석과 다른 장인에게 석가모니 상을 만들게 했다. 조각상은 매우 아름다웠다고 한다.

승려로 이름을 남긴 조각가도 있다. 6세기 초 유명한 승려 '승우僧祐'는 석굴에 세우는 커다란 불상을 설계했다. 그는 자 없이 눈으로도 정확하게 크기를 잴 수 있었다고 한다.

당나라 조각가 '양혜지楊惠之'는 유명한 화가 '오도자'와 함께 그림을 공부했다. 그림으로는 오도자 솜씨를 따라갈 수 없자 조각을 주로 했다. 양혜지는 불상 만들기에 뛰어났고 그의 조각은 매우 훌륭해 비교할 만한 다른 작품이 없었다. 초상조각 조각도 잘해서 양혜지가 만든 초상조각은 뒤만 보아도 주인공이 누군지 알 수 있었다 한다.

활약하는 석공

돌을 다루는 장인을 '석공', 혹은 '석장'이라 불렀다. 석공은 크게 둘로 나누었다. 채석장에서 돌을 다양한 크기로 자르는 사람이 '조석공(粗石工, 조는 거칠다는 뜻이다)'이다. '산석공', 혹은 '채석장 석공'이

쓰촨성 암벽에 새긴 와불상 ⓒNekitarc

라고도 했다. '세석공(細石工, 세는 정교하다는 뜻이다)'은 돌을 갈거나 조각했다. 이들이 비석 글씨를 새기고 불상을 조각하고 옥을 깎았다.

석공은 망치, 정*, 끌, 평평한 칼 등을 사용했다. 석공 기술은 한 집안에서 아버지가 아들에게 물려주었다. 석공 장인은 어린 수습생을 받아 일을 가르쳤다. 어떤 기술을 어떻게 가르쳤는지에 관한 기록은 없다.

수나라와 당나라는 석공을 모아 궁궐 건축 장식, 황제와 귀족 무덤 장식, 비석 등을 만들었다. 722년 승려 '현응玄應'은 여러 석공을 모아 쓰촨성 안유현에 거대한 '와불(누운 부처)'상을 조각했다. 전체 길이 23m, 머리 길이 3m, 어깨너비 3.1m에 달했다. 석공은 망치와 끌만 가지고 섬세하게 돌을 다듬어 수많은 걸작 조각품을 남겼다. 당나라 시인 '이하李賀'는 "단주 지방 석공은 솜씨가 귀신같아 하늘을 밟아 칼을 갈고 구름을 자른다"라고 노래했다.

* 돌에 구멍을 뚫거나 돌을 쪼아 다듬는 쇠로 만든 연장.

삼국 시대 우리나라 조각

고구려 조각

4세기 중국 북쪽에는 '전진前秦'이라는 나라가 있었다. 372년 전진 승려 순도는 불경과 불상을 고구려로 가져왔다. 중국 불상은 인도 미술 영향을 받았다. 자연스레 고구려에서 만드는 불상에는 중국과 인도 양식이 스며들었다. 4세기 이후 고구려는 불교 사원을 건설하고 불상을 만들었다. 이 사원과 불상은 남아있지 않다.

가장 오래된 불상은 '금동불좌상'이다. 높이는 4.9cm이고 구리 합금으로 만들었다. 이 불상에서 우리나라 초기 불상 모습을 알 수 있다. 이 불상은 한강 뚝섬에서 발견했다. 한강 유역은 백제, 신라, 고구려가 저마다 점령했기에 어느 나라 불상인지 정확히 알지 못한다. 불상 모습은 중국 북쪽에서 유행한 양식이다. 이 때문에 고구려 불상이

금동불좌상(왼쪽), 금동연가7년명여래입상(오른쪽) (국립중앙박물관)

라 짐작하기도 한다. 경남 의령에서 '금동연가7년명여래입상'을 발견
했다. 불상 뒤에 언제, 누가, 어디서 만들었는지, 어떤 부처인지 등이
새겨져 있었다. 금동연가7년명여래입상은 539년 고구려 평양 '동사
東寺'에서 만들었다. 동사에서 만든 불상 1천 개 중 29번째 부처인 '인
현의불' 조각상이었다.

백제 조각

백제는 중국 남쪽에서 불교를 받아들였다. 384년 인도 승려 마라난
타가 중국 남부 동진에서 백제로 건너와 불교를 전했다. 백제는 538
년에 일본에 불교를 전파했다. 백제 승려가 인도와 중국으로 유학을
떠나고 중국으로부터 불경, 조각 장인, 화가 등이 백제로 건너오는 등
백제는 외국과 활발히 교류했다.

백제 불상 조각은 중국 '남조'*로부터 영향을 받았다. 우아하고 세

련된 모습이 특징이다. 6~7세기에는 드러난 바위에 불상을 조각했다. 이런 불상을 '마애불'이라 한다. 마애불은 규모가 매우 컸다. 서산 용현리 마애삼존불과 태안 동문리 마애삼존불이 유명하다. 삼존불은 부처와 보살상 셋을 배치한 불상이다.

서산 용현리 '마애삼존불' (문화재청 대변인실)

신라 조각

고구려와 백제는 국가에서 불교를 받아들였다. 신라는 이와 달리 민간에서 불교를 믿기 시작했다. 신라 토착 귀족은 새로운 종교인 불교에 반대했다. 527년 '이차돈'이 순교한 이후에야 불교를 국가에서 인정했다.** 신라 불상은 고구려와 백제로부터 영향을 받았다.

6세기 후반부터 7세기까지 우리나라에서는 미래에 중생을 구원하는 부처님인 '미륵불'을 숭배했다. 특히 신라에서는 미륵신앙이 유행했다. 미륵불을 조각한 '반가사유상'을 많이 만들었다. '반가'는 오른

---

*   한나라 멸망 후부터 수나라 통일 전까지 중국은 여러 나라로 나뉘었다. 양쯔강 이남에 있었던 동
      진, 유송, 남제, 소량, 남진 등 5개 왕조를 '남조'라 한다.
** 신라 법흥왕은 불교를 들여오려 했으나 대신들이 모두 반대했다. 이때 이차돈이 나서 목숨을 바
      친 후에야 불교를 받아들였다.

금동 반가사유상 (국립중앙박물관)

쪽 다리를 왼 허벅지에 올린 모습이다. '사유'는 생각한다는 뜻이다. '금동 반 가사유상'은 신라를 대표하는 조각품 이다.* 일본 '고류지'라는 절에도 비슷 한 반가사유상이 있다. 우리나라에서 만들어 일본으로 건너갔으리라 추정 한다.

통일신라 시대 걸작들

신라는 삼국을 통일했다. 고구려와 백제가 남긴 조각 기술도 신라 로 이어졌다. 통일 후에는 경주를 중심으로 불교 사원 건설과 불교 조 각이 성행했다.

751년 '김대성'은 불국사를 다시 고쳐 건설했다. 동시에 토함산 중 턱에 석굴을 만들고 그 안에 석가여래 불상을 모셨다. 벽에는 보살, 부처님 제자, 사천왕 등을 조각했다. 바로 '석굴암'이다. 석굴암 조각 은 동아시아에서 가장 뛰어난 불교 조각이다. 경주 남산 등에는 마애 불을 새겼다.

무덤 장식 조각도 두드러졌다. 삼국 통일을 주도한 김유신 장군 무

* 백제에서 만들었다는 의견도 있다.

석굴암 석가여래상(왼쪽)과 무열왕릉비 받침대(오른쪽) (문화재청)

덤을 둘러싼 돌, 병풍석에는 쥐부터 돼지까지 열두 동물을 새겼다. 태종 무열왕릉에 세운 돌 비석도 뛰어난 조각품이다. 앞으로 나아가는 돌 거북 조각이 비석을 받치고 있다.

조각가는 어떤 대접을 받았나?

건축을 하는 장인, 금속을 다루는 장인, 돌을 다루는 장인, 나무를 다루는 장인이 조각품을 만들었다. 장인은 귀중한 존재였다.

백제는 장인을 '박사博士'라 불렀다. 박사는 전문 기술자를 부르는 이름이자 관직 이름이었다. 백제에서 일본에 '노반박사', '와박사'를 보냈다. 노반박사는 탑 제작 전문가, 와박사는 기와 제작 전문가이다. 8세기 이후에는 박사 대신 '백사伯士'라는 이름을 사용했다. 종, 석탑, 불상 등을 만드는 장인을 '백사'라고 불렀다.

신라 장인은 관직을 받았다. 신라 사회는 골품제를 기본 원리로 삼았다. 성골, 진골 귀족 아래 6두품, 5두품, 4두품이 있었다. 출신 계급에 따라 가장 높이 오를 수 있는 관직을 제한했다. 중앙에서 일하는 장인은 5두품이나 4두품 신분이었다. 지방에서 일하는 장인은 마을 우두머리로 대접받았다.

신라 말기에는 골품제가 사라졌다. 여러 기술이 널리 퍼져 이전처럼 기술 전문가를 대접하지 않았다. 호칭도 "~장(예를 들어 돌을 다루는 전문가는 석장)"으로 바뀌었다.

중세부터 근대까지
조각과 조각가

조각가도 손을 써서 일하는 '장인'이었다. 돌을 자르고 다듬는 석공이 곧 조각가이기도 했다. 중세 유럽 조각가는 대부분 교회 장식, 기독교 성인 모습을 조각했다. 르네상스 이후 조각가가 전문 직업으로 자리 잡기 시작했다. 조각가는 고객이 원하는 장식품만이 아니라 자기가 표현하고 싶은 것들을 만들어냈다. 다양한 주제를 담은 조각은 자연스럽게 생활 환경에 포함되었다.

중세 이후 서양 조각

정체된 사회

로마 제국 멸망 이후 오랫동안 유럽 조각은 긴 잠에 빠져들었다. '중세 암흑기'라고도 하는 시기 경제, 학문, 예술 등 모든 분야가 쇠퇴했다.

서부 유럽의 큰 도시가 쇠퇴하고 사람들은 작은 마을에 모여 살았다. 목수, 석공 등 장인이 있었지만 마을 내부에서만 활동하고 다른 마을과 왕래하지 않았다. 시간이 흐르면서 사람들은 종교를 중심으로 교류를 시작했다. 유럽 전역에 자리 잡은 기독교 교회와 수도원은 서로 연락하고 소통했다. 사람들은 기독교 성지를 찾아 순례 여행을 떠났다.

석공이 담당한 조각

순례에 참여하는 사람이 늘며 이들이 쉴 곳과 예배할 장소가 필요했다. 교회와 수도원은 부서진 건물을 다시 고치거나 새로 지었다. 건축에 필요한 돌을 다듬기 위해 교회와 수도원은 자체 공방을 두었다. 공방에서 돌을 다루는 전문가인 '석공'을 고용했다. 사제가 석공을 가르치고 감독했다.

석공은 돌을 건축물에 알맞은 크기로 잘라 다듬었다. 건물을 지은 다음 빈 곳이나 허전한 벽을 꾸미기 위해 조각품을 만들었다. 조각 재료로는 대리석이나 설화석고를 주로 사용했다. 조각품 마무리로 화려한 색을 칠했다.

조각은 단순노동에 가까웠다. 사제가 그려준 그림 그대로 조각했다. 사제는 성경에 나오는 사건을 전달하기 위해 조각품을 연속해서 배열하기도 했다. 조각가도 스스로를 '창조'하는 사람이라 여기지 않았다. 13세기 이전 조각품에는 누가 만들었는지 이름을 표시하지 않았다. 조각품 대부분은 스타일이 비슷했다. 성경에 등장하는 인물은 옷 모양까지 이미 정해져 있었다. 얼굴에 아무런 표정이 드러나지 않고 개성도 없었다.

조각 전문가가 등장

시간이 흐르면서 성당을 장식하는 조각의 크기가 커졌다. 조각가는 실력이 늘면서 작품에 '생생한 삶'을 담기 시작했다. 야심 있는 조각가는 독특한 자기 아이디어를 표현하려 했다. 12세기 중반부터 14세기까지 이런 작품이 본격적으로 모습을 드러냈다. 이 시기 유행한 스타일을 '고딕 양식'이라 한다.

프랑스 샤르트르 대성당을 꾸미고 있는 고딕 양식 조각, 1220년

　석공들은 교회로부터 나와 독립적으로 활동했다. 교회나 수도원 근처에서 채석장 부근으로 공방을 옮겼다. 석공은 채석장에서 캐낸 돌을 적당한 크기로 잘라 교회뿐 아니라 다른 고객에게도 팔았다. 석공 중에서 조각상이나 부조를 만드는 전문 조각가가 등장했다. 이들을 '이매지네이터imaginator', 혹은 '이매저imager'라 불렀다.

　1268년 '세인트올번스의 존'이라는 영국 사람이 처음으로 국왕의 이매저가 되었다. 조각가로 이름을 알린 사람은 당시 석공 중에서도 제일 잘 나가는 사람이었다. 왕실에서 일하고 왕족 조각상을 만드는 조각가는 중류 계층에 속할 수 있었다. 조각가는 얼마나 큰 돌에 조각 했느냐에 따라 보수를 받았다. 보통 석공보다 2배 많은 돈을 벌었다. 미리 주문받아 조각상을 만들었다. 때로 자기 마음대로 만든 다음 팔릴 때까지 창고에 보관하기도 했다. 조각가는 전문 직업으로 자리 잡기 시작했다.

조각가 길드와 공방

조각가들은 길드를 조직했다. 길드 소속 조각가만 일할 수 있었다. 조각가는 다른 조각가를 고용해 프로젝트팀처럼 일하기도 했다. 조각가가 되려는 도제는 우선 채석장에 딸린 공방에서 돌 다루는 법을 배웠다. 충분히 실력을 갖추면 조각가로 활동했다. 영업 능력까지 있는 조각가는 자기 공방을 차렸다. 한 가족이 대대로 운영하는 공방도 있었다. 공방을 대표하는 책임자는 운영뿐 아니라 법적, 재정적 책임을 졌다. 공방 책임자는 주문을 따오고, 디자인을 확정하고, 직공을 작업에 할당하고, 작업 진행을 감독했다. 조각가가 표현하는 예술

상아로 만든 거울 보관함 조각, 1300~1330년

적 감각은 그리 중요하지 않았다. 고객은 얼마나 크게 만들지, 어떤 자세로 만들지 등을 결정했다. 가장 큰 고객은 역시 교회였다. 다른 단체에서도 주문이 늘었다. 단체 회원들은 자신들이 모이는 회합 장소를 조각품으로 장식했다. 부유한 개인도 공방에

주문했다. 유명 조각품을 점토로 작게 만들어 구운 복제품도 잘 팔렸다. 새롭게 부자가 된 사람, 덜 부유하지만 성장하는 중산층 등이 복제품을 주로 샀다.

조각품을 팔고 사는 방식

14세기 말부터 조각은 빠르게 성장했다. 조각가들은 함께 연구하고 실력을 닦았다. 조각품 주문 방식도 변했다. 조각가를 정해 두고 작품을 주문할 뿐 아니라 여럿에게 공개적으로 조각품을 모집하기도 했다(공모). 1401년 이탈리아 피렌체 교회는 예배당 '청동문' 제작을 이탈리아 전역 솜씨 좋은 조각가들을 대상으로 공모했다. 피렌체 교회는 수십 년 후에는 이탈리아뿐 아니라 유럽 전체 조각가를 대상으로 공모 범위를 넓혔다.

조각가들도 새로운 목표를 가졌다. 그들은 단순히 고객이 원하는 조각을 만들어 주는 것이 아니라 자신이 만족할 만큼 아름

공모에서 최종 선정된 로렌초 기베르티가 만든 피렌체 세례당의 청동문. '천국의 문'이라고 한다.

답고 창의적인 조각을 만들려 했다. 자연을 있는 그대로 정확하게 묘사하려고도 노력했다. 국제적인 조각가 모임도 생겼다. 이들은 후배 조각가를 체계적으로 교육하고 훈련하기 시작했다.

르네상스를 맞아 지위가 상승한 조각가

조각가는 르네상스를 맞이해 지위가 올라갔다. 사람들은 조각가를 화가와 더불어 손을 써서 일하는 장인 중에서는 으뜸으로 취급했다. 여전히 하는 일은 비슷했다. 조각가는 건물 장식, 광장에 세우는 조각상, 벽이나 대문을 장식하는 부조 등을 만들었다. 변함없이 교회가 제일 큰 고객이었다. 귀족은 대리석으로 가족 조각상을 만들어 집을 꾸몄다. 조각품을 감상하고 찬사를 보내는 고객도 늘었다. 아름다움을 교회가 독점하던 시대가 끝났다. 고대 그리스와 로마 유물에서 사람들은 새로운 가치를 찾았다. 유물에는 영웅이나 위인을 조각한 작품이 많았다. 기독교 성인이 아닌 보통 사람도 조각상으로 만들어 찬양했다.

성스러운 조각가 미켈란젤로

미켈란젤로는 르네상스를 대표하는 위대한 화가, 건축가, 조각가이다. 15세 되던 해 예술가들을 후원하는 메디치 가문이 그를 초청했다. 미켈란젤로는 메디치 가문에서 몇 년간 고대 그리스 조각가 페이디아스를 연구했다. 24세에 '피에타' 조각상을 만들어 전 유럽에 이름을 알렸다. 피에타를 조각하기 1년 전인 1497년에는 고대 이후 최초로 실물 크기 비기독교 조각상을 만들었다. 그리스 신화에 나오는 '술의 신 바쿠스'를 조각했다. 고대 초상조각, 흉상도 되살려 얼굴에 개성적인 표정을 담았다. 카이사르 암살에 가담했던 '브루투스 흉상'도 조

미켈란젤로의 '피에타' 조각상. 경외, 연민, 공경이라는 뜻으로 십자가에서 사망한 예수를 내려 안고 슬피 우는 성모 마리아를 표현했다.

각했다. 이후 많은 조각가가 유명 인사 흉상을 조각했다.

미켈란젤로는 카피톨리노 광장을 재정비할 때 로마 시대에 만든 '마르쿠스 아우렐리우스 황제 청동 기마상'을 모두가 볼 수 있도록 광장에 세웠다. 미켈란젤로는 기마상 받침대를 조각해 사람들이 쳐다볼 수 있는 높이만큼 올렸다. 자연스러운 눈높이에서 일반인들도 조각상을 관찰하고 감상하고 연구할 수 있었다. 미켈란젤로는 조각품 그 자체로 평가받고 싶어 했다. 이후 300여 년간 왕이나 권력자는 앞다투어 자기 기마상을 만들었다. 전쟁에 공을 세운 장군이 말 탄 모습도 광장을 장식했다. 기념비와 동상을 주문하는 교회, 정부, 귀족이

미켈란젤로가 설계한 카피톨리노 광장에 서 있는 마르쿠스 아우렐리우스 기마상

넘쳐났다. 조각품 품질은 나날이 좋아졌다.

조각가는 장인에서 예술가로 변하기 시작했다. 변화는 빠르지 않았다. 미켈란젤로는 누구나 인정하는 천재 예술가였다. 교황하고도 논쟁을 벌일 수 있었다. 무엇이든 자기가 원하는 대로 만들 수 있었다. 그런 조각가는 그 후 수백 년 동안에도 몇 명 나오지 않았다.

르네상스 이후 조각 발전

17세기 유럽 귀족은 예술 후원에 돈을 아낌없이 투자했다. 예술과 관련된 직업이 인기를 끌었다. 조각 기술과 아이디어가 폭발적으로 발전했다. 100년 전에는 가장 뛰어난 조각가 한두 명이 보여주던 조각 솜씨를 대부분 조각가가 발휘했다. 대리석으로 바람에 휘날리는 옷자락을 묘사할 정도였다. 조각품 자체가 아름답고 의미를 지니게 되었다. 조각가는 화가와 함께 아카데미를 만들어 후배를 교육했다. 사람들은 그림보다 조각을 더 좋아했다. 조각은 구체적인 형태가 있어 공간을 꾸밀 수 있었기 때문이다. 18세기 경제가 성장하면서 늘어난 상인, 기술자 등 신흥 중산층은 자기 집을 귀족이나 고위 관리

집과 대등하게 꾸미고 싶어 했다. 이들
이 예술품 구매 대열에 합류했다. 박물
관이나 왕궁에 보관된 조각품을 복제
한 작품도 잘 팔렸다. 발전한 기술로 조
각품을 공장에서 대량 생산하기 시작했
다. '조지아 웨지우드'는 1759년 도자기
공장을 세웠다. 여기서는 작은 조각품

로마 화병을 따라 만든 웨지우드 포
틀랜드 꽃병, 1790년

도 만들었다. 공장이 조각가들이 일하
는 새로운 직장으로 떠올랐다.

북아메리카 식민지와 미국 상황

18세기까지 북아메리카 식민지에는 조각가라
고 할 만한 사람이 없었다. 식민지 주민들은 가난
해서 유럽 사람처럼 장식에 신경 쓸 여유가 없었
다. 마을마다 '묘비'를 새기는 사람이 있었으나 묘
비 새기는 일로만 먹고살 수는 없어 다른 일을 병
행했다. 진기한 물건을 팔러 다니는 행상이 작은
조각상을 가져오기도 했다. 1769년 '페이션스 라
이트'라는 여성은 밀랍으로 작은 인물상과 동물
모형을 만들어서 이를 자기 집 앞에 전시하고 팔

페이션스 라이트가 만
든 영국 총리 윌리엄
피트 밀랍상

았다. 페이션스 라이트가 만든 밀랍 조각상은 큰 인기를 끌었다. 영국에까지 진출해 성공을 거두었다. 그녀는 사회적으로도 유명해졌다.

독립 이후 미국은 경제적으로 성장했다. 돈을 번 사람들은 유럽 스타일 조각상을 사들였다. 시장이 커지자 유럽 출신 조각가들이 미국으

예술가와 대중의 다른 눈높이

미국 조각가 '호라티오 그리너'는 하버드대학을 졸업한 다음 로마로 유학을 떠났다. 로마에서 조각을 공부하고 조각가로 활동했다. 1832년 미국 의회는 초대 대통령 조지 워싱턴 조각상을 호라티오 그리너에게 주문했다. 그는 1840년 워싱턴 조각상을 완성한 다음 미국에 가져왔다. 조각상을 공개하자 사람들은 깜짝 놀

랐다. 조지 워싱턴이 마치 고대 로마 영웅처럼 보였기 때문이다. 그는 높은 왕좌에 앉아 맨 가슴을 드러낸 토가* 차림에 샌들을 신고 있었다. 조각가는 유럽 조각 전통에 충실하게 조각상을 만든 것이다. 그러나 조지 워싱턴은 보통 셔츠 차림이고 구두를 신었다. 대중은 조각상이 표현한 모습을 인정하지 않았다. 처음에는 미국 국회 의사당 원형 홀에 두었지만 1908년 이 조각상을 박물관으로 보냈다.

로마인처럼 보인 조지 워싱턴 조각상

* 고대 로마에서 시민권을 가진 성인 남자가 어깨에 걸쳐 입는 옷.

로 건너와 활동했다. 미국은 유럽보다는 조각가들끼리 경쟁이 덜 치열했다. 미국 출신 조각가도 늘었다. 야심에 찬 미국 조각가들은 공부하러 유럽으로 떠났다. 새로운 예술적 아이디어는 유럽에서 시작되어 미국으로 들어왔다.

새롭게 떠오른 고객

18세기 말 프랑스 혁명 이후 귀족 계급은 더 이상 자기들 모습을 조각상으로 만들지 않았다. 교회도 커다란 기념비나 조각상을 주문하지 않았다. 대중이 교회를 사치스럽다고 비난했기 때문이다. 새롭게 성장한 자본가 계급이 가끔 조각상을 주문했다. 새로운 고객으로는 '정부'가 등장했다.

유럽 대중은 조각가와 조각품을 사랑했다. 거대한 조각은 기념물을 장식하기에 좋았다. 대중은 자신들이 사랑하는 위대한 영웅을 조각상으로 만나고 싶어 했다. 조각가가 이런 모습을 제대로 표현해 주기 바랐다. 이런 조각상을 광장에 높이 세워 두면 국민에게 애국심과 자부심을 주었다.

나폴레옹과 전쟁에서 승리한 영국 의회는 전쟁 영웅을 기리는 조각상을 많이 주문했다. 영국 의회는 당시 가장 큰손이었던 조각품 구매자였다. 정부가 주문한 조각품은 다 비슷비슷했다. 돈을 많이 들일수록 조각품 크기가 커졌다. 조각상 받침대에는 군대가 행진하는 모습, 전쟁하는 모습 등을 부조로 새겼다.

대중이 좋아하는 조각과 자신만의 조각

솜씨가 뛰어나고, 창의력과 상상력을 발휘하는 조각가는 인기를 얻었다. 그렇지 못한 조각가는 유명 작품을 복제하며 살아갔다. 19세기 이후에는 대중을 사로잡는 조각가가 인기가 많았다. 대중이 이해할 수 없거나 좋아하지 않는 작품을 만드는 조각가는 살아남기 힘들었다. 그러나 몇몇 조각가는 대중이나 후원자의 평가를 의식하지 않고 자기 기준에 따라 작업했다. 하지만 조각에는 돈이 많이 들었다. 재료만 해도 그림보다 훨씬 비쌌다. 누군가가 지원하지 않으면 계속 조각품을 만들 수 없었다. 이런 조각 활동은 정부에서 지원했다.

왕조시대 중국 조각과 조각가

불교가 쇠퇴한 송나라, 수공업을 중시한 원나라

당나라를 이은 송나라 때는 사회가 안정되고 도시가 발전했다. 상업과 공업도 활발했다. 성리학이 등장하고 유학이 성행했으며 과거제도가 자리 잡았다. 불교는 쇠퇴하여 불교 조각도 전처럼 많이 만들어지지 않았다. 무덤 앞 조각상은 당나라 양식을 이었지만 품질과 품격은 이전보다 떨어졌다.

송나라를 무너뜨리고 몽골족이 세운 원나라는 수공업을 중시해서 장인을 대접했다. 송나라 때보다 조각 활동도 활발했지만, 새로 불교 사원을 짓거나 불상을 조각하는 일은 별로 없었다. 새로 만들 때도 흙이나 나무를 주로 사용했다. 돌이나 금속 조각은 많이 만들지 않았다.

안정적으로 발전한 명·청 시대 조각

명나라와 청나라 때 중국은 안정을 누렸다. 사회와 경제가 발전했 고 무덤, 불교 사원, 도교 사원 등 건설이 늘었다. 자연스럽게 조각품 수요도 늘고, 조각 기술도 발전했다. 하지만 조각이 창의적이지는 못 했다. 조각품은 이전 스타일을 따라 정해진 규격에 따라 만들어졌다. 실용성을 중요하게 여기는 공예품 조각도 늘었다. 종교적 조각도 신

앙을 표현하기보다는 장 식품 역할을 했다. 사람 들이 감상하며 즐기는 작은 조각품이 유행했 다.

청나라 조각가 '두사 원杜士元'은 작고 정교한

진조장의 '올리브 씨앗으로 조각한 배', 1737년
(대만 국립고궁박물원)

조각을 만들기로 이름났다. 그는 호두열매에 작은 배를 타고 즐기는 시인 '소식'을 조각했다. 배에는 돛, 돛대, 노가 있었다. 시인과 다른 두 사람이 배를 타고 대화를 나누고 있었다. 탁자에는 찻잔이 놓였으며 어린 하인이 차 시중을 들었다. 호두 한 알에 이 모습 전부를 담은 것이다. 사람들은 그를 '귀신같은 조각가'라고 불렀다. 그가 만든 조각품은 매우 비쌌는데도 사람들이 줄을 서서 사 갔다.

고려 시대부터 조선 시대까지
조각과 조각가

불교가 융성한 고려 조각

고려는 불교를 적극적으로 지원했다. 태조 왕건은 왕위에 오르자마자 수도 개경에 사찰 10개를 지었다. 신라와 후백제를 통일한 다음에도 여러 절을 새로 건축했다. 고려 조각은 신라와 중국 불교 미술로부터 영향을 받았다. 고려 전기에는 거대한 불상이 유행했다. 철을 재료로도 불상을 많이 만들었다. 철은 구하기가 쉬워 재료비가 적게 들었다. 고려 후기에는 세련되고 품위 있는 조각상을 만들었다. 몽골이 침입해 수많은 사람이 목숨을 잃은 시기에는 '아미타여래' 불상을 많이 조각했다. 아미타여래는 서방 극락정토에 머물며 영혼을 극락으로 이끌고 죽음으로부터 중생을 구제하는 부처다. 나무로 만든 불상과 '건칠불'도 유행했다. 건칠불은 나무로 뼈대를 만든 다음 종이나 천을 붙여 만든 불상이다. 이 위에 옻칠하고 굳힌 다음에 금물을 들였다. 나무 불상이나 건칠불은 가벼워 관리가 쉬웠다.

원나라를 통해 티베트 불교 승려도 고려로 들어왔다. 이들로부터 영향을 받아 라마교 양식을 따른 불상도 등장했다. 돌을 다듬어 세운 기둥 안에 불을 켜는 '석등', 돌을 깎아 만든 연못인 '석련지'도 독특한 고려 조각품이다.

고려 전기에 만든 거대한 불상 '논산 관촉사 석조 미륵보살 입상', 높이 18.12m로 우리나라에서 가장 큰 석불이다.

고려 조각 장인

나라에서 시키는 일을 하는 장인을 '관장官匠'이라 했다. 관장 중에는 서울에서 일하는 '경공장', 지방 정부에서 일하는 '지방공장'이 있었다. 장인은 순서를 정해 번갈아가며 일정 기간 나라에서 설치한 작업실에서 일했다. 관리가 작업실을 감독했다. 조각은 '도교서都校署'라는 관청에서 담당했다. 나무, 돌, 금속, 흙 빚기 등 전문 장인이 여기서 일했다. 고려 말 1391년에는 토목공사를 담당하던 '선공시'로 합쳤다. 국가는 필요할 때 동원하려고 장인 명부인 '공장안工匠案'을 만들어 보관했다.

귀족이나 유력자가 개인 공방을 운영하기도 했다. 여기서 일하는 장인은 노비 신분이었다. 고려 시대 석탑 등 건축물은 누가 건설했는지 이름을 남기지 않았다. 신라나 백제에 비교하면 장인 신분은 그리 높지 않았다. 농사를 지으면서 집안에서 수공업을 하던 사람이 장인으로 나서기도 했다. 거란이나 여진족이 고려에 귀화해 장인으로 일하기도 했다. 관청 소속 노비로 일하다가 풀려나 장인으로 활동하는 사람도 있었다.

사찰 소속 장인

사찰에는 건축, 조각, 그림을 담당하는 승려와 노비가 있었다. 고려 시대 불교 사찰은 풍족했다. 넓은 토지를 가진 사찰은 독자적으로 경제를 꾸려갈 만큼 성장했다. 상거래는 물론 돈을 빌려주고 받는 일도 했다. 사찰 경제가 발전하면서 절을 짓고 꾸미는 일을 직접 했다. 승려이면서 장인 일을 하는 사람이 '승장僧匠', 또는 '사장寺匠'이다. 사찰이 커질수록 많은 승장이 필요했다.

고려에는 승려도 계급이 있었다. 승려로 높이 오르려면 과거 시험(승과)을 치러야 했다. 승려도 계급이 있었다. 처음 과거에 합격하면 '대덕'이 되었다. 이후 점차 상위 계급으로 승진했다. 대부분 승장은 하층 계급 출신으로 승과를 치르지 않았다. 승장은 과거를 치르지는 않았지만 업적에 따라 승진할 수 있었다.

조선 시대 조각 변화

조선을 세운 주도 세력은 성리학을 내세운 유학자들이었다. 이들
은 국가를 유학 중심으로 새롭게 구성했다. 유학을 높이고 불교를 탄
압하는 '숭유억불' 정책을 폈다. 그래도 왕실이나 고위층은 개인적으
로 불교를 믿었다. 궁궐 안에 공방을 세워 불상을 조각하기도 했다.

왕릉과 사대부 무덤을 장식하는 조각이 활발했다. 무덤 앞에는 관
복 차림 '문인석'과 갑옷을 입고 무기를 든 '무인석'을 세웠다. 돌로 조
각한 동물과 석등도 세웠다. 통일신라 초기 김유신 무덤처럼 무덤 주

임진왜란에서 일본군을 속인 조각상

여수석인 (한국학중앙연구원)

돌로 만든 인물상(석인)을 전쟁에 이용했다는 이야
기가 전해진다. 전라남도 여수에는 충무공 이순신
이 지휘한 전라좌수영이 있었다. 이순신 장군은 적
을 속이기 위해 석인을 만들었다. 석인을 일곱 개
세워 두었더니 일본군이 사람으로 착각해 공격하
지 않았다고 한다. 지금은 하나만 남아있다.

경기도 남양주 홍릉 문인석과 무인석 (1954)

위를 두른 돌에는 부조를 새겼다.

민속 조각도 활발했다. '동자상'을 만들고 장승을 세웠다. 마을 입구에는 돌로 만든 인물상을 세웠다. 못된 귀신이나 나쁜 기운을 쫓아내는 수호신 역할이었다.

왕릉 장식품을 조각한 장인

조선 시대에도 장인을 국가에서 관리했다. 나라는 전국 장인 목록인 공장안을 만들어 보관하며 필요할 때마다 장인을 불러 일을 시켰다. '선공감'이라는 관청을 두고 건물을 짓거나 고쳤고 공사 규모가 커지면 따로 '도감'을 두었다.

왕릉을 건설하는 공사가 가장 크고 중요했다. 왕릉을 건설할 때는 '산릉도감'을 설치했다. 책임자로 지금 장관급인 고위 관리 '판서'를 임명했다. 산릉도감에는 여러 부서가 있었다. 문인석, 무인석 등을 만드는 일은 '부석소'라는 부서에서 담당했다. 부석소는 공장안에 이름이 오른 조각 장인이나 석공 장인을 불러 모았다.

전국 각 지방에서 필요한 인원을 나눠 뽑았다. 지방 관청은 책임지고 장인을 보내야 했다. 고된 일이라 지방에서 부석소로 가는 도중에

도망가는 사람도 있었다. 장인이 나이가 많거나 병이 들면 아들이나 친척 중에서 대신할 사람을 뽑아 보냈다. 장인이 아닌 사람을 강제로 보내기도 했다.

조각상을 만드는 첫 작업은 '화원'이 맡았다. '화원'은 표준으로 삼을 옛 조각품을 정해 치수를 재고 그림으로 그렸다. 이 그림을 바탕으로 적당한 돌을 구했다. 돌 위에 바탕 그림을 그리고 이를 따라 조각 장인과 석공 장인이 조각했다. 일이 끝나 돌아갈 때 일한 날짜를 따져 면포를 상으로 주었다.

승려 조각가 모임

임진왜란과 정묘호란, 병자호란 등 전란을 거치며 많은 사찰이 파괴되었다. 전쟁이 끝나고 피해당한 사찰을 다시 건설했다. 중앙 정부 소속 장인이 아닌 지방 조각가나 승려 신분으로 조각하는 '조각승'이 활약했다.

17세기 조각승 '무염'은 그를 따르는 조각승 여럿을 이끌었

무염과 무염파 조각승들이 만든 〈영광 불갑사 목조석가여래삼불좌상〉 ⓒ한국민족문화대백과사전

물건을 잘 만드는 최천약

최천약은 동래 출신 무인이다. 돌 조각, 건축, 옥 조각 등 여러 분야에서 뛰어난 솜씨를 보였다. 1720년 거북이를 새긴 옥도장을 만들었다. 1731년부터는 왕릉 및 양반 무덤에 돌조각을 시작했다. 조선 16대 임금 인조가 묻힌 '장릉' 병풍석에 모란과 연꽃을 조각하고 문인석, 무인석도 만들었다. 최천약이 세상을 떠난 다음 후배 조각가들이 그가 만든 조각을 본받아 활동했다. 당시 양반 사대부들은 "최천약은 물건을 잘 만든다(天若善創矣)"라 칭찬했다.

파주 장릉 병풍석 모란 조각 (문화재청)

다. 이들을 '무염파'라 불렀다. 무염파 조각승은 80여 명에 달했다. 전라도를 중심으로 경기도, 강원도 등지에서 활동했다. 불상을 조각할 때 무염파 조각승이 수십 명 참여했다. 무염은 1635년 '영광 불갑사 목조삼세불좌상'을 시작으로 1656년까지 불상을 조각했다. 1650년대 이후에는 제자에게 으뜸 조각승 자리를 넘겼다.

　무염파 외에도 뛰어난 조각승 '현진', '수연' 등을 따르는 조각승 집단도 있었다. 이들은 때로 함께 일하기도 했다. 송광사 나한전 불상을 조각할 때는 무염파, 현진파, 수연파 조각승들이 참여했다. 19세기로 접어들며 불상 수요가 줄어들었고 불교 조각도 침체했다.

현대 조각의 변화와 발전

변화하는 조각과 조각가

　20세기 이후 정부나 의회가 대량으로 조각을 주문하는 일이 줄어
들었다. 조각은 개인적인 취미 영역이 되었다. 예술을 좋아하는 대중
이 많이 늘어났는데, 대중은 예술가가 스스로 가장 좋다고 생각하는
작품을 만들리라 기대했다. 정부에서 세우는 '영웅 조각상'에 대해서
는 별 관심이 없었다. 조각가들은 스스로 만든 규칙과 기준으로 작품
을 만들었다. 재료나 기법은 중요하지 않았다. 예술적 영감을 불러일
으키는 재료나 기법이면 무엇이든지 사용했다. 움직이는 조각, 쇳조
각을 쌓은 조각 등 이전에는 볼 수 없는 조각품을 만들었다. 예술가
는 창의성을 제대로 표현해야 만족했다. 예술을 추구하는 조각가는
사회적으로 존경받았다. 조각품은 점점 추상적, 지적으로 변해갔다.

미국 미네소타주 워커 아트 센터의 조각 정원에 있는 조각

돈이 많은 개인이나 회사, 단체에서 조각가를 지원했다. 정부는 이미 알려진 조각가보다는 막 모습을 드러낸 신인 조각가를 주로 지원했다.

예술을 추구하는 조각가와 대중이 생각하는 조각품 사이에는 여전히 벽이 있었다. 유럽에서는 도시나 공공기관에서 대중에게 인기가 없는 조각품만을 따로 사들여 보관하기도 한다. 20세기 이후 미국은 전 세계에서 가장 부유한 나라가 되었다. 미국은 예술가 지원과 예술품 구매에 큰돈을 쓴다. 미국 뉴욕은 프랑스 파리나 이탈리아 로마를 넘어서는 예술 중심지가 되었다. 뉴욕에는 수많은 갤러리와 미술관이 있다. 많은 조각가가 뉴욕에서 활동한다.

컴퓨터를 이용해 조각하다

1940년대~1950년대에 물건을 가공하는 공작 기계를 자동화했다. 미리 정해진 수치를 기계에 입력하면 기계가 규격대로 나무나 금속을 자르고 깎았다. 1960년대 이후 컴퓨터가 발전하자 공작 기계를 컴퓨터로 통제했다. 이를 'CNC(Computer Numerical Control, 컴퓨터 수치 제어)'라 한다. 각종 상품을 대량 생산하기에 적합했다. 조각가도 이 기술을 이용해 작품을 만들었다. 조각가는 만들고자 하는 작품 모형을 소프트웨어를 사용해 컴퓨터에 구현하고 물리적 실체가 있는 조각품으로 만든다.

20세기 중국 조각

신해혁명과 중화민국 시대 조각

1911년 신해혁명으로 탄생한 '중화민국'은 국민이 주권을 가지고 참여하는 정치를 시행했고, 학생이 성장해 사회에 이바지하도록 돕는 교육을 시도했다. 예술 관련해서는 미술 활동으로 감성을 닦고 이상과 포부를 기르는 '미감 교육'을 중심에 놓았다. 왕조 시대 무덤, 종교 사원, 건물 등을 장식하던 조각은 인간 생활을 주제로 삼았다. 1920년대 중반부터 정부가 주도적으로 공공장소에 인물 조각상을 세웠다. 왕조를 몰아낸 정부는 전통 방식을 벗어나 새로운 기념문화를 만들려 했다. 각종 공원과 묘원*을 건설하고 기념 조각을 만들었

---

* 공원처럼 꾸민 공동묘지.

다. 그전까지 중국에서는 살아있는 사람을 조각상으로 만들지 않았다. 새로운 조각상은 살아있는 정치가, 군인 같은 위인을 주인공으로 삼았다. 혁명을 이끈 국부 쑨원이 사망한 후에는 그를 기리는 조각상을 만들었다.

보통 사람을 주인공으로 삼은 조각

일본과 전쟁을 벌이며 중국 조각가는 장제스 등 지도자 조각상을 만들었다. 개혁을 상징하던 공공 조각상은 개인을 높이고 떠받드는 우상화로 변해갔다. 대중에게 숭배와 찬양을 요구했다.

이런 현실에 저항하는 사람도 있었다. 조각가 '류카이취'는 제국주의와 봉건주의에 반대하는 운동에 앞장섰다. 그는 조각은 시대와 민족을 초월하는 가치를 나타내야 한다고 생각했다. 프랑스에서 유학하고 귀국한 류카이취는 상하이에서 일본군과 싸우다 전사한 군인을 기리는 조각을 만들었다. 그가 조각한 '송후항일진망장사기념비'는 장군이나 위인이 아닌 무명용사를 주인공으로 삼은 첫 조각품이자 첫 번째 항일 기념비였

무명용사비, '송후항일진망장사기념비'

류카이취가 조각한 '농공의 가정'

다.* 류카이취는 1945년 '농공의 가정'이라는 작품을 조각했다. 농촌 가족 모습으로 이상적인 가정과 사회를 그렸다.

중화인민공화국 수립과 사회주의 예술

중화인민공화국은 '사회주의적 사실주의' 창작 원칙을 도입했다. 예술은 사회주의 사상을 널리 알리고 대중을 계몽하는 역할을 해야 한다는 것이다. 조각가들은 중국 전통 조각 기법을 융합하여 마오쩌둥과 공산당 정치 지도자들 초상을 조각했다.

1980년대 개혁 개방 이후에는 서양에서 새로운 조각 스타일도 받아들였다. 21세기에 들어서는 중국의 조각가들도 다양한 기법을 사용한 자유로운 조각을 시도하고 있다.

* 송후는 상하이의 다른 이름이다. 풀이하면 '상하이 전투에서 일본과 싸우다 전사한 군인을 기리는 비'이다.

우리나라 근현대 조각

근대 조각가가 탄생

　1920년대 이후 일본으로부터 서양 조각 기법이 들어왔다. 서양식 조각 기법을 처음 도입한 조각가는 '김복진'이다. 김복진을 한국 근대 조각의 아버지라 부르기도 한다. 충북 청주에서 태어난 김복진은 1920년 배재고등보통학교를 졸업한 다음 일본 유학을 떠났다. 일본 도쿄 미술학교 조각과에 입학해 조각을 공부했다. 1924년에는 일본 제국미술원전시회(데이코쿠 미전)에서 상을 받았고, 귀국 후 조선미술전람회에서도 여러 번 상을 받았다. 그는 사회주의 사상을 지지하여 조선 프롤레타리아 예술가 동맹(카프)에서 열심히 활동했다. 1928년 일제에 체포된 그는 이후 6년간 감옥살이했다. 감옥에 있는 동안에는 불교 미술에 심취했다. 밥알을 진흙처럼 뭉개 조각하는 그의 솜

씨에 놀란 간수들이 목공소에서 불상을
깎도록 했다. 이 불상을 교도소에서 운영
하는 상점에서 팔았다고 한다. 감옥에서
나온 다음에는 많은 조각품을 만들어 조
선미술전람회에 출품해 상을 받고 이름을
날렸다. 제자도 양성했다. 그는 서양 기법
으로 불상을 조각했다. '공주 소림원 석고
미륵여래입상', '예산 정혜사 관음보살좌

김복진의 자작상 (1923)

상' 등 불상을 조각했다. '법주사 금동 미
륵 대불'을 조각하던 중 1940년 세상을 떠났다. 제자들이 이어 이 불
상을 완성했다. 김복진이 조각한 대표작 '소년', '백화' 등은 실물은 없
고 흑백 사진만 전한다.

여성 조각가 김정숙

첫 여성 조각가로는 김정숙을 꼽는다. 1949년 홍익대학교 미술학부에서 공부했
다. 1953년 대학을 졸업하고 미국으로 건너가 조각을 공부했다. 1957년부터 대
한민국 조각가로 활발하게 활동했다. 각종 국제 미술 관련 회의에 우리나라 대표
로 참석했다. 다른 여성 조각가들과 함께 '한국여류조각가회'를 만들어 여성 조각
가를 지원하기도 했다. 홍익대학교 교수로 오랫동안 제자를 길렀다. 첨단 현대 조
각 양식을 도입해 한국 조각 발전에 이바지했다.

현대 조각

1940년대 이후 일본 미술학교에서 공부한 조각가들이 본격적으로 활동했다. 1950년대 이후 사실적인 조각에서 추상적인 조각으로 변하고 다양한 재료를 사용하기 시작했다. 서울대학교, 홍익대학교, 이화여자대학교에 미술 대학이 생기고 조각 전공 학생을 뽑아 가르쳤다. 외국 조각 전시회에서 입상하는 조각가도 나왔다. 1960년대에는 유럽 추상 미술로부터 영향을 받아 기하학적

동대문역사문화공원에 있는 김영원 조각가의 '그림자의 그림자-꽃이 피다'
©andrea de santis

인 형태를 가진 조각품이 등장했다. 1970년대 이후 조각가들은 새로운 기법과 새로운 재료를 이용한 조각을 활발히 연구했다.

1990년대에 접어들며 '설치미술'이라는 새로운 입체 작품이 탄생했다. 실내나 야외에 여러 형태를 배치해 공간 전체가 작품을 이루는 방식이다. 날생선을 전시하기도 했다.* 냄새가 심해 오래 두지 못했다고 한다. 21세기에 들면서 가벼운 조각이 유행했다. 사진이나 종이,

---

* 1997년 뉴욕 현대미술관에 전시한 〈장엄한 광채〉(이불). 생선을 예쁘게 장식하고 전시한 다음 썩어가는 과정을 보여주려 했다.

서울 광화문 광장의 세종대왕 조각 unsplash ⓒ
mathew schwartz

광고 전단을 사용해 조각품을 만들었다. 청동, 돌, 나무 등이 아닌 스티로폼이나 철사로 뼈대를 만들고 겉에 사진이나 종이를 붙인 조각품이다. 공원이나 광장 등 공공장소에 조각품을 설치했다. 이제 조각품은 우러러보는 동상이 아니라 생활 환경 중 하나가 되었다. 도시 생활 환경을 쾌적하게 하고 자연과 인간을 연결하는 기능으로 조각품을 배치했다.

포항시 호미곶에 있는 '상생의 손' (pixabay, ⓒ배용한)

오늘날과
미래의 조각가

조각이 발전하면서 재료와 기법도 다양해졌다. 기술이 발전하며 컴퓨터로도 입체 작품을 만들 수 있게 되었다. 조각품은 때로 대중이 이해하기 어려운 모습을 띠기도 한다. 대중이 꼭 호응하지 않더라도 조각가가 꾸준히 창작 활동을 할 수 있도록 정부나 단체 등이 지원을 한다.

조각하는 직업

조각가가 하는 일

조각가는 입체 형상을 만든다. 사람, 동물 등 존재하는 구체적인 대상을 조각하기도 하고, 사상이나 개념, 속성 등을 표현하기도 한다.

조각가는 돌, 나무, 동물 뼈, 흙, 금속뿐 아니라 플라스틱, 종이, 유리, 얼음, 쓰다 버린 물건 등 다양한 재료로 조각품을 만든다. 진흙과 같은 부드러운 재료를 빚어 만

얼음으로 조각한 천사

들기도 한다. 귀금속, 보석, 희귀 광물을 정교하게 가공한 조각품도 있다. 최근에는 자연환경, 공간, 조명 등도 조각에 활용한다. 조각품은 반드시 실제 공간에 존재하지 않는다. 컴퓨터를 이용해 가상공간에 조각품을 만들기도 한다.

전통적으로 조각가는 끌, 정, 망치 등 재료를 깎고 다듬는 도구를 사용했다. 가상공간에 조각품을 만들 때는 컴퓨터 그래픽 소프트웨어가 중요한 조각 도구이다.

여러 가지 조각

재료에 따라 조각을 분류하기도 한다. 돌을 사용한 석조, 나무를 깎은 목조, 동물 뼈를 이용한 아조, 찰흙으로 만든 원형에 석고를 부은 석고상, 청동 녹인 물을 부어 떠낸 청동상, 찰흙 원형을 구워낸 테라코타 등이다.

형태에 따라 나누기도 한다. 사방에서 볼 수 있는 조각은 '환조'이다. 벽이나 돌 표면에 새겨 한쪽에서만 볼 수 있는 조각이 '부조(돋을새김)'다. 부조는 대상이 튀어나오게 여백을 깊이 팠다. 반대로 대상이 표면보다 안으로 들어가게 새기면 '심조'라 한다. 부조에서 여백을 완전히 파내 뻥 뚫어놓으면 '투조'이다. 암각화처럼 선만 파거나 돋우는 경우는 '선조'라 한다.

조각가에게 필요한 자질

화가든 조각가든 예술가들에게는 공통으로 필요한 자질이 있다. 아름다움을 민감하게 느껴야 한다. 자기 생각을 표현하는 능력도 꼭 필요하다. 다양한 문학, 예술 분야에 관한 풍부한 지식도 있어야 한다. 한 작품을 완성하려면 수개월에서 수년씩 걸린다. 끈기와 집중력을 빼놓을 수 없다. 직접 몸으로 익혀야 하는 일이 많아서 인내심이 강하고 성실해야 견딜 수 있다. 조각은 돌이나 금속 등 무거운 재료를 다뤄야 한다. 체력이 뒷받침되어야 가능하다.

미래에 조각가는
어떤 모습일까?

가까운 미래

2031년까지 조각가는 약 1~2% 증가하리라 예측한다(한국직업전망 2021, 한국고용정보원). 우리나라 미술 시장은 매년 차이는 있지만 전반적으로 성장하고 있다. 2021년 미술품 거래 규모는 7천 5백억 원이 넘는다(2022년 미술시장조사, 문화체육관광부). 2011년에 비하면 거의 3천억 원가량이 늘어난 셈이다. 앞으로도 시각 예술 전시는 꾸준히 늘어나리라 예측한다. 작품 판매 규모가 성장하고 판매 가격도 비싸지는 추세다. 이에 따라 조각가 숫자도 꾸준히 늘어나리라 예상한다. 정부에서도 예술 분야를 적극적으로 지원한다.

새로운 조각 양식을 도입하는 조각가

모든 예술 분야가 기술 발전으로 달라지고 있다. 컴퓨터를 이용해 조각품을 만드는 디지털 조각은 이미 널리 퍼졌다. 디지털 조각은 컴퓨터 안에서 이루어진다. 조각가는 어떤 재료든 자유롭게 사용할 수 있다. 금이나 보석 등 실제로 비싸서 함부로 사용하기 어려운 재료도 마음껏 이용한다. 색을 입히거나 표면 질감을 나타내기도 쉽다. 상상하기 어려운 초현실적 형태도 만들어 낸다. 빛이나 다른 효과도 마음대로 바꿔볼 수 있다. 디지털 조각을 위한 전문 소프트웨어 프로그램도 여럿 나와 있다. 인공지능으로 디지털 조각상을 만들 수도 있다. 디지털 조각을 원형으로 삼아 실제 조각을 깎기도 한다. 3D프린터나 자동화된 CNC를 이용한다. 어떤 조각가는 "컴퓨터 안에 있는 조각이 진짜고 물리적 조각은 여기서 나온 것일 뿐"이라고 주장하기도 한다. 가상현실로 마치 실제로 조각을 감상하는 느낌을 줄 수도 있다.

다른 여러 분야처럼 조각도 기술 발전이 미치는 영향을 피해 갈 수는 없다. 조각가들은 새로운 재료와 도구로 기술을 적극적으로 활용할 것이다. 하지만 본래 조각은 실제 공간에서 3차원 입체로 아

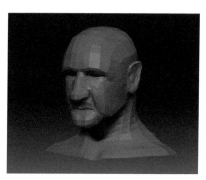

컴퓨터 프로그램을 이용한 디지털 조각 모형

름다움을 표현하는 예술이다. 가상 환경에서 만든 조각품이 실제 조
각을 대신하기는 어렵다.

·부록·

어떻게 조각가가 될 수 있나요?

조각가가 되는 길

조각가가 되기를 원하는 사람은 미술 대학에서 조각이나 소조를 전공한다. 대부분 대학에 '조소과'가 있다. 대학 1, 2학년 때는 다양한 기초 과목을 배우고 3, 4학년이 되면 조각 분야별로 자세히 배운다.*

조소과 입시에서도 실기시험이 매우 중요하다. 많은 대학에서 찰흙으로 머리 모양(두상)을 만드는 시험을 본다. 실제 사람을 보고 만들거나, 사진을 보고 만들거나, 아니면 주제를 주고 모델 없이 만들게 한다. 다양한 주제를 주고 그에 따라 자유롭게 만들게 하는 학교도 있다. 몇몇 대학은 조소 실기뿐 아니라 연필이나 목탄으로 흑백 그림을

---

* 서울대학교 미술 대학 기준, 학교마다 배우는 과정이 다르다.

그리는 '소묘' 실기도 요구한다. 조소과 입학을 원하는 학생은 중고등학교 때부터 관련 학원에서 실기를 익힌다. 내신 성적, 수능과 면접도 중요하다. 학교마다 실기시험 과목, 주제, 점수 비중이 다르다.

대학에서 조각이나 소조를 전공하지 않아도 조각가가 될 수 있다. 공모전에서 상을 받아 조각가로 활동하는 사람도 있다. 다른 직업을 가지고 살아가다가 늦게 조각을 시작하기도 한다. 조각가가 되는 데 특별한 자격이나 학위는 필요 없다. 조각을 사랑하는 사람은 누구나 도전해 볼 수 있다.

서울대학교 조소과 2022학년도 수시모집 통합실기평가 고사 문제

문제1 생명체 A와 비 생명체 B를 하나씩 선택하여 연필로 표현하고 A와 B의 세 가지 연관성을 단어로 쓰시오. (소묘 시험)

문제2 문제 1의 세 가지 연관성을 고려하여 A와 B를 결합한 C를 입체로 표현하시오. (조소 시험)

조각가로 이름을 알리는 법

화가와 마찬가지로 유명한 조각가의 작품은 비싸게 팔린다. 신인 조각가는 이름을 알릴 때까지 어렵게 생활하는 것이 보통이다. 조각가로 이름을 내는 길은 화가와 비슷하다. 공모전에서 출품해 상을 받으면 이름을 알리는 데 유리하다. 신진 미술가를 발굴하는 '대한민국 미술대전'에는 실내조각과 야외조각 분야에서 작품을 모집한다. 동아 미술제, 중앙회화 대전 같은 큰 공모전에도 조각 분야가 있다. 그외에도 각종 단체, 회사, 기관에서 매년 많은 조각 공모전을 연다. 개인 조각 전시회를 열고, 해외 공모전이나 전시회에 참여해 이름을 알리기도 한다.

조각 관련 산업 현황

2021년 기준으로 우리나라 미술 시장에서 미술품 57,563점을 사고 팔았다. 갤러리에서 거래한 작품 23,042점 중 5.1%, 경매회사에서 거래한 26,695점 중 1.5%, 아트페어에서 거래한 54,039점 중 19.5%가 조각(설치 포함)이다. 건축물에 설치하는 미술품에서는 조각품 비율이 가장 높다. 2021년 기준 건축물에 설치할 목적으로 거래한 672점 중 조각품이 78.9%를 차지한다. 미술은행 거래 작품 216점 중 7.4%, 미술관 거래 작품 1,460점 중 6.4%가 조각품이었다. 2021년 정부에 등록한 미술관, 박물관, 문예회관 등을 빼고 개인이나 단체가 운영하는 전시 공간은 총 88개이다. 한 해 평균 1.4회, 총 123번 전시회를 열었다. 이 중 43.1%가 조각(설치 포함) 전시회였다. 조각 전시회가 그림 전시회보다 더 많이 열렸다(2022 미술시장조사, 문화체육관광부).

3부

세상 모습을 담는
사진가

사진가의 탄생과 변화

인류는 빛을 이용해 형상을 보는 '사진' 원리를 오랜 옛날부터 알고 있었다. '사진'은 19세기에 발명되었고, 사진을 전문으로 찍는 '사진가'도 직업으로 자리 잡았다. 초기에는 초상사진이 유행했고, 뒤를 이어 다큐멘터리 사진, 보도 사진, 상업 사진 등이 발전했다. 사진가에게도 전문 분야가 생겼다. 눈에 보이지 않는 작은 물질을 찍거나, 먼 우주를 사진에 담기도 했다. 아름다움을 표현하고 개성과 감성을 드러내는 사진은 예술 작품이 되었다. 사진은 멋진 풍경이나 아름다운 모습만 전하지 않았다. 역사 현장, 재난과 비극을 기록했다. 때로는 사진 한 장이 사람들 마음을 울려 세상을 바꾸었다.

카메라와 사진이
나오기까지

카메라와 사진

사진은 사물이나 사람 모습을 있는 그대로 남기는 가장 편한 방법이다. '카메라(Camera, 사진기)'는 빛을 이용해 물체 형상을 그대로 전달하고 기록한다. 카메라로 찍은 형상을 눈으로 볼 수 있도록 만든 것이 '사진'이다.

카메라와 사진은 약 200년 전에 처음 등장했다. 카메라와 사진이 나오기 전까지는 세상과 사물을 기록하려면 손을 사용해 그리거나 조각해야만 했다. 초기 카메라는 몸체도 크고 다루기도 어려웠다. 사진을 만드는 과정도 복잡했다. 기술이 발전해 요즘에는 누구나 카메라로 쉽게 촬영할 수 있다. 휴대 전화에는 뛰어난 성능을 자랑하는 카메라가 달려 있다. 우리는 산과 들에서, 관광지에서, 건물이나 식당에서 편하게 사진을 찍는다. SNS를 즐겨 쓰는 사람에게 사진은 필수다.

작은 구멍을 통과한 빛으로 형상을 전달하다

깜깜한 방에 작은 구멍을 뚫어 놓는다. 구멍으로 빛이 새어 들어와 벽을 비춘다. 바깥에 있는 물체 모습이 상하좌우가 뒤집힌 모습으로 벽에 나타난다. 이 현상을 라틴어로 '카메라 옵스큐라^{Camera Obscura}'라고 부른다. 카메라는 '방', 옵스큐라는 '어둡다'라는 뜻이다. 과학자나 예술가는 오래전부터 카메라 옵스큐라를 알고 있었다.

기원전 4세기 중국 철학자 '묵자'는 『묵자』라는 책에서 이 원리를 설명한다.

"빛은 화살과 같이 똑바로 나아간다. (중략) 작은 구멍으로 들어온 빛이 벽에 반사되어 거꾸로 된 상이 나타난다."(『묵자』권10 경설 하 43)

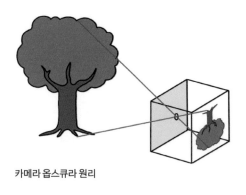

카메라 옵스큐라 원리

그리스 철학자 아리스토텔레스도 나뭇잎 사이를 통과한 빛이 땅에 태양 그림자를 비추는 현상을 관찰했다. 11세기 무슬림 학자 '이븐 알 하

이븐 알 하이삼의 카메라 옵스큐라 실험을 상상해서 그린 그림

'이샴'은 빛과 시각을 연구했다. 그는 『광학의 서』라는 책에서 카메라 옵스큐라를 체계적으로 설명했다. 이 책은 라틴어로 번역되어 유럽의 많은 학자와 발명가에게 영향을 끼쳤다. 레오나르도 다 빈치도 이 책을 읽고 관찰과 연구를 더 해 『코덱스 아틀란티쿠스』(1502)라는 책에 카메라 옵스큐라 현상을 기록했다.

카메라 옵스큐라를 다양하게 활용하다

16세기 이후 많은 과학자가 카메라 옵스큐라를 연구했다. 망원경으로 태양을 직접 쳐다보면 눈을 다친다. 천문학자는 카메라 옵스큐라를 이용했다. 어두운 방(암실)에 구멍을 뚫고 벽에 비치는 태양을 관찰했다. '요하네스 케플러'는 이를 이용해 태양 흑점을 발견했다. 천문학자 '크리스토퍼 슈나이더'는 태양 흑점을 관찰하는 망원경을

태양 흑점을 관찰하는 망원경, 헬리오스코프

개발했다. 망원경 뒤에 상자를 붙여 '헬리오스코프helioscope'라 불렀다. 때로 과학자들은 야외에 텐트를 쳐 암실을 만들었다. 무대에서 카메라 옵스큐라를 활용해 공연하기도 했다. 거꾸로 된 궁전, 춤추는 모습, 칼싸움 모습 등을 보여줘 인기를 끌었다. 화가들도 카메라 옵스큐라에 비친 모습을 관찰하여 그림을 그렸다.

발전하는 카메라와 사진

사진을 발명하다

19세기 초 벽면을 비추는 빛과 형상을 잡아둘 방법을 찾았다. 사진이 탄생한 것이다.

프랑스 발명가 '조셉 니에포르 니에프스'는 '유대 역청'*이라는 물질을 금속판에 발랐다. 카메라 옵스큐라에서 나온 빛을 이 금속판에 쪼이자 빛을 받은 역청은 시간이 흐르자 단단하게 굳었다. 빛을 받지 않은 역청은 부드러워 물로 닦을 수 있었다. 굳어진 부문이 빛이 남긴 모습을 보존했다. 1826년 니에프스는 '그라의 창문에서 바라본 풍경'이라는 세계 최초의 사진을 남겼다. 빛을 받은 역청은 천천히 굳었기

---

* 석유에서 나오는 끈적끈적한 물질. 도로포장을 할 때, 물이나 습기를 막을 때 칠한다.

수세 프레르(Susse Frére) 다게레오타
입 카메라. 1839년

에 그가 이 사진을 찍는 데는 8시간이 걸렸
다. 니에프스는 사진에 '헬리오그래피'라는
이름을 붙였다. 헬리오는 '태양', 그래피는
'그림'이란 뜻이다.

하지만 헬리오그래피는 널리 쓰이지 않
았다. 무엇보다도 사진을 찍는 시간이 너무 오래 걸렸다. 비슷한 시기
프랑스 화가 '루이 다게르'도 사진을 연구했다. 1829년 니에프스와
다게르는 협력해 사진 기술을 개발했다. 니에프스가 세상을 떠난 후
에도 다게르는 연구를 계속하여 1837년 '다게레오타입'이라는 사진
기술을 개발했다. 은도금한 구리판과 요오드 용액을 사용해 촬영 시
간을 줄였다. 사진도 더 선명했다.

1840년대가 되면 1분 안에 사진을 찍을 수 있었다. 1841년 영국 발

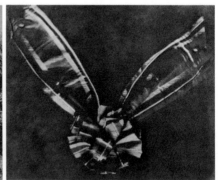

니에프르가 찍은 첫 사진, 이 사진을 찍는 데 8시간이 걸렸다(왼쪽), 소마스 서튼이 찍은 첫 컬러 사
진(오른쪽)

명가 '윌리엄 폭스 탤벗'은 금속판 대신 종이를 사용했다. 종이를 사용해 사진을 여러 장 인쇄했다. 1861년 영국 사진사 '토마스 서튼'은 첫 컬러 사진을 찍었다.

사진가가 등장하다

기술이 발전하면서 사진은 널리 퍼졌다. 전문적으로 사진을 찍는 일이 직업으로 자리잡았다. 초기 사진가는 주로 풍경 사진을 찍었다. 경치가 아름다운 명소, 역사적 사건이나 의미가 있는 장소 사진이 인기를 끌었다. 사진가는 풍경 사진을 인쇄해서 팔았다. 어느 집이나 풍경 사진 한두 점을 걸어 놓았다. 인물을 주인공으로 한 '초상사진'도 찍었다.

1841년 영국 런던에 최초로 초상사진을 찍는 사진관이 등장했다. 많은 대도시가 뒤를 따랐다. 1870년대 뉴욕에만 300개가 넘는 초상사진 전문 사진관이 있었다. 그때까지는 화가나 조각가만 형상을 만들었는데 이제 사진가도 사람이나 사물을 그대로 재현할 수 있었다.

사진가는 역사적으로 중요한 사건도 기록했다. 사건 현장 모습을 사진에 담아 신문이나 잡지, 책에 사진을 넣어 인쇄하기 시작했다. 사진으로 중요한 사건을 생생하게 알렸다.

사진가, 현장을 누비며 활약하다

초기 사진가를 기르기 위한 특별한 교육이나 훈련은 없었다. 사진가 지망생은 선배 사진가를 따라다니며 현장에서 배웠다. 사진가들은 거친 야외 현장이나 전쟁터에서 활약했다. 유명한 미국인 사진가 '매튜 브래디'는 1844년 뉴욕에 사진관을 열고 초상 사진가로 활동했다. '에이브러햄 링컨' 등 유명한 정치인 사진을 찍었다.

매튜 브래디가 찍은 남북전쟁 전사자들

1861년 남북전쟁이 일어나자 그는 전쟁터 제일 앞에서 사진을 찍었다. 영국 사진가 '로저 펜튼'과 '제임스 로버트슨'은 1853년 벌어진 크림 전쟁 사진을 찍었다. 프랑스 만화가이자 사진가 '가스파르펠릭스 투르나송' 일명 펠릭스 나다르는 새로운 사진을 시도했다. 그는 기구를 타고 파리 하늘에서 최초로 공중 촬영을 했다. 인공조명도 사용했다.

사진은 예술인가?

사진이 발전하고 퍼져나가던 19세기 말, "사진은 예술인가?"라는 질문이 등장했다. 작품에 작가가 감성이나 정신을 더 해 창조해야만 예술이다. 사진은 사물을 있는 그대로 기록한다. 어떤 사람은 기계로 대상을 복사하는 사진은 예술이 아니라고 생각했다. 반대로 사진이 예술이라고 주장하는 사람도 있었다. 이들은 사진이 의도를 가지고 보는 이로부터 감성을 끌어낸다고 이야기했다.

1869년 영국 사진가 '헨리 피치 로빈슨'은 『사진의 그림 효과』라는 책을 냈다. 그는 사진가는 사진에 직접 손을 대 예술품을 창조한다고 주장했다. 이런 사진을 '회화적 사진'이라 불렀다. 회화적 사진은 초점을 다르게 해 어떤 대상을 선명하게, 다른 대상은 흐릿하게 표현했다. 밝음과 어두움 사이 균형을 조절해 특별한 분위기를 만들었다. 사진 여러 장을 합해 하나로 만들기도 했다. 마치 그림과 같았다. 이후 '알프레드 스티글리츠', '거투르드 케이시비어', '에드워드 스타이켄' 같은 위대한 사진가가 등장했다. 사람들은 이들 사진 작품을 보고 자

헨리 피치 로빈슨 작 〈임종〉(1858)(왼쪽)과 피터 에머슨 작 〈고랑 끝 쟁기질〉(1887)(오른쪽)

연스럽게 사진도 예술이라고 인정했다.

어떤 사진가는 생각이 달랐다. 영국 사진가 '피터 에머슨'은 회화적 사진에 반대했다. 그는 있는 그대로를 보여주는 '진실한 사진'이 인위적으로 손댄 사진을 대신할 수 있다고 주장했다.

다큐멘터리 사진가

19세기 말 회화적 사진이 유행하는 사이, 다른 한 갈래 흐름이 등장했다. '다큐멘터리 사진'이다. 다큐멘터리 사진은 실제 일어난 사건이나 역사적 사실을 기록한다. 사진가는 사회 현실을 있는 그대로 보여주는 사진을 찍었다.

'제이콥 리스'는 19세기 후반에서 20세기 초반 다큐멘터리 사진가

제이콥 리스 〈멀베리 거리 부랑아들〉(1890), 집 없는 아이들이 거리 구석에서 자고 있다(왼쪽). 외젠 아제 〈거리의 음악가〉(1898~1899)(오른쪽)

이자 사회 개혁가로 활약했다. 그는 1880년대 미국으로 이민 온 사람들이 겪는 어려움과 비참함을 생생하게 사진으로 전했다. 리스 자신도 덴마크에서 태어나 21세 때 미국으로 온 이

루이스 하인 〈야간 유리 작업, 위치: 인디애나〉(1908) 유리 공장에서 일하는 소년 노동자 모습.

민자였다. 이민자들이 어떻게 살아가는지를 잘 알던 리스는 뉴욕 빈민가 어두운 거리와 낡은 아파트, 가난한 사람과 범죄자를 사진으로 남겼다.

프랑스 사진가 '외젠 아제'는 파리 모습을 남겼다. 파리는 산업 혁명으로 점차 새로운 모습으로 바뀌는 중이었다. 그는 사라져가는 옛 파리를 사진에 담았다. 파리 국립 도서관, 파리 시립 역사도서관 등 도서관에 사진을 제공했다. 영국 도서관도 그가 찍은 사진을 사 갔다. 화가들은 이 사진을 그림 그릴 때 자료로 활용했다.

사회학자이자 사진가였던 '루이스 하인'은 사진으로 미국 사회를 바꾸려 했다. 그는 소년 노동자가 처한 비참한 현실을 사진에 담았다. 그가 찍은 사진은 미국에서 아동 노동과 학대를 막는 '아동 노동법'을 만드는 데 큰 영향을 끼쳤다. 오늘날까지도 뛰어난 다큐멘터리 사진

으로 손꼽힌다.

다양한 사진과 사진가

카메라 활용 기술도 날로 발전했다. 카메라는 이전까지 상상하지 못하던 영역까지 사진을 찍을 수 있었다. 사진가가 하는 일도 늘어났다. 현미경과 카메라를 연결하자 과학자들은 존재하는지도 몰랐던 작은 물질과 생명체를 눈으로 보게 되었다. 천체 망원경과 연결한 카메라로 우주와 별을 찍었다. 천문학자들은 정확한 관찰 자료를 얻었다. 독일 물리학자 '뢴트겐'은 물체를 통과하는 X선을 발견했다. X선을 이용해 찍은 사진으로 사람 몸 안을 살필 수 있었다. X선 촬영은 의학 발전에 크게 이바지했다.

1880년대에는 '보도 사진'이 등장했다. '보도 사진작가'라는 새로운 직업도 생겼다. 보도 사진작가는 언론인과 함께 일했다. 이들은 전쟁, 폭동, 혁명 등 역사적 사건이나 범죄, 자연재해, 사고 등을 현장에서 찍었다. 사진을 신문이나 잡지에 기사와 같이 실어 널리 알렸다. 때로 사진이 기사보다 더 큰 위력을 발휘했다.

20세기로 들어오며 스포츠, 패션, 광고, 연극 등 특정 분야를 찍는 사진가도 생겼다. 기업은 원하는 목적 달성을 위해 사진을 찍었다. 이런 사진을 '상업 사진'이라 한다. 상품 판매를 늘리는 목적으로 찍는 광고 사진이 대표적이다. 상업 사진을 찍는 사진가는 회사에 직원으로 들어가 일했다. 정해진 월급을 받으며 광고나 홍보 부서에서 사진을 찍었다. 일정한 소속이 없이 필요할 때마다 계약을 맺고 일하는 프리랜서 사진가도 많았다.

영화와 TV

1889년 미국 발명가 토머스 에디슨은 움직임을 보여주는 '활동사진(키네토스코프, Kinetoscope)'을 발명했다. 사진을 빠르게 넘겨 움직이는 것처럼 보이게 한 것이다.

프랑스 출신 '오귀스트 뤼미에르'와 '루이 뤼미에르'(뤼미에르 형제라 부른다)는 키네토스코프를 개선해 '시네마토그래프'라는 카메라를 만들었다. 1895년 뤼미에르 형제는 시네마토그래프로 세계 최초 영

뤼미에르 형제가 1895년 만든 단편영화 「정원사(L'Arroseur Arrosé)」.

▶ 바로보기 QR코드

화를 찍어 선보였다. 이렇게 영화와 TV가 탄생했다. '촬영 기사', '촬영 감독'이라는 새로운 직업도 생겼다. 이들은 빠르게 사진을 찍어 움직임을 기록할 수 있는 '영화 카메라'를 들었다. 촬영 기사는 언론인과 함께 뉴스 현장을 누볐다.

마찬가지로 여기도 스포츠, 패션 등 전문 영역이 생겼다. 상업 광고 영상을 만드는 촬영 감독도 생겼다. 영화와 TV는 커다란 산업으로 성장했다.

중국에 들어온 사진

처음 사진이 들어오다

중국에 사진이 들어온 것은 아편 전쟁 이후였다. 아편 전쟁에 패배한 중국은 서양 여러 나라에 항구를 열고 무역을 시작했다. 선교사, 무역상, 외교관 등 많은 사람이 들어왔다. 이들 중에는 사진 기술을 가진 사람도 있었다.

중국의 첫 번째 사진은 '쥘 이티에'가 찍었다. 쥘 이티에는 프랑스 세관원이었다. 1843년 중국과 무역 협정을 맺는 사절단과 함께 중국을 방문했다. 그는 다게레오타입 카메라를 가지고 중국 대표를 찍었다. 중국 화가 '임관'은 이티에를 만나 초상사진을 찍기도 했다. 임관은 사진에 찍힌 자기 모습을 그리고 상아로 조각해 이티에에게 선물했다고 한다.

사진가가 활동하다

처음에는 주로 서양 출신 사진가가 활동했다. 1845년 미국인 사진가 '조지 웨스트'는 홍콩에 사진관을 열고 신문 광고를 냈다. 1860년에는 미국 사진가 '찰스 위드'가 홍콩을 방문해 '위드 앤 하워드 스튜디오'라는 사진관을 열었다. 1851년~1861년 사이 홍콩에서 활동하던 중국인 화가 '주삼봉', '장노추', '사분' 세 명은 함께 외국 군인을 초빙해 사진술을 익혔다. 이들은 홍콩에 '의창'이라는 사진관 겸 화방을 열어 초상사진을 찍고 초상화를 그려 팔았다. 중국 사진가 '려방'은 홍콩에 '화방'이란 사진관을 열었다. 그는 인물 사진뿐 아니라 일상생활, 풍습, 도시와 자연경관 등 다양한 사진을 찍었다. 외국 사진가도 칭찬을 아끼지 않을 만큼 뛰어난 사진을 남겼다.

사진관과 사진 찍기

중국에서는 오랫동안 사진관에서 그림과 사진을 모두 취급했다. 중국인들은 큰 그림을 좋아했다. 초상사진을 먼저 작게 찍은 다음, 화가가 사진을 보고 크게 초상화를 그렸다. 사진에 화가가 그림을 더 그려 넣기도 했다. 1870년대가 되면 홍콩 사진관은 어엿한 사업체로 발전했다. 중국 본토인 상하이에도 사진가가 활동했다. 처음에는 인물사진, 초상사진이 인기를 끌었다. 사진관도 '인물 사진관'이라는 이름을 얻었다. 1870~1880년대를 거치며 사진관은 광저우, 푸저우, 샤먼 등지로 퍼졌다. 당시는 요오드 용액을 발라 말린 유리판을 사용했다. 유리판을 화학 약품을 섞은 물에 담그면 빛에 반응한다. 디오게레타입보다 성능이 뛰어나고 값도 쌌다. 사진 찍는 데는 2~6초가 걸렸다. 인공조명을 쓰지 않았기에 사진관은 대개 천장이 뚫려 있었다. 맑은 날씨에 주로 촬영했다. 인물 사진을 찍으려면 사진 찍는 동안 10여 초 동안 꼼짝 않고 자세를 잡아야 했다. 셔터를 눌러 사진을 찍기 시작한 다음 사진가가 '하나, 둘, 셋, …열' 숫자를 세어 촬영 중이라고 알렸다.

시간이 흐르며 사진가들은 사진으로 사회 현상을 기록하기 시작했다. 신문과 잡지를 타고 사진은 빠르게 퍼졌다. 19세기 말에는 거의 모든 대도시에 사진관이 들어섰다.

우리나라 사진과 사진가

카메라 옵스큐라와 칠실파려안

조선은 청나라를 통해 서양식 사진 원리를 접했다. 17세기 독일 가톨릭 사제 '아담 샬'은 선교사로 중국에서 활동했다. 아담 샬은 망원경과 광학 이론을 설명한 『원경설』을 지었다. 원경설은 카메라 옵스큐라 원리를 담고 있었다. 1630년 명나라에 사신으로 방문한 역관 '정두원'이 1631년 귀국할 때 원경설을 가지고 왔다. 몇몇 학자는 이 책을 보고 카메라 옵스큐라를 연구했다. 조선 후기 실학자 최한기는 『심기도설』에서 카메라 원리를 '빛을 비추어 그림 그리기(차조작화)'라고 소개했다. 다산 정약용은 『여유당 전서』에 카메라 옵스큐라를 이용해 그림 그리는 모습이 담았다. 카메라 옵스큐라를 '칠실파려안'이라 했다. '칠실'은 검게 칠해 어두운 방, '파려안'은 유리 렌즈다. 칠실파려안이란 '어두운 방에서 유리를 통해 본다'라는 뜻이다.

우리나라 최초 사진

1863년 조선 사신이 베이징을 방문했다. 사신들은 베이징에 있는 러시아 공사관을 방문했다. 여기서 처음으로 사진을 보았다. 사신단 책임자 이의익은 일기에 "러시아 공사관에서 사람 모습을 잘 그린 초상화가 있는데 머리칼 하나도 차이가 없을 만큼 세밀하게 그린 것이다"라고 사진을 본 느낌을 적었다. 다음날 조선 사

청나라 외교관 이의익의 사진, 1862년 또는 1863년

신들은 다시 러시아 공사관을 찾아 사진 모델이 되었다. 이의익부터 시작해서 사신들도 차례로 사진을 찍었다. 공사관 뜰에서 단체 사진도 찍었다. 우리나라 첫 번째 사진이었다.

사진관이 문을 열다

김용원은 임금 초상화를 그리던 화원이었다. 1876년 사신단을 수행해 일본을 다녀왔다. 이때 사진을 접한 김용원은 1879년경부터 부산에 살던 일본인으로부터 사진 기술을 배웠다. 1883년에는 일본 사

부산 항구의 선원들, 1894년

1900년대 활쏘기 대회

진가를 초청해 사진관인 '촬영국'을 열었다. 화가이자 사진가인 '지운영'은 1882년 일본에서 사진을 배워 1883년 사진관을 만들었다. '황철'은 1882년 상하이를 여행하다가 중국인으로부터 사진술을 배웠다. 사진기를 가지고 귀국한 황철은 1883년 자기 집을 고쳐 사진관을 차렸다. 뛰어난 서화가 김규진은 대한제국 황실 사진가로도 활동했다. 고종 황제 초상사진을 찍은 것으로 유명하다. 1907년에는 '천연당 사진관'을 열었다. 김규진이 워낙 이름난 화가였기에 천연당 사진관으로 많은 손님이 몰려들었다. 1912년에는 양아들 김영선이 평양에 천연당 사진관 지점 격인 '기성사진관'을 세웠다. 천연당 사진관은 점차 규모가 커져 새로운 기술을 도입하고 무료로 사진술을 가르쳤다.

처음에 대중은 사진을 꺼렸다. "사람 눈을 뽑아 사진기 렌즈로 사용한다", "사진을 찍으면 일찍 죽는다"라는 뜬소문이 돌아 촬영을 두려워했다. 외세에 대한 반감을 사진에 쏟았다. 1884년 갑신정변 당시 흥분한 백성들이 사진관을 습격해 파괴하기도 했다.

사진은 초상사진

시간이 흐르면서 대중도 사진을 자연스럽게 받아들였다. 사진관은 자기 모습을 남기려는 사람들이 주로 찾았다. 이전까지 양반 사대부나 부유층만 초상화를 가질 수 있었다. 이제는 보통 사람들도 초상사진을 쉽게 구했다. 초상사진은 크기가 작고 색이 화려하지 않았다. 그래서 양반 사대부나 부유층은 이 사진을 바탕으로 크고 화려한 초상화를 그렸다.

대한제국 초대 황제인 고종은 서양 문물을 적극적으로 받아들였

고종 초상사진을 찍은 미국인

영국이나 미국 외교관과 학자가 고종 초상사진을 찍기도 했다. 미국 사업가 '퍼시벌 로웰'은 미국으로 가는 조선 사절단을 안내했다. 조선 정부는 1884년 퍼시벌 로웰을 국빈으로 초청했다. 그는 카메라를 가지고 들어와 고종 초상사진을 찍었다. 그 외에도 조선 풍경을 사진으로 남겼다.

퍼시벌 로웰 작 고종 초상, 1884년

다. 사진에 대해서도 거부감이 없었다. 고종은 많은 초상사진을 남겼다. '지운영'과 '김규진' 등 사진가가 고종 초상사진을 찍었다. 고종 초상사진을 신문이나 잡지, 책에 실어 일반에게 알렸다. 1910년대 이후 사진관과 초상사진은 크게 번창했다.

사진가 협회와 예술 사진

사진가들은 각종 모임을 만들기 시작했다. 모임마다 잘 찍은 사진을 뽑아 전시회를 열거나 사진집으로 만들었다. 모임에서 공모전을 열기도 했다. 한국 농촌 풍경과 생활 모습을 담은 사진이 주로 상을 받았다. 초상사진과는 다른 예술 사진이 등장했다.

사진 단체는 1920년대부터 본격적으로 활동했다. 1926년 조선인 직업 사진가들이 '경성사진사협회'를 결성했다. 이들은 사진 기술을 연구하고 예술 사진에 관해 고민했다. 1927년에는 일본에서 유학하고 돌아온 사진가 '신낙균'을 중심으로 예술 사진을 연구했다. 이들은 회화적 사진 기법을 도입하고 특수한 방법으로 사진을 인화해 그림 같은 효과를 주었다. 신낙균은 1928년 『사진학 개설』이라는 책을 내었다. 이 책은 다양한 사진 인화법을 아주 자세하게 설명했다. 이 책으로 많은 직업 사진가가 예술 사진 기법을 익혔다.

'정해창'은 일본에서 독일어를 공부하다가 사진에 빠졌다. 우리나라로 돌아와 사진가로 활동했다. 1929년 우리나라에서 처음으로 개인 사진 전시회를 열었다. 인물, 정물, 풍경 사진 등 예술 사진 40여 점을 전시했다. 그는 옷을 벗은 자기 모습을 사진으로 남겼다. 당시로서는 놀라운 일이었다.

사진가 교육

사진가가 되려는 사람은 도제식으로 기술을 배웠다. 사진술을 배우려는 사람은 사진관에 들어가 주인을 스승 삼았다. 사진관 청소, 사진 세척, 현상과 인화 준비 등 허드렛일을 했다. 어깨 너머로 주인이 하는 모습을 살펴 기술을 배웠다. 직접 가르쳐주는 스승은 드물었다. 기술은 주인만 알고 공개하지 않았다. 보통 10대에 사진관에 들어가 일했다. 기술을 익힌 다음 나이가 들거나 결혼하면 따로 사진관을 차려 독립했다.

미국 선교사들이 1903년 청년 기독교 모임인 YMCA를 설립했다. YMCA는 1909년 '사진 속성과'를 두고 학생을 모집해 사진 기술을 가르쳤다. 교육 기간은 3~6개월이었다. 야외 촬영, 실내 촬영, 사진 화학 등을 배웠다. 하와이로 이민 갔다 돌아온 '최창근'이 사진과 교수로 부임했다. 최창근은 1913년 『자택독습 최신사진술』이라는 책을 번역해 출판했다. 일반인도 이 책을 보고 사진 기술을 배울 수 있었다. 1927년에는 일본에서 돌아온 신낙균이 사진과 교수가 되었다.

1907년 천연당 사진관 광고에 여성 사진은 '부인 사진사 향원당'이 찍는다는 문구가 있다. 향원당이 우리나라 첫 여성 사진가일 테지만 누구인지 확실하지 않다.＊ 기록에 이름이 나오는 여성 사진가는 '이홍경'이 처음이다. 이홍경은 YMCA에서 사진을 배웠다. 1919년 남편과 함께 '경성사진관'을 열었고 1921년에는 여성 고객을 주로 하는 '조선부인사진관'을 개업했다. 그녀는 1927년 조선일보와 인터뷰하면서 여성 사진가가 가진 장점을 이야기했다.

"이것은 전문적인 기술을 요하는 것이니, 제일 두뇌가 영민하여 배경을 잘 보며 성품이 꼼꼼하여 수정을 잘하여야 할 것이다. 어느 점에서 보던지 사진사는 남자보다도 여자에게 적당한 직업이라 할 수 있으며 더욱이 아직도 내외가 심한 구가정의 새아씨나 규수들의 촬영은 반드시 여자 사진사를 요구할 것이올시다."

이홍경은 근화 여학교에서 사진 과목을 가르치기도 했다. 1930년 조선총독부 조사에 따르면 경성(서울)에 조선인 여성 사진가 4명이 활동했다고 한다.

사진은 더 이상 오락이나 소일거리가 아니었다. 사진술은 언론, 의학, 과학 등 여러 분야에 꼭 필요한 기술이 되었다.

변화하는 사진 주제와 사진가

여러 매체를 타고 사진은 널리 퍼졌다. 대중은 그림엽서, 신문, 잡

＊ 김규진의 아내 '김진애'였으리라 추정한다.

지와 친해지고 영화도 자주 관람했다. 사진관 숫자도 늘어나면서 직업 사진가끼리 경쟁은 치열했다. 카메라와 사진 기술도 발전했다. 카메라 크기는 작아지고 다루기도 쉬워졌다. 직업 사진가가 아닌 아마추어 사진가도 많아졌다. 아마추어 사진가는 돈벌이가 목적이 아니었다. 이들은 자유롭게 사진 주제를 골랐다. 예술성과 자기 개성 표현을 중요하게 여겼다.

사진가는 공모전과 전시회에 작품을 발표했다. 각종 단체와 신문사에서 사진 공모전을 열었다. 총독부에서 발간하던 『경성일보』는 1934년 '전조선 사진 연맹'을 만들었다. 연맹은 국내 모든 사진 단체를 하나로 통합해서 관리했다. 사진 관련 모든 행사를 주관했다. 매년 '조선사진전람회'를 열었다. 이 전시회에서 1등과 2등에게는 각각 '장관상'과 '국장상'을 주었다. 공식적인 국가 주관 전시회는 아니지만 강력한 권위를 가졌다. 주로 향토적이고 평화로운 풍경 사진이 공모전에 나왔다.

1930년대 후반에는 구체적 형상이 아닌 사상과 개념을 표현하는 '추상 사진'도 모습을 드러냈다. 일제는 1937년 중일전쟁, 1941년 태평양 전쟁을 일으켰다. 그 영향으로 전쟁 참여를 독려하고 일본군을 칭송하는 사진이 주가 되었다. 젊은 군인을 모델로 한 사진도 등장했다. 사진은 전쟁 동원 수단이 되었다.

20세기 이후
사진과 사진가

사진 산업이 성장하다

많은 사람이 사진과 관련된 분야에서 일했다. 사진을 찍으면 필름이 빛을 받아 형상을 기록한다. 필름에 담긴 형상을 종이로 옮기고(인화), 화학 약품으로 처리하면(현상) 형상이 눈에 보인다. 필름 만드는 회사에서 많은 기술자와 과학자가 일했다. 사진 기술을 인쇄에도 활용했다. 원고를 특수한 카메라로 촬영하고(사진 제판) 인쇄했다. 이 기술로 신문이나 잡지, 책을 대량으로 보급했다. 활자를 배열하고 잉크를 묻혀 찍어내는 구텐베르크식 활판 인쇄는 점차 사라졌다.

사진은 덩치가 큰 산업이 되었다. 기술도 더욱 발전했다. 인체 내부에 소형 카메라를 넣어 사진을 찍었고, 우주선에 카메라를 장치해 더욱 정교한 우주 영상을 얻었다. 수천 킬로미터 바닷속 모습도 카메라

카메라와 눈

카메라는 빛을 통과시켜 형상을 기록하는 기계다. 카메라가 작동하는 원리는 우리 눈이 세상을 보는 원리와 같다. 카메라 옵스큐라부터 최신형 휴대전화 카메라까지 기본은 변하지 않았다.

눈을 감으면 빛은 들어오지 않는다. 눈을 뜨면 '눈꺼풀'이 올라가 빛이 통한다. 빛이 들어오는 양은 '홍채'를 좁혔다 넓혔다 하면서 조절한다. 보려고 하는 물체에 초점을 맞추는 일은 '수정체'가 한다. 수정체를 통과한 빛은 '망막'에 있는 신경세포를 자극한다. 신경세포는 뇌로 신호를 전달한다. 뇌는 이 신호를 해석해서 세상을 본다.

카메라 구조도 눈과 비슷하다. 카메라 옵스큐라에서 뚫어 놓은 작은 틈이 홍채 역할이다. 카메라 옵스큐라 벽면은 망막 역할이다. 카메라가 발전하면서 작은 틈은 필요할 때만 열도록 했다거나 닫게 했다. '셔터'를 누르면 틈이 열려 빛이 들어간다. 좁은 틈은 크기를 조절하도록 발전했다. '조리개'라 한다. 틈에 '렌즈'를 대서 빛이 통과하는 특징을 바꿔주었다. 벽은 역청을 바른 금속판에서은 도금판, 셀룰로이드나 폴리에스터로 만든 필름으로 발전했다. 필름에 맺힌 영상을 사진으로 만들기 위해 인화, 현상 같은 처리가 필요했다. 필름은 '이미지 센서'로 바뀌었다.

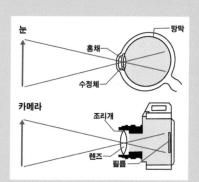

눈과 카메라 구조 비교

에 담았다. 특별한 훈련을 받고 지식을 갖춘 사진가들이 활약했다.

디지털 기술로 변신한 사진

1990년대 필름을 전자식 센서로 대신하는 디지털카메라가 등장했다. 렌즈를 통과한 빛을 필름 대신 '이미지 센서'로 받았다. 이미지 센서는 빛을 받아 전기 신호를 만든다. 수많은 이미지 센서를 바둑판처럼 촘촘하게 배치해서 센서마다 전기 신호를 기록한다. 이 신호를 조합해 형상을 만든다. 디지털카메라 성능을 '화소 수'로 나타내기도 한다. 100만 화소라 하면 이미지 센서 100만 개를 붙였다는 뜻이다. 화소 수가 늘면 더욱 세밀한 사진을 찍을 수 있다.

이미지 센서 위에는 색을 구별할 수 있는 필터를 덧붙인다. 이미지 센서가 보낸 신호는 JPEG, TIFF, PNG 등 이름의 디지털 파일로 저장 장치(메모리)에 기록한다. 소프트웨어로 이런 파일을 읽어 화면에 사진을 띄우거나 프린터로 인쇄한다. 디지털카메라는 점점 작아지고 성능은 높아졌다. 휴대 전화기에도 디지털카메라가 들어갔다. 최신 휴대 전화 카메라는 2억 화소를 자랑한다.

사진 촬영과 소비의 변화

디지털카메라가 널리 퍼졌다. 비슷한 시기에 인터넷도 크게 성장했다. 사람들은 디지털 파일로 된 사진을 자유롭게 교환했다. 사진 찍기도 쉬워져서 직업 사진가가 아닌 아마추어 사진 애호가가 크게 늘었다. 특별한 기술이 없어도 멋진 사진을 찍을 수 있다. 각종 소프트웨어 프로그램으로 사진을 멋지게 꾸밀 수도 있다. 쉽게 찍고, 무제한으로 복사하고, 데이터를 마음대로 바꿀 수 있게 되었다. 사진이 가지고 있던 진실성, 신뢰성, 독창성 같은 가치는 줄어들었다. 필름 시장과 종이로 인화한 사진을 사고파는 시장 규모가 크게 줄어들었다. 직업 사진가가 아닌 사람도 사진을 온라인으로 팔았다. 페이스북이나 인스타그램처럼 사진을 중심으로 하는 SNS 서비스가 퍼졌다.

사진은 전시회나 신문, 잡지에서 등장하던 작품에서 생활하며 즐기는 대상이 되었다. 거의 모든 사람이 유명 관광지에서 자기 모습을 찍고, 식당에서 음식 사진을 찍어 SNS에 올린다.

현대 중국 사진

발전하는 사진

1911년 신해혁명으로 중화민국이 탄생했다. 중국 사회는 크게 변했다. 외세 침략에 반대하고 옛 관습을 벗어버리려는 움직임이 사방에서 일어났다. 사진과 사진가도 달라졌다. 사진가는 단체를 만들었다. 사진 전시회도 여기저기에서 열렸다. 1923년 도예가 '첸완리'는 중국 첫 번째 개인 사진집,『대풍집』을 출간했다.

1924년 6월 베이징 광학회는 베이징 중앙공원에서 첫 사진 전시회를 열었다. 이틀 동안 5천~6천 명이 전시회에 들러 사진을 감상했다. 사진 잡지도 탄생했다. 다른 잡지도 사진을 특집으로 실었다. 국제 사진 전시회에 참가해 상을 받는 중국 사진가도 나왔다. 영화에 뛰어드는 사진가도 있었다.

전쟁과 사진

1937년 일본이 중국을 침략했다. 사진가에게 있어 사진은 대중을 일깨우고 적과 싸우는 용기를 주는 무기였다.

유명한 사진가 '장인취안'은 처음에는 순수

사페이 〈일본군과 싸우는 팔로군〉 (1938)

한 아름다움을 추구하는 회화적 사진을 찍었다. 그러나 일제와 투쟁하는 시기 그는 "중국에는 바람이나 꽃, 눈, 달을 노래하는 평화롭고 부드러운 예술이 아니라 가시덤불을 헤치고 용기를 북돋는 예술이 필요하다"고 주장했다. 전쟁이 치열해지자 신문이나 잡지는 전쟁 사진을 주로 실었다. 사진가 '사페이'는 일본과 싸우는 공산주의 저항군에 들어갔다. 그는 전투 현장, 일본군이 저지른 잔학한 범죄, 어려운 삶을 사는 서민을 카메라에 담았다.

현대 중국 사진

중화인민공화국이 수립되자 사진가도 다른 예술가처럼 인민대중을 위해 봉사해야 했다. 사진은 '인민을 설득하고 교육하는 정치적 예술'이었다. 국가는 예술가를 조직하고 필요할 때 동원했다. 마오쩌둥과 공산당 고위 간부에게는 사진가를 배정했다. 이들은 공산당 지도자를 따라다니며 그들 모습을 사진에 담았다. 사진가는 문화 대혁명과 1976년 시민 저항 등 역사적 순간을 사진으로 남겼다.

1980년대 개혁 개방 이후 중국 사진은 크게 발전했다. 예술 사진가들도 본격적으로 성장했다. 1994년에는 실험적인 예술 사진 전문 잡지도 나왔다. 나체, 죽은 아이, 코끼리 똥 등 이전에는 다루지 않던 대상을 사진 주제로 삼았다. 유럽이나 미국에서 이름을 날리고 성공한

마오쩌둥 전담 사진가 허보

'허보'는 중국 여성 사진가이다. 가난한 농민 가정에서 태어나 1938년부터 공산당에 들어가 활동했다. 전쟁에서 승리한 다음 1949년 10월 1일, 중화인민공화국 선포식 사진을 찍었다. 그 후 12년 동안 그녀는 공산당 간부들이 모여 사는 '중난하이' 지역에서 살면서 마오쩌둥과 다른 공산당 고위 간부 사진을 기록으로 남겼다. 마오쩌둥 자녀들이 허보를 이모라 부를 정도로 가깝게 지냈다. 그런 그녀도

허보, 〈중화인민공화국 수립〉(1949)

문화 혁명 당시에는 '가짜 공산주의자', '반혁명 주의자'라는 비난을 들었다. 말년에는 런던에서 마오쩌둥 사진 전시회를 열기도 했다. 남편인 '쉬 샤오 빙'도 유명한 사진가이다.

예술 사진가도 탄생했다. 현대 중국 사진가들은 정치적 간섭을 이전보다 덜 받고, 더 많은 자율성을 발휘해 사진을 찍는다.

대한민국의 사진

역사적 변화 현장에 선 사진가들

1945년 우리나라는 해방을 맞았다. 이 시기는 정치적, 사회적 격동기였다. 정치적으로는 좌와 우로 대립해 갈등이 심해졌다. 민족은 남북으로 갈라져 해방된 지 5년만에 6 · 25 전쟁이라는 비극을 겪었다. 사진가는 역사적 사건을 현장에서 기록했다.

사진가들은 국방부 소속 '정훈국 사진대'에 들어가 종군 기자, 종군 사진가로 활동했다. 그때까지 우리나라 사진가들은 다큐멘터리 사진, 기록 사진에 대해 잘 몰랐다. 전쟁을 계기로 예술 사진에서 벗어나 현실을 담는 새로운 사진이 발전했다. 전쟁이 끝난 다음에도 기록할 역사적 사건은 계속 생겼다. 4 · 19혁명으로 독재를 몰아냈다. 5 · 16쿠데타로 군인이 정권을 잡았다. 비극적인 광주 항쟁을 경험했다. 1987년 독재를 몰아내고 민간 정부를 수립했다. 사진가들은 이 현장을 기록으로 남겼다. 사진은 기록을 넘어 사회 변혁에 큰 영향을 미쳤다.

달라지는 사진과 사진가

1950년대~1960년대 사이 우리 사진은 크게 발전했다. 1956년 20~30대 젊은 사진가 17명이 '신선회'라는 모임을 만들었다. 그때까지 유행했던 '회화적 사진'에서 벗어났다. 현실을 있는 그대로 기록하고 반영하는 '리얼리즘 사진'을 내세웠다. 신선회 소속 사진가들은 전쟁으로 인한 파괴, 새롭게 개발하는 현장, 거리에 펼쳐진 삶을 있는 그대로 남겼다. 사진으로 '삶의 진실성'을 추구했다.

전시회와 공모전도 늘어났다. 많은 사람이 사진 전시회를 찾았다. 우리 사진가가 국제 공모전에 작품을 출품해 상을 받기도 했다. 1960년대 중반까지 국제 공모전에서 4천여 점이 상을 받았다. 잡지 사진도 늘어났다. 잡지 사진은 미처 드러나지 못한 사회 여러 분야를 비췄다. 급속한 경제 개발로 사라지는 여러 모습과 아픔을 사진에 담았다. 예술 사진도 변하고 발전했다. 카메라를 통해 나타나는 현실에 작가만이 느끼는 새로운 세계와 감성을 담으려 했다. 이런 사진은 사진가 개인 경험과 감성에 따라 아름다움과 가치가 달라졌기에 '주관주의적 사진'이라 불렸다.

대학교육과 사진

1951년 서울대학교 미술과에서 처음으로 사진 과목을 가르쳤다. 1954년에는 이화여자대학교 미술 대학에 사진 전공이 생겼다, 1961년 홍익대학교 미술 대학, 1964년에 서울여자대학교, 덕성여자대학교, 건국대학교 등에서 사진 과목을 개설했다. 50~60년대만 해도 사진을 예술이라기보다 기술로 받아들였다. 다른 예술 분야에 비해 정식 학과는 늦게 출발했다. 사진 전공 학과는 1964년 '서라벌 예술대학'에 처음 생겼다. 사진 관련 학과는 점점 늘어났다. 지금은 여러 대학교와 전문대학, 대학원에 사진 전공 학과가 있다. 1964년부터 '대한민국미술전회'에도 사진부가 생겼다.* 사진이 가지는 예술적 가치를 사회에서 인정했다.

90년대 이후 사진

1980년대 말 우리나라 사진은 새로운 변화를 맞이했다. 1970년대 이후 해외로 나가 공부한 젊은 사진가들이 돌아와 본격적으로 활동을 시작했다. 미국을 비롯한 전 세계적인 예술 변화 추세를 국내로 들여왔다. '만드는 사진'이 유행했다. 사진가는 여러 사진을 합치거나, 사진을 현상하고 인화할 때 새로운 재료를 사용했다. 설치미술이나

* 1982년 폐지되었다.

조각품과 함께 전시했다. 인화된 사진에 회화와 공예를 덧붙였다.

사진은 그 자체가 목적이 아니었다. 예술가가 자기 생각을 나타내는 재료였다. 1990년대 중반 이후 여러 전시회에서 '만드는 사진'을 선보였다. 전통과 격식을 벗어나 현실과 일상에서 사진 주제를 찾았다. 어떤 사진가는 "만드는 사진이 과연 사진인가?"라는 질문을 던졌다. 만드는 사진을 그림이라고 생각하는 사진가도 있었다. 만드는 사진과 다른 사진이 있는 그대로 '찍는 사진'이다. 사진 기술 외에 손을 대지 않는 순수한 사진이다. 찍는 사진이야말로 사진이라고 주장하는 사진가도 있었다. 이들은 '찍는 사진은 기록성을 제대로 보여주기에 시대가 변해도 가치가 살아있다'라고 생각했다. 미술관은 만드는 사진을 환영했다. 사진은 인기 있는 전시품이 되었다. 디지털카메라가 등장한 이후 사진은 더욱 달라졌다. 누구나 쉽게 사진을 찍고 나눌 수 있게 되었다. 사진은 사람들 일상이 되었다.

오늘날과
미래의 사진가

사진가가 자신의 작품을 내보이고 이름을 알릴 기회인 공모전과 전시회가 열렸으며 미술관에서도 사진을 전시했다. 사진은 영상으로 발전하였고, 영상을 전문으로 촬영하는 촬영기사, 촬영 감독 같은 직업도 생겼다. 컴퓨터 기술 발달로 사진도 크게 달라졌다. 사진 산업 전체가 큰 변화를 맞이했다. 사진 찍기는 더욱 쉬워졌다. 사진은 일상이 되었다.

직업 사진가

사진가가 하는 일

사진가는 사진과 카메라에 관한 전문 지식과 기술을 갖추고 사진을 찍는다. 제대로 된 사진을 찍기 위해 사진가는 여러 가지 작업을 한다. 우선 어떤 대상을 찍을지 정한다. 사진을 찍어 달라고 요청하는 사람이 미리 정해 주기도 한다. 사진 찍으려는 대상을 분석하고 관찰해 어떤 특징을 드러낼지 판단한다. 얼마나 떨어져서, 어떤 구도로 찍을지도 결정한다. 태양 빛을 이용할지, 인공조명 장치를 쓸지, 어떤 각도로 얼마나 강하게 빛을 비출지도 정해 둔다. 카메라 각도, 초점, 노출 시간 등을 결정한다. 모델이 있다면 어떤 자세를 취하고 어떤 표정을 짓는지도 중요하다. 사진가는 촬영 중에 모델에게 자세와 표정을 지시한다. 사진을 찍고 난 다음에는 필름을 현상하고 인화한다. 이

때 잘못된 점을 고치거나, 필요한 효과를 더한다. 완성된 사진은 공모전이나 전시회, 사진집 등으로 발표한다. 보도 사진은 신문이나 잡지에 실린다. 디지털 사진은 소프트웨어로 수정, 보완한 다음 컴퓨터 파일로 저장한다. 필요할 때 인쇄하거나 온라인에 게시할 수 있다. 온라인에 사진을 많이 올려 두고 필요한 사람에게 빌려주거나 팔기도 한다.

여러 분야 사진가

사진가는 여러 분야에서 활동한다. '인상 사진가'는 사람 얼굴을 주로 찍는다. 신분증을 발행할 때 붙이는 증명사진, 가족들이 함께 찍는 가족사진, 결혼식이나 졸업식 등 행사 기념사진, 자기를 드러내고자 찍는 프로필 사진 등을 찍는다. 대개 실내 스튜디오에서 촬영하지만 때로는 야외에 나가 촬영하기도 한다.

자연환경에서 동물이나 식물, 곤충 등을 촬영하는 '생태 사진가'도 있다. 이들은 사람이 없는 거친 산이나 숲에서 몇 달씩 머물며 사진을 찍는다. 때로는 깊은 바닷속까지 들어가기도 한다.

상업적인 목적으로 각종 제품을 매력적으로 보이도록 찍는 사진가는 '광고 사진가'이다. 농수산물, 식품, 가전제품 등 다양한 상품을 찍어 광고나 홍보에 사용한다. 때로 기계 설명서, 가구 조립 설명서 등에 들어가는 사진을 찍기도 한다.

'순수 사진가'는 자기가 나타내고 싶은 가치나 사상, 아름다움을 전달하기 위해 사진을 찍는다. 공모전이나 전시회를 통해 주로 활동한다.

'보도 사진가'는 신문 기자와 함께 뉴스에 필요한 사진을 찍는다. 신문이나 잡지, 간행물에 사진을 싣는다. 특별히 스포츠 경기만 주로 찍는 사진가도 있다.

특정 주제로 미리 사진을 찍어 둔 다음 필요한 사람에게 팔거나 빌려주는 일을 전문으로 하는 사진가는 '라이브러리 사진가'이다. 이들은 주로 온라인에서 활동한다.

사진 찍고 파는 일 말고 다른 일을 하는 사진가가 많다. 사진관이나 현상업체를 운영하거나, 학교나 학원, 모임 등에서 사진 강의도 한다.

사진가에게 필요한 자질

사진가에게는 사진을 좋아하는 마음은 물론 예술적 감각, 풍부한 상상력, 창의력 등이 필요하다. 카메라는 복잡한 기계라서 기계를 잘 다뤄야 한다. 사진 찍은 후에도 여러 기계를 이용한 처리가 필요하다. 디지털 사진을 잘 다루려면 컴퓨터 프로그램에 관한 지식이 있어야 한다. 체력과 끈기도 빼놓을 수 없다. 보도 사진가는 사건, 사고 현장을 누벼야 한다. 때로 전쟁이나 자연재해 현장을 찾기도 한다. 다치거나 목숨을 잃을 위험도 있다. 야생 동물을 찍는 생태 사진가는 사람이 찾지 않는 황무지에 작은 천막을 치거나 굴을 파고 몇 달씩 잠복한다. 극지 탐험만큼이나 어려운 일이다. 사람과 소통하는 능력은 기본이다. 특히 '인상 사진가'는 사람 모델을 찍어야 한다. 제대로 된 작품을 남기려면 모델과 좋은 관계를 유지해야 한다. 자기가 직접 사진관을 운영하는 사진가는 마케팅, 영업, 회계 등 사업 관련 지식을 갖추어야 한다.

미래에 사진가는
어떤 모습일까?

가까운 미래

2029년까지 사진가와 사진 관련 직업은 조금 줄어들리라 예측한다(한국직업전망 2021. 한국고용정보원). 결혼과 출산이 줄어드는 만큼 전에는 수요가 많았던 아이 백일이나 돌 기념 사진, 결혼식 사진 수요도 덩달아 줄어든다. 혼자 사는 가구가 늘고, 전처럼 가족이 함께 모여 살지 않으면서 가족사진도 덜 찍는다. 종이 신문이나 잡지 발행 부수도 줄어드는 추세다. 보도 사진 수요도 줄고 있다. 광고 사진 분야는 전체적인 경제 상황과 관계가 깊다. 장사가 잘되면 수요가 늘고, 안되면 수요가 준다. 사진 찍기가 쉬워져 누구나 훌륭한 사진을 찍을 수 있다는 점도 한몫한다. 디지털카메라가 발전하고 스마트폰 카메라도 뛰어난 성능을 자랑한다. 소프트웨어를 사용해 다양한 특수 효과도 쉽게 사진에 입힌다. 찍은 사진을 마음대로 고칠 수도 있다. 전문 기술을 가진 직업 사진가가 설 자리가 점점 줄어들고 있다. 사진과 관련해 현상하고 인쇄하는 일은 거의 사라졌다. 사진가나 사진 관련 일자리 전망은 그리 밝지만은 않다.

로봇 사진가

사진 촬영하기 어려운 환경에서는 로봇이 사진가를 대신하기도 한다. 로봇은 공기가 없는 우주, 깊은 바닷속에서도 활동할 수 있다. 사막이나 황무지처럼 사람이 살 수 없는 장소에서도 몇 달이건 머물며 사진을 찍을 수 있다. 드론 같은 소형 비행물체에 카메라를 싣고 하늘에서 사진 찍는 일은 흔하다. 로봇에 장치한 프로그램으로 사진을 보정하고, 즉시 통신으로 전송한다. 이 파일을 인터넷에 올리면 누구나 볼 수 있다. 달이나 화성에 착륙한 탐사선은 사진을 찍어 지구로 보낸다. 에너지가 떨어질 때까지 몇 년씩 작동한다. 지금은 특수한 환경에

화성 탐사 헬리콥터 '인제뉴어티'(왼쪽), 인제뉴어티가 찍어 전송한 화성 사진(오른쪽)

서만 로봇 사진가를 활용하지만, 앞으로 로봇 사진가는 더 늘어나 누구나 쉽게 이용하게 될 것이다.

사진에도 몰아치는 인공지능 열풍

그림이나 조각뿐 아니라 사진에도 인공지능 바람이 몰아치고 있다. 인공지능 소프트웨어는 직접 찍은 것 같이 사실적이고 아름다운 사진들을 만들어내고 있다.

국제 사진 공모전 '소니 월드 포토그래피 어워드'의 크리에이티브 부문에서 2023년, 독일 사진가 '보리스 엘다크센'이 1위를 차지했다. 그는 '가짜기억, 전기기술자'라는 제목으로 사진을 출품했다. 그런데 수상 소식을 들은 엘다크센은 자기 사진은 인공지능이 만들어낸 사진이라고 밝히며 상을 거부했다. 그는 "인공지능AI이 합성한 이미지는 사진과는 별개이다. AI 이미지는 사진이 아니다"라고 주장했다. 또한 "사진이 앞으로 나아갈 길에 대해 진지하게 토론하고 싶어 합성 사진을 출품했다"라고도 밝혔다. 심사위원 누구도 그 사진을 AI가 만든 것이라고 의심하지 않았다.

수많은 데이터를 학습해 원하는 대상을 만드는 생성형 인공지능은 이미 여러 분야에 모습을 드러내고 있다. 사람이 눈으로 봐서는 인공지능이 만든 사진이나 그림을 진짜 사람이 찍은 사진, 사람이 그린 그림과 구별하기 어렵다. 몇몇 사람들은 인공지능과 작가가 공동 창작

보리스 엘다크친 작, '가짜 기억, 전기기술자', 2023년, 인공지능으로 합성한 사진이다.

하는 방법을 고민하고 있다. 이렇게 만든 작품은 누구에게 저작권이 있는지도 아직 해결되지 않았다. 인공지능 기술은 하루가 다르게 발전하고 있다. 인공지능과 관련해 법적으로, 윤리적으로 해결해야 할 문제는 많다. 아직은 누구도 뚜렷한 답을 내지 못했다. 앞으로 반드시 올바른 답을 찾아야 한다.

사진가의 앞날은 어떨까?

로봇이 사진을 찍고 인공지능이 사진을 만드는 시대다. 로봇은 지치지도 않고 위험한 환경을 잘 견딘다. 인공지능이 만든 사진은 사람이 찍은 사진과 구별하기 힘들다. 기술은 점점 발전하고 있다. 많은 사람들이 필요한 사진들을 손쉽게 직접 찍는다. 이에 따라 어떤 사람들은 사진가라는 직업 자체가 없어질지도 모른다고 걱정한다.

사진가는 늘 새로운 스타일을 창조했다. 예술 사진, 삶을 기록하는 리얼리즘 사진, 다른 예술 장르와 결합한 사진 등등. 인공지능은 학습된 데이터로만 결과를 만들기 때문에 새로운 가치를 창조한다고 보기에는 어렵다. 사람은 유행하는 스타일을 파괴하고 늘 새로운 것을 창조했다. 로봇 사진가는 좋은 도구이다. 로봇 사진가로 상상하기만 했던 장소를 직접 찍을 수 있다. 새로운 아이디어로 없던 사진을 창조하는 사진가는 끝까지 소중한 직업으로 남을 것이다.

어떻게 사진가가 될 수 있나요?

사진 관련 산업 현황

2019년 기준으로 우리나라에는 사진가가 약 2만 2천여 명 있다(한국직업전망 2021. 한국고용정보원). 정확한 숫자는 알 수 없지만, 아마추어 사진가를 포함하면 10만 명이 넘을 것으로 예상한다. 사진관, 스튜디오 등 '사진촬영 및 처리업'으로 분류하는 사업체 수는 2019년 기준 9,862개이다(통계청 서비스업 조사).

사진가가 되는 길

사진을 잘 찍기 위해서는 전문적인 교육과 훈련이 필요하다. 전문대학, 대학교, 대학원에도 사진 전공, 혹은 사진 관련 학과가 있다. 학교에서는 사진 관련 이론과 각종 실기를 배운다. 대학교 사진과에 들어가려면 보통 실기시험을 치러야 한다. 그동안 자신이 찍은 사진을 모은 포트폴리오를 제출하기도 한다. 사진학과에 입학하려는 많은 학생들이 전문 입시학원에서 공부한다.

대학에서 사진을 전공하지 않은 사람을 위한 학원도 있다. 학원에서는 패션, 광고, 초상 등 분야별로 전문 기술을 가르친다. 각종 사회문화센터, 성인 교육 프로그램을 이용해 사진을 배울 수도 있다.

사진가는 작품을 판매하거나 직장에 들어가 월급을 받거나 사진관이나 스튜디오 등 사업체를 운영한다. 사진과 관련 없는 다른 직업을 가진 채 시간을 내 사진 촬영하는 사진가도 많다. 사진가로 활동하는 데 특별한 자격 조건이나 면허증 등은 필요 없다. 언론사, 일반 회사 홍보나 광고부서, 광고 회사 등에 들어갈 때는 회사마다 정한 취업 규칙을 따른다. 공모전에서 입상 경력이 있거나, 사진을 편집하는 소프트웨어를 잘 다루면 직장을 찾을 때 유리하다.

> **사진과 실기시험**
>
> 기본적으로 사진과 실기시험 문제는 공개하지 않는다. 다음 해 입시에 영향을 주기 때문이다. 중앙대학교 2023년 사진학과 시험을 치른 학생들에 따르면 실기시험 주제는 "하나의 사물을 선택하여 다섯 가지의 다양한 시각으로 창의적으로 표현하시오"였다고 한다. 시험 시간은 30분으로, 학생들은 주어진 선풍기, 소파, 책상 위 사물 같은 소재를 골라 사진을 촬영했다.

사진가로 이름을 알리는 법

　사진 작가로 이름을 알리는 법은 공모전 출품과 입상이 가장 확실하다. 한국사진작가협회에서 주최하는 '대한민국사진대전'이 가장 큰 국내 공모전이다. 이 외에도 신문사, 지방 정부, 각종 단체에서 사진 공모전을 연다. 공모전을 주최하는 단체 특성에 맞게 출품할 사진 주제를 정하는 경우가 많다. 여행이나 관광 관련 공모전도 많다. 한국관광공사에서는 매년 '대한민국 관광 사진 공모전'을 연다. 디지털카메라, 드론, 스마트폰 부문에 사진을 출품할 수 있다. 광고 사진만을 대상으로 하는 공모전도 있다. 한국 사진가들은 국제 사진 공모전에서도 많이 입상한다. 큰 상금이 걸린 국제 공모전은 경쟁이 치열하다.

· 교과연계 내용 ·

과목 · 과정	초등학교
초등 미술 5	어제의 미술, 오늘의 미술 / 같은 주제, 다양한 소재 / 작품 속으로 한 걸음 더 / 도형에서 찾은 조형 원리 / 액자 밖으로 나온 미술 / 현대 미술과 대화하기
5학년 사회	옛사람의 삶과 문화 / 사회의 새로운 변화와 오늘날의 우리
5학년 실과	나의 진로
초등 미술 6	내 마음의 모습 / 마음을 움직이는 광고 / 눈길을 사로잡는 미술 작품 / 빛의 마법사 / 순간의 생생함 / 미술 작품 속 시대
6학년 사회	우리나라의 경제 발전 / 세계 여러 나라의 자연과 문화

과목 · 과정	중학교
사회1	개인과 사회생활 / 사회 변동과 사회 문제
역사1	문명의 발생과 고대 세계의 형성 / 지역 세계의 교류와 변화 / 제국주의 침략과 국민 국가 건설 운동 / 세계 대전과 사회 변동 / 현대 세계의 전개와 과제
역사2	선사 문화와 고대 국가의 형성 / 남북국 시대의 전개 / 고려의 성립과 변천 / 조선의 성립과 발전 / 조선 사회의 변동 / 근·현대 사회의 전개
미술1 · 미술2	미술과 체험 / 미술과 표현 / 미술과 감상
진로와 직업	일과 직업 세계의 이해 / 진로 탐색 / 진로 디자인과 준비

과목 · 과정	고등학교
세계사	인류의 출현과 문명의 발생 / 동아시아 지역의 역사 / 서아시아 · 인도지역의 역사 / 유럽 아메리카 지역의 역사 / 제국주의와 두 차례 세계 대전 / 현대 세계의 변화
동아시아사	동아시아 역사의 시작 / 동아시아 세계의 성립과 변화 / 동아시아의 사회 변동과 문화 교류 / 동아시아의 근대화 운동과 반제국주의 민족 운동 / 오늘날의 동아시아
사회 · 문화	문화와 일상생활 / 현대의 사회 변동
한국사	전근대 한국사의 이해 / 근대 국민 국가 수립 운동 / 일제 식민지 지배와 민족 운동의 전개 / 대한민국의 발전
진로와 직업	일과 직업 세계의 이해 / 진로 탐색 / 진로 디자인과 준비

미래를 여는 경이로운 직업의 역사

아름다움을 다루는 직업 Ⅰ | 화가 · 조각가 · 사진가

초판 1쇄 발행 2023년 11월 3일
초판 2쇄 발행 2024년 5월 16일

지은이	박민규
펴낸이	박유상
펴낸곳	빈빈책방(주)
편집	배혜진 · 정민주
디자인	기민주
일러스트	김영혜

등록	제2021-000186호
주소	경기도 고양시 덕양구 중앙로 439 서정프라자 401호
전화	031-8073-9773
팩스	031-8073-9774
이메일	binbinbooks@daum.net
페이스북	/binbinbooks
네이버 블로그	/binbinbooks
인스타그램	@binbinbooks

ISBN 979-11-90105-62-0 (44190)

거인들의 비밀

거인들의 비밀

문주영 지음

izi 이지퍼블리싱

저자가 이야기하는 '시크릿'은 2007년 번역 출간된 론다 번(Rhonda Byrne)의 초대형 베스트셀러 『시크릿(The Secret)』 혹은 그 내용을 가리킵니다. 본문에서는 이 단어의 빈도와 의미를 감안해 고유명사로 취급하고 별도의 특수기호 표기를 생략했습니다.

어차피 모든 사람은

걱정과 고민이 많은 인생을 살게 된다.

그렇다면 나는 당신이 큰 문제를 고민하길 바란다.

좋은 문제를 가지고 걱정하길 바란다.

간절한 행동을 통해 좋은 문제, 큰 문제로

걱정하고 고민하길 바란다.

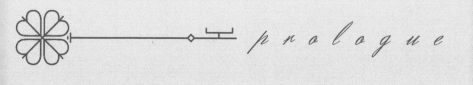

prologue

환상과 희망 뒤에 가려진
진짜 시크릿을 찾아서

"상상은 현실이 된다."

"간절히 원하면 이루어진다."

"생생하게 꿈꾸면 이루어진다."

초대형 베스트셀러 시크릿 하면 떠오르는 대표 문구들이다. 나는 희망적이고 환상적인 저 문구들에 빠져 12년 동안 시크릿을 연구했다. 물론 시크릿의 거인들이 표현하는 방식으로는 내가 원하는 것을 끌어당기는 데 무리가 있었다. 나는 시크릿 내용을 하나씩 하나씩 실제로 삶에 적용하면서 연구했다. 그렇게 12년 동안 개고생하며 드디어 알게 되었다. 시크릿의 거인들이 환상과 희망으로 덮었던 그 비밀, 그러니까 그들이 숨긴 진짜 비밀을 말이다. 그렇게 나는 그들이 말하는 시크릿의 본질을 파악하게 되었고, 그것을 '현실판 시크릿'이라고 이름 붙였다. 왜냐면 '현실에서' 진짜로 끌어당기는 법칙이기 때문이다.

이 책은 당신이 원하는 것을 진짜 이룰 수 있도록 해주는 현실판 시크릿을 전하고 있다. 단언컨대 1초 전까지 당신이 누구였든, 어떤 성격이었든, 무엇을 믿었든 전혀 상관없이 당신은 이제 정말로 원하는 그것을 끌어당길 수 있다. 현실판 시크릿은 그것을 가능하게 한다.

시크릿의 거인들은 말했다. 상상이 현실이 된다고. 나는 어린 시절부터 친구들보다 상상과 더 많이 어울려 놀던 아이였다. 그래서 상상이라면 누구보다 자신이 있었다. 하지만 나의 상상은 현실에서는 이루어지지 않았다. 그럴 때마다 나는 나의 간절함이 충분하지 않아서라고 생각했다. 어느 날은 내가 덜 생생하게 꿈꿔서 그런 거라고 생각했다. 나에게 시크릿을 알려주던 고수들은 긍정과 감사에 관한 것들을 거듭 강조하며 원하는 것을 끌어당길 수 있도록 상상과 간절함, 생생함을 요구했다. 그럴수록 나는 시크릿의 늪에 계속 빠져들 뿐이었다.

수년이 지나 시크릿의 본질인 현실판 시크릿을 알고 난 후, 내가 무언가 부족해서 원하는 것을 끌어당기지 못했던 게 아니었음을 알게 되었다. 원하는 것을 삶에 끌어당기지 못했던 근본적인 이유는 아이러니하게도 내가 너무 열심히 생생하게 상상했기 때문이었다.

그저 열심히 한 것인데 왜 그게 잘못이었을까? 그건 집착이었다. 나는 결국 집착을 끌어당긴 것이다. 정확히 그렇다. 마치 지금 들려줄 이야기와 같다.

토끼와 거북이가 200미터 앞에 있는 파란색 나무까지 달리기 시합을 하기로 했다. 이 토끼는 우리가 알고 있는 동화 속 그 토끼가 아니다. 그러니까 자만하여 나무 밑에서 잠을 자던 토끼와는 달리 성실하고 열심히 하는 토끼다. 그런데 이상하다. 이번에도 역시 달리기가 느린 거북이가 이겼다. 자만하지도 않았는데 이번에는 토끼에게 무엇이 문제였을까?

토끼는 거북이를 이기는 생생한 상상을 완벽하게, 더 완벽하게 하기 위해 계속 상상했던 것이다. 결국 토끼는 상상에 집착해 달리지도 못했다. 자신은 성실한 데다 최선을 다해 열심히 상상했기 때문에 분명 이길 거라고 믿었지만, 뛰지 않는 한 열심히 달리는 상상은 집착일 뿐이었다. 물론 이런 상황이라면 이길 것이라는 믿음 또한 의미가 없다.

시크릿을 처음 공부하던 나는 이 토끼와 같았다. 시크릿의 거인들이 알려준 방식으로 무작정 열심히 상상했다. 그들의 말이 사실인지 아닌지 따질 겨를도 없었다. 논리와 이성이 통하지 않을 만큼 그들이 말하는 '비밀'을 믿었다. 그렇게 시크릿 부류의 고전, 베스트셀러, 스테디셀러를 다독하고, 시크릿을 알려주는 고수들과 강사들에게 강의를 들으며 시크릿을 공부했다. 그 돈만 1,000만 원이 훌쩍 넘는다. 그렇게 수년 동안 시크릿을 연구하던 나는 문득 깨달았다. 내가, 앞서 말한 그 토끼였다는 사실을.

시크릿의 거인들이 전 세계에 공개한 '비밀'은 환상과 희망으로 포장되어 있다. 당신은 아직도 그 환상과 희망 뒤에 가려진 진실을 눈치채지 못했을 것이다. 나는 이 책에서 잘못된 정보로 대중화된 시크릿 내용을 해부해 당신에게 쉽게 알려줄 것이다. 그리고 진짜 끌어당기는 현실판 시크릿, 즉 시크릿의 본질을 설명할 것이다.

이 책은 당신이 무엇을 원하든 그것을 이루어주는 현실판 시크릿을 친절하게 설명한다. 그것도 시크릿을 둘러싼 잘못된 정보의 허물을 벗은 채로 말이다. 이미 설계되어 있는 이 현실판 시크릿을 따르기만 하면 원하는 것을 보다 쉽게 이룰 수 있다. 왜냐면 이것은 법칙이기 때문이다.

법칙의 확고함을 짧게 설명해주겠다. 중력이라는 것을 알고 있을 것이다. 몰라도 상관없다. 그리고 중력이 어떤 식으로 작용하는지 모를 수도 있다. 당신이 중력을 알든 모르든 3층에서 뛰어내리면 1층으로 떨어진다. 왜일까? 법칙이기 때문이다. 현실판 시크릿도 마찬가지다. 작용 원리는 몰라도 된다. 그저 하면 무조건 진행된다. 법칙은 이런 것이다. 원리는 몰라도 적용만 하면 일어나는 것.

시작에 앞서 당부하고 싶다. 지금부터 당신에게 어쩔 수 없이 불편한 진실을 계속 이야기할 것이다. 물론 나도 다른 고수들이나 강사들처럼 달콤한 거짓을 말하고 싶지만, 당신이 지금까지 믿고 있었던 잘못된 정보, 그것으로 대중화된 시크릿의 틀에서 벗어나게 하려면 피할 수 없는 관문이라고 생각한다. 그러니 잔인하게 표현하더라도 이해해주길 바란다. 말했듯이 불편함을 느끼긴 하겠지만, 그 보상으로 당신은 진짜 시크릿을 경험하게 되고, 그 결과 원하는 것을 진짜로 끌어당기게 된다. 이번에야말로 진짜 끌어당긴다는 말이다.

이제부터 잘못된 정보로 대중화된 시크릿의 허물을 벗기고 본질을 알려주도록 하겠다.

_____

_____

_____

_____

_____

_____

_____

_____

_____

_____

_____

_____

_____

_____

_____

_____

_____

_____

_____

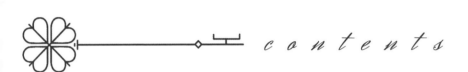

contents

3장 │ 진짜 시크릿으로 설계된 성공 법칙

4장 │ 성공을 초월하는 시크릿 거인들의 비결

5장 | 개미보다 잘할 수 있으면 그냥 하라

6장 | 시작하지 못하는 사람에게 필요한 시크릿 마인드

에필로그

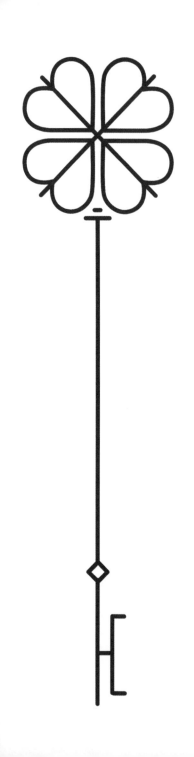

SECRET

해

1장 상상과 간절함만으로는 부족하다

시크릿 내용의 대부분은 다소 영적인 표현으로 이루어져 있다. 그것을 부정하면 마치 무슨 일이라도 생길 것 같은 미신에 사로잡혀버린다. 그렇게 시크릿의 거인들은 당신에게 그리고 나에게 뭔지모를 환상을 심어주었다. 그러고는 이내 전 세계적으로 잘못된 시크릿 정보가 대중화되었다. 영적인 부분이 강조되고, 행동을 빼먹은 뒤에, 상상을 앞세운 시크릿으로 말이다.

내가 시크릿을 적용하지 못했던 결정적 이유

딱 12년이 되었다. 내가 시크릿을 알게 되어 공부한 시간 말이다.

"상상은 현실이 된다."

시크릿을 대표하는 이 문구는 시크릿을 처음 알게 된 20대 초반의 나에게 상상의 중요성을 가르쳐주었다. 그 중요성으로 인해 나는 수년 동안 시크릿을 공부하고 연구하게 되었다. 그러면서 시크릿을 적용하기 위해서 늘 상상했다. 그런데 어째서였을까? 이루어지지 않았다. 그럴수록 더욱 시크릿을 공부하며 매달렸다. 시간이 갈수록 흥미로웠던 처음과 달리 점점 시크릿에 집착하는 사람이 되어가고 있었다.

혹시 믿음이 부족한 걸까? 아니면 간절함이 부족한 걸까? 그것도 아니면 의지가 부족한 걸까? 이도 저도 아니면 이 모든 게 부족한 걸까? 공부를 하면 할수록 뭔가 알 것 같았지만 여전히 삶에 적용되지는 않았다. 답답했고 점점 시크릿을 의심하는 마음만 생겨났다.

나는 이성적으로는 설명할 수 없을 정도로 시크릿을 믿고 싶었다. 공부의 범위를 확장했다. 잠재의식, 끌어당김의 법칙, 성공학, 마인드, 멘탈, 무의식, 마음공부, 차크라, 명상, 확언, 자기암시, 자기계발, 메모, 미니멀리즘 등 많은 분야에 관심을 가지고 어슬렁거렸다. 시크릿과 관련된 책이라면 고전부터 현대 서적까지 찾아 읽었다. 영감을 많이 주는 책은 몇 번씩 다시 읽기도 하며 공부와 연구를 지속해 나갔다. 그러면서 시크릿 거인들의 책도 수차례 읽었고, 시크릿 책은 서른 번도 넘게 읽었다. 관련 영상도 있는데 이것은 잠들었을 때까지를 포함하면 100번은 보고 들었을 것이다.

이처럼 많은 정성과 노력을 기울였는데도 불구하고 내 삶은 전혀 변하지 않았다. 오랜 시간 동안 시크릿이 삶에 적용되지 않자 나는 그 모든 것의 본질을 연구하기 시작했다. 그렇게 한참을 방황하다가 수년이 지난 후 아주 사소한 일에서 예상치 못하게 진짜 시크릿을 찾았다.

나의 사랑하는 아들이 네 살이었을 때다. 아이가 안방에 누워서는 거실에 있는 장난감 자동차를 갖다달라고 나에게 말했다. 나는 스스로 가져오도록 아이를 유도했다. 그때 이어진 아이의 말이 바로 내가 그때껏 믿고 있던 '시크릿'이었다.

"아빠, 나 장난감 갖고 놀고 싶어. 그 장난감만 있으면 정말 행복할 거야. 정말 원한단 말이야. 갖고 놀고 싶어요. 가져다주세요. 나는 지금 다리가 아파서 못 움직이겠어요."

아이는 꼼짝하지 않고 침대에 누운 채, 저절로 자신의 손에 장난감이 쥐어지길 간절히 원했다. 그동안 내가 원하는 것을 바라던 방식이었다. 그리고 시크릿을 대하던 방식이었다. 내가 유도한 끝에 아들은 직접 움직여 장난감을 가지고 왔고 원하는 장난감과 정말 즐겁게 놀았다.

"상상은 현실이 된다", "간절히 원하면 이루어진다"라고 알고 시크릿을 10년 넘게 공부하고 연구한 나는 확신하게 되었다. "상상이 아니라 행동이 현실이 된다"라는 것을. 정말로 간절히 원한다면 행동해야 한다. 그래야만 원하는 것이 이루어진다.

나는 시크릿, 자기계발, 끌어당김의 법칙, 명상, 확언, 자기암시 등에 대한 강의와 책에 대충 어림잡아도 1,000만 원이 훌쩍 넘는 돈을 쓰고 메모하고 정리하며 공부하고 연구해왔으니 믿어도 좋다. 그리고 이는 어느 분야의 전문가이건 부정할 수 없는 진리이니 믿어야만 한다.

당신이 시크릿에 관심이 있다면 알 만한 유명한 이야기가 있다. 어떤 사람이 신에게 로또 1등이 되게 해달라며 반복적이고 끈기 있게 기도를 하고 상상했다고 한다. 그럼에도 불구하고 신은 오랜 시간 그의 기도를 들어주지 않았다. 그는 포기하지 않고 간절한 마음으로 로또 1등이 되는 상상을 하며 계속 기도했다. 안타까운 마음에 신이 그의 꿈에 나타나 말씀하셨다.

"아들아, 제발 로또를 사고 말을 하여라."

어떤가? 상상하고 끈기를 발휘하고 간절히 원하면 이루어진다는 이야기처럼 들리는가? 당연히 아닐 것이다. 로또를 사는 행동을 하지 않고서는 절대로 로또 1등이라는 결과는 나타나지 않는다. 아니, 나타날 수가 없다.

이해를 돕기 위해 좀 더 극단적인 이야기를 하나 만들어 봤다. 당신은 배가 아파서 큰일을 해결하고 싶다. 그래서 당신은 상상을 한다. 화장실에서 볼일을 해결하고 너무 편안한 상태를 말이다. 하지만 당신도 예상하듯이 이 상상은 현실이 될 수 없다. 좀 극단적인 예를 들긴 했지만 이때 당신이 원하는 결과를 얻기 위해서는 화장실에 가서 변기에 앉아 볼일을 봐야 한다. 맞다. 행동이 현실이 된다.

아들은 나보다 현명했다. 나는 어린 아들에게서 시크릿을 처음 확인했다. 아들은 자신이 원하는 것을 얻기 위해 직접 몸을 움직여 행동했다. 그리고 원하는 것을 손에 쥐고 재미있게 놀았다. 이 단순한 진리를 알아내기 위해 지금까지 수년 동안 나는 무엇을 공부했던 것일까? 무엇을 믿었던 것일까?

아들의 장난감 사건(?)이 있던 그날, 드디어 나는 내가 원하던 것을 내 삶에 끌어당기지 못하는 이유를 알았다. 나는 로또를 원하기만 했던 사람과 같았다. 그리고 볼일을 보는 상상만 하던 사람과 같았다. 원했고, 상상했고, 끈기를 보였지만, 행동이 없었다. 다시 한번 강조한다. 간절히 원한다고 해서 이루어지지는 않는다. 정말 간절히 원한다면 행동으로 증명해야 한다.

다음 글에서부터 성공 공식에 대해 설명하겠지만, 앞서 이야기한 방식으로는 성공 공식이 적용되지 않는다. 즉 아무리 상상하고 간절히 원한다고 해도, 행동이 없으면 원하는 것을 얻을 수 없다. 로또 1등을 상상했지만, 로또를 사지 않는 것처럼 말이다. 볼일을 보고 복통을 없애고 싶었지만, 화장실에 가지 않는 것처럼 말이다. 이 점을 알고 난 후 내 삶에 일어나는 모든 것 중에서 공부가 아닌 것이 없었다.

성장형 사고를 하지 않는 사람이라면 지금쯤 이런 말을 할 수도 있을 것이다.

"행동이 현실이 된다고? 그런데 상상이 행동을 만드는 거야. 그러니까 상상이 현실이 되는 게 맞지."

성장형 사고를 하지 않는 사람이라고 지적했지만, 사실 과거 나의 모습이다. 이렇게 생각하는 사람이라면 이 책을 꼭 끝까지 읽어봐야 할 것이다. 왜냐고? 상상이 아니라 행동이 현실이 된다는 것을 확실하게 입증할 것이기 때문이다.

내가 지금부터 할 이야기들은 당신을 설득하지 않을 것

이다. 이 책의 목적은 진짜 시크릿을 전달하는 것뿐이다. 당신이 원하는 것을 진짜 끌어당길 수 있도록 현실판 시크릿을 알려주는 것뿐이다. 설득하지 않는 가장 큰 이유가 뭐냐고? 진리를 어떻게 설득한다는 말인가. 마치 1 + 1 = 2라는 사실을 설득해야 하는 것과 같다. 그저 1 + 1 = 2일뿐이다. 이 공식이 작동하는 방식에는 설득이 필요하지 않다. 내가 말하는 현실판 시크릿도 마찬가지다. 나는 이 책에서 진짜 끌어당기는 방법을 말할 것이다. 그리고 그 방법을 실행한다면 무조건 끌어당길 수 있을 것이다. 설득은 필요하지 않다.

앞으로 이 책에서는 당신이 원하는 것이 무엇이든 그것을 끌어당길 수 있도록 시크릿으로 설계된 방식을 이야기할 것이다. 또한 시크릿의 진짜 답을 계속해서 전해줄 것이다. 더불어 당신이 진짜로 시크릿을 적용하는 방법까지 말이다.

지금부터 본격적으로, 시크릿의 거인들이 말하지 않은 진짜 비밀, 그 모든 원리를 풀어보고자 한다. 그러기 위해서는 이번 글에서 이야기한 것을 먼저 인지하고 시작하자. 상상이 아니라 행동이 현실이 된다.

시크릿의 거인들이 숨긴 진짜 비밀

간절하게 원하고 상상한다고 해서
이루어질 거라 생각한다면 착각이다.
행동이 현실이 된다.
간절함이나 상상이 아니라.

더하기 이론:
'쉽게 돈 버는 방법'의 진실

인간은 발전하는 것을 좋아하는 진화적 특징이 있다. 생존에 대한 여러 가지 욕망도 있다. 그래서 아주 오랜 과거부터 오늘날까지 인류는 계속해서 진화해왔다.

자본주의와 함께 살아가는 지금의 우리 시대는 쉽게 돈을 벌게 해준다는 콘텐츠나 교육이 인기다. 그래서 관련 분야의 전문가들은 당신으로부터 돈을 받아서 부자가 된다. 이쪽 세계를 어느 정도 알고 있는 나도 그들의 마케팅 능력과 기획력에 빠져들지 않기란 쉽지 않다. 자본주의 사회에서 살아가는 한 그들을 비판하고 싶진 않다. 물론 나는 그럴 자격도 없다. 하지만 당신도 알기는 해야 한다. 그들이 홍보하고 있는 성공의 모호함이 아니라 성공의 명확한 본질을 말이다. 그리고 나는 그것을 알릴 자격은 있다.

그렇다면 그들의 말대로 정말 쉽게 돈을 벌 수 있을까? 이 물음에 다행스럽게도 나는 당신에게 명확하게 답해줄 수 있다. 더하기 이론으로 말이다. 이 이론은 쉽게 돈을 벌 수 있는가에 대한 답인 동시에 모든 성공의 공식이니, 알게 된다면 그야말로 로또나 다름없다. 더하기 이론을 알고 나면 새로운 시각으로 세상을 바라보게 될 것이다.

몇 번을 해도 바뀌지 않고 같은 결과가 나오는 것. 이런 것이 공식이다. 1 + 1 = 2처럼 말이다. 1 + 1 = 10. 이건 불가능하다. 공식에 어긋난다.

당신은 쉽게 돈 버는 법, 경제적 자유를 얻는 법 같은 것을 원하고 있지만, 그런 건 원한다고 되는 게 아니다. 그리고 상상한다고 되는 것도 아니다. 원하고 상상하는 것은 공식의 일부일 뿐, 완성된 공식이 아니다. 당신은 1 + 1 = 10이라는 불가능을 바라며 믿고 싶어 한다. 하지만 그런 일은 공식에 따르면 절대 이루어질 수 없다.

당신이 무엇을 원하든 이룰 수 있는 성공 공식은 이렇다.

$$1(현실) + 1(노력) = 2(결과)$$

이것은 무조건 적용된다. 공식이기 때문이다. 하지만 지금까지 당신 삶에 나타나길 바랐던 공식은 다음과 같다.

$$1(현실) + 1(노력) = 10(결과)$$

이 역시 어긋나는 공식이므로 절대 나타날 수 없다. 만약 10이라는 결과를 원한다면 공식을 정확하게 적용해야 한다.

$$1(현실) + 9(노력) = 10(결과)$$

이것은 나타날 수밖에 없다. 공식이기 때문이다. 당신이 '월소득 1,000만 원', '쉽게 돈 버는 법', '경제적 자유'라는 키워드에 열광하는 이유는 그런 말을 하는 사람들이 1 + 1 = 10이라는 마치 기적 같은 결과를 이야기하기 때문이다. 당신이 공식에 어긋난 그 마법 같은 결과를 원하는 것은 이해한다. 하지만 더하기 공식이 명확하게 보여주고 있듯이, 공식이 정확하게 적용되지 않는다면 마법은 일어나지 않는다. 마법 같은 답은 결국 당신이 하는 노력의 양이 결정하는 것이다.

여기서 "뭐야, 결국 노력을 해야 한다는 거야? 지금이 어떤 세상인데 노력 같은 진부한 이야기를 하는 거야?"라고 말하고 싶다면, 잠시만! 일론 머스크는 왜 일주일에 100시간을 일할까? 돈 버는 것이 쉽고 경제적 자유라는 게 그렇게 쉬운 일이라면 일론 머스크는 왜 그토록 주 100시간 일할 것을 강조할까? 사실 일론 머스크는 굳이 그렇게 일하지 않아도 돈을 버는 것에는 문제가 없는 인물이다. 그런데 왜 그토록 진부한 노력이라는 것에 목을 매고 있는 것일까? 그는 더하기 공식을 확실하게 알고 있기 때문이다.

그렇다면 사람들은 왜 '간단하다', '쉽다'와 같은 말로 당신에게 희망을 줄까? 당신은 왜 간단하고 쉽게 성공하지 못할까? 이유는 간단하다. 당신은 어려운 것, 복잡한 것을 싫어하기 때문이다. 너무 자책하지 않아도 된다. 인간이라 그런 거다. 그들이 '노력해야 한다'는 진실을 말하면 사람들은 떠나간다. 그러니 그들은 당신을 떠나보낼 불편한 진실을 말할 바에야, 당신을 붙잡을 수 있는 달콤한 거짓을 말해야 하는 것이다. 왜? 그래야 돈이 되니까. 그것 봐라. 그들도 당신을 잡아두기 위해 그렇게 노력하고 있다. 더하기 공식을 적용 중인 것이다. 노력이 필요 없다던 그들은 사실 많은 노력을 하고 있는 셈이다.

그런 점에서 나는 실패했다고 볼 수 있다. 나도 그들과 마찬가지로 당신의 성공은 전혀 신경 쓰지 않고 나의 인기와 수익만을 원한다면, 당신을 떠나보낼 이런 불편한 진실은 이야기하지 않는 것이 이 세계의 공식이기 때문이다. 나는 지금 그들을 비판하는 것이 아니다. 앞서 말했듯이 나는 그들을 비판할 자격이 없다. 하지만 당신에게 진실을 알릴 자격은 있기 때문에 자격에 맞는 행동을 하는 것뿐이다.

재미있는 이야기 하나 만들어보겠다. 살도 빠지고 동시에 근육이 붙는 몸짱이 되는 약을 팔 계획인데, 살 생각이 있는가? 이 약은 새끼손톱 절반만 한 작은 크기로 하루에 한 번 원하는 시간에 먹으면 된다. 이제 약의 복용법에 대해 알려줄 텐데 이게 가장 중요하다. 매일 이 약을 한 알 먹고, 집중해서 20킬로미터를 뛰고, 2시간 동안 근력운동을 하기.

몸짱을 100퍼센트 보장하는 이 약, 사겠는가? 당신이 이 약을 먹고 설명서에 따라 행동을 했다. 그리고 몸짱이 되었다. 당신이 몸짱이 된 이유는 약 때문인가? 약이 없어도 당신은 몸짱이 되었을 것이다. 당신의 노력이 만들어낸 결과일 뿐이니까.

멍청할 만큼 당연한 이야기를 했지만, 사실 이것은 더하기 공식에 관한 이야기다.

현실 + 노력 = 결과

알겠지만 몸짱이라는 성공적인 결과는 약하고는 별개의 일이다. 일상에서 벌어지는 수많은 소비 형태는 이런 식으로 시스템화되어 있다. 단지 현실에서 당신이 눈치채지 못할 뿐이다.

이런 '만능 약처럼 느껴지는 '쉽게 돈 버는 법' 같은 것들은 환상으로 가득해서 모호한 것이 사실이다. 약과는 상관없이 약 설명서에 따라 노력한 결과로 몸짱이 되는 것처럼, 쉽게 돈을 번다는 그 방법을 행하는 데는 엄청난 노력이 필요하다는 것을 인지해야 할 것이다. 일론 머스크처럼 대단한 인물도 주 100시간 일한다는 사실을 기억하자.

월 1,000만 원을 벌고 싶은가? 그렇다면 더하기 이론에 따라 확실한 방법을 알려주겠다. 월 1억을 벌 만큼의 노력을 만들어라. 월 1,000만 원은 우습게 벌 수 있다. 너무 당연한 소리 같은가? 그렇다면 다행이다. 당신이 성공 공식인 더하기 이론을 이해하고 있다는 의미다. 일론 머스크를 떠올려라. 그가 성과를 내는 방식이기도 하니까.

지금까지의 이야기가 이렇다면, 쉽다고 말하는 사람들이 전하는 방식의 본질은 노력 없이는 불가능하다는 결론에 도달한다. 당신이 몸짱이 되고 싶은데 당신을 대신해 내가 헬스장에 가서 3시간씩 운동을 한다고 해도, 당신은 절대 몸짱이 될 수 없다. 무언가를 원한다면 그것에 맞는 노력이 드는 것은 공식이다.

혹시 당신이 시크릿, 끌어당김의 법칙에 집착하고 있는 단계라면, 지금쯤 이 책을 읽으며 '시크릿에 대한 이야기는 언제 나오나' 하고 불만을 토로하고 있을 수 있다. 그렇다면 당신은 운이 엄청나게 좋은 사람이다. 이 책 덕분에 시크릿의 집착에서 수년은 일찍 벗어날 수 있을 테니까 말이다. 이 책 어디에서나 진짜 끌어당기는 시크릿, 현실판 시크릿을 빼먹지 않고 계속 이야기할 것이다. 더하기 이론 역시 시크릿의 핵심 중 한 부분이다. 앞으로도 시크릿의 거인들이 숨긴 진짜 비밀을 계속해서 들춰낼 것이다. 나는 그럴 자격이 있고, 당신도 이것을 알 자격이 있다.

성공 공식 1단계인 더하기 이론을 익히고 행동한다면, 아주 혁신적인 일이 발생한다. 그건 바로 뒤에서 이야기할 곱하기 이론이다. 진짜 끌어당기는 시크릿, 현실판 시크릿을 알고 싶다면 멈추지 말고 따라오길 바란다. 믿음과 설득은 필요 없다. 진리는 설득이 필요 없다고 했다.

시크릿의 거인들이 숨긴 진짜 비밀

더하기 공식이 정확히 직용되지 않으면
인생에 마법은 일어나지 않는다.
마법 같은 답은
결국 '노력'의 양이 결정한다.

곱하기 이론:
행동이 0일 때 벌어지는 일

더하기 공식을 보고 온 당신의 심정을 이해한다. 달콤한 거짓이 아닌 불편한 진실을 아직도 받아들이기 쉽진 않을 것이다. 하지만 당신이 듣고 싶은 이야기를 해줄 수가 없다. 나는 그저 진실을 말할 뿐이고 진리를 드러낼 뿐이다. 그래도 조금은 다행이라는 생각이 든다. 이번에 이야기할 곱하기 이론은 조금은 판타지한 면이 있기 때문이다. 물론 노력은 필수지만 그래도 판타지한 성과를 낼 수 있다는 점에서 당신이 원하는 경제적 자유에 다가가는 보다 빠른 길이 될 것이다. 무엇보다 이것은 시크릿에서 강조하는 것이기도 하다.

요즘은 생각이 돈이 되는 세상이라고 표현하는 사람들이 있다. 그렇다면 당신이 사는 세상도 그들이 말한 것처럼 생각이 돈이 되는 세상인가? 혹시 그들과 당신이 사는 세상이 다르진 않은가? 그만큼 지금 세상은 계속해서 누군가의 생각으로 혁신적인 확장이 일어나고 있다. 당신의 생각도 돈이 되려면 어떻게 해야 할까? 입 아프고 진부한 표현 같지만, 당신이 끝내 하지 않고 있으니 이야기할 수밖에 없다. 생각이 돈이 되려면 자기 생각을 행동으로 옮겨야 한다.

이 점을 확실하게 정리해줄 성공 공식, 곱하기 이론을 소개한다. 곱하기 이론의 공식은 이렇다.

$$생각 \times 행동 = 결과$$
$$100(생각) \times 0(행동) = 0(결과)$$
$$20(생각) \times 0(행동) = 0(결과)$$

생각이나 열정이 아무리 넘쳐나도 행동이 없다면, 이 공식에 따라 결과물은 절대 만들어지지 않는다. 반면에 행동이 포함되면 결과물은 공식에 따라 이렇게 달라진다.

$$2(생각) \times 1(행동) = 2(결과)$$

$$20(생각) \times 1(행동) = 20(결과)$$

행동이 중요한 또 다른 이유는 행동이 더 큰 아이디어와 열정을 만들어낸다는 점에 있다. 열정은 만들어지지 않는다. 열정은 만드는 것이다. 무엇으로? 행동으로.

아주 좋은 예가 있다. 바로 유튜브다. 곱하기 이론으로 유튜브의 성공을 설명할 수 있다. 유튜버는 아이디어를 가지고 콘텐츠를 영상으로 만든다. 만들었다는 것은 행동했다는 의미다. 그리고 만들어진 영상은 전 세계 누구라도 시청이 가능하다. 78억 명이 확인할 수 있는 영상이라는 뜻이다. 곱하기 이론은 기하급수적인 결과를 낼 수 있는 특수한 이론이다.

곱하기 이론을 이해하고 앞으로 잘 활용할 수 있는 사람이라면, 비단 유튜브만 이런 효과를 내는 수단이 아니라는 것을 눈치챌 수 있을 것이다. 어느 유명 유튜버가 언급하지 않았던가. 지금이 돈 벌기 가장 쉬운 시대라고 말이다. 그 말은 사실이다. 인터넷이 발달하고 인터넷으로 모든 것을 할 수 있는 체계가 잡힌 지금 시대에는 말 그대로 어느 때보다 곱하기 이론을 적용하기에 알맞은 시기다. 하지만 오해 없길 바란다. 빠르게 이룰 수는 있어도 쉽게 이룰 수는 없다. 쉽다는 의미와 빠르다는 의미는 별개다. 책의 중반부에서 이 내용을 더욱 구체적으로 설명할 것이다. 지금은 이 정도만 인지하면 충분하다.

당신이 지금 만족하지 못하고 방황하고 있다면, 행동이 부족하다는 신호다. 그러니까 경제적 자유를 원하고 있더라도, 그렇게 되지 않는다고 불평할 것이 아니라 경제적 자유를 만들어줄 행동을 해야 한다는 말이다. 행동하기 두려워서, 창피해서, 남의 시선이 신경 쓰여서 등등의 문제로 행동을 하기 싫다면, 아무리 멋진 아이디어가 있어도 곱하기 이론에 따라 결과는 나오지 않는다.

나는 곱하기 이론을 말할 때 못과 망치로 비유한다. 생각이나 아이디어는 못과 같고, 행동은 망치와 같다는 것인데, 당신도 아마 못을 쉽게 박으려고 망치를 사용할 것이다. 생각이라는 못을 망치라는 행동으로 박아야만 못의 존재 이유가 생긴다. 그제야 못은 어딘가에 쓰일 수 있게 되는 것이다. 무언가를 새롭게 창조하기도 한다. 무언가를 고정하고, 더욱 견고하게 하고, 어떤 것을 걸 수 있는 등 엄청난 혁신을 가져올 수 있다. 이처럼 망치를 가지고 못을 잘 활용할 수 있어야 못이 여러 가지 효과를 낼 수 있듯이, 행동을 통해 생각을 잘 활용할 수 있어야 생각도 효과를 낼 수 있다.

한 가지 쓴소리를 추가하자면, 지금의 세상은 당신이 생각하고 알고 있는 어떤 것에도 관심이 없다. 그저 나타난 결과에만 관심을 가진다. 가령 당신에게 못으로 화성행 로켓을 만들 수 있는 아이디어가 있다고 해도, 당신이 망치를 이용해 못을 사용하지 않는 한, 즉 행동하지 않는 한 당신의 혁신적인 아이디어는 결과를 만들어낼 수 없고, 그렇다면 관심도 받지 못할 것이다.

곱하기 이론도 역시 시크릿에 관한 이야기다. 하지만 당신은 느끼지 못할 수 있다. 시크릿은 이렇게 표현하지 않으니까 말이다. 안타깝지만 시크릿의 표현으로는 절대 당신이 원하는 것을 끌어당길 수 없다. 지금까지 알고 있던 대중화된 시크릿은 진리를 모호하게 표현한 방식에 불과하다.

그렇다면 왜 그런지 짧게 이야기해보겠다. 사실은 "상상은 현실이 된다"라는 말은 많은 것이 함축되어 있는 문구다. 올바르게 해부하면 이 문구는 맞는 말일 수 있다. 하지만 지금까지 당신이 이해하는 문구 그대로의 해석으로는 맞지 않다. 맞지 않다고 또는 안타깝다고 지적하는 이유는 시크릿의 문구가 매우 모호하게 표현되고 있기 때문이다. 더 구체적이고 명확하게 표현할 수 있었지만, 그들은 사람들의 심리를 이용해서 모호하고 함축적인 표현을 의도적으로 사용했다. 이제부터 그 함축적 의미를 올바르게 해부해보겠다. 하지만 이번에도 당신은 이 불편한 진실을 부정하고 싶을 것이다. 그러면 나는 또 말할 것이다. 진리는 설득할 필요가 없다고 말이다.

상상은 행동을 만든다. 그리고 행동은 결과를 만든다. 결과는 현실에 나타난다. 이 간단한 내용이 "상상은 현실이 된다"라는 문구를 해부한 것의 전부다. 그렇다면 시크릿에서는 행동을 더욱 강조했어야 했다. 충분히 행동을 더욱 강조할 수 있었다. 당신에게 명확한 메시지를 줄 수 있었다. 세상에 잘못된 시크릿이 대중화되는 것을 막을 수 있었다. 그런데 시크릿의 거인들은 그렇게 하지 않았다. 그들의 진짜 의도는 무엇일까?

시크릿 내용의 대부분은 다소 영적인 표현으로 이루어져 있다. 그것을 부정하면 마치 무슨 일이라도 생길 것 같은 미신에 사로잡혀버린다. 그렇게 그들은 당신에게 그리고 나에게 뭔지 모를 환상을 심어주었다. 그러고는 이내 전 세계적으로 잘못된 시크릿 정보가 대중화되었다. 영적인 부분이 강조되고, 행동을 빼먹은 뒤에, 상상을 앞세운 시크릿으로 말이다.

어떤 이들에게 시크릿은 꼭 하나의 종교와 같은 개념이기도 하다. 이 또한 그들의 의도였을까? 종교화된 시크릿은 종교 덕분에 영적인 부분이 더욱 강화되기도 했다. 또 오해하기 쉬운 이야기들을 했다. 종교를 비난하는 것이 아니라 종교의 힘을 시크릿이 사용하려고 했다는 것을 말하고 싶은 것이다. 어쨌든 아무리 상상을 잘한다고 하더라도, 행동 없이 결과는 절대 나올 수 없다는 점을 강조하고 싶다. 즉 행동이 없이는 원하는 모든 것은 이루어질 수 없다. 아무리 강한 영적인 수행이 있더라도 마찬가지다.

이제 그들을 똑바로 바라보자. 그들은 영적인 수련으로 자신이 원하는 모든 것을 끌어당기고 성공한 것이 아니다. 그들이 성공한 이유는 당신 때문이다. 그리고 그들은 상상이 아니라 행동으로 당신을 끌어당기고 있다.

앞서 말한 못과 망치를 기억하자. 당신은 못을 어떻게 사용할 것인가? 창고에 보관할 것인가, 어떤 것을 창조할 것인가, 아니면 어떤 것을 견고하게 할 것인가? 정말로 로켓을 만들 것인가? 운이 좋게도 당신은 이미 못과 망치를 가지고 있다. 그러니 어떤 핑계도 허용될 수 없다.

시크릿의 거인들이 숨긴 진짜 비밀

행동하기 두려워서,

남의 시선이 신경 쓰여서

등등의 문제로 행동을 하지 않는다면

아무리 멋진 아이디어가 있어도

곱하기 이론에 따라

결과는 나오지 않는다.

간절함에 대한 오해: 4가지 행동 패턴 알기

앞서 나는 과거에 시크릿이 삶에 적용되지 않아 시크릿에 빠져 공부하고 연구했다고 했다. 그때 '내가 간절함이 부족한 건가?' 하는 스스로의 의문에 답하기 위해 간절함이라는 것에 많은 관심을 가졌다. 좋게 말해 관심이지 사실 집착이었다. 시크릿의 거인들과 다양한 분야의 성공한 고수들은 말한다.

"간절히 원하면 이루어진다."

그렇다면 간절함이란 무엇일까? 잠이 안 올 정도로 돈을 벌고 싶은 마음이 간절함인가? 이걸 팔지 않고는 집에 돌아가지 않겠다는 결심이 간절함인가? 어떤 것을 꼭 성공시키겠다는 다짐이 간절함인가? 그것도 아니면 돈이 없어 부모님 치료비를 대지 못하기 때문에 그 상황을 벗어나기 위해 성공해야만 하는 환경 조건이 간절함인가? 이 모든 상황이 간절함을 표현하는 하나의 명분이 될지는 모르겠다. 하지만 시크릿의 거인들이, 그리고 각 분야의 고수들이 말하는 간절함은 아니라는 건 확실히 말할 수 있다.

진짜 시크릿에서 말하는 '간절히 원하면 이루어진다'는 의미는 이렇다. 정말 간절하다면 입으로 떠들지 말고, 결단이나 다짐 같은 순간적인 감정 대신 오로지 행동으로써 결과를 만드는 것. 즉 간절히 원한다면 그것에 맞는 행동을 하는 것이다.

이 점을 인지했다면, 4가지 행동 패턴에 대해 설명하겠다. 시크릿에 있어서 매우 중요한 부분이다.

1. 잘된 행동: 문제가 있고, 해결을 함

2. 잘못된 행동: 문제가 있고, 해결을 하지 못함

3. 행동 없음: 답이 없음

4. 간절한 행동: 결과를 초월한 새로운 문제가 생김

문제는 그 자체로 문제가 되지 않지만, 해결하려는 자세가 없으면 문제는 늘 문제가 된다. 당신은 문제 자체를 원하지 않지만, 문제는 언제나 생기게 되어 있다. 그러니 당신은 좋은 문제, 큰 문제를 고민할 수 있도록 간절한 행동을 함으로써, 문제를 먼저 만들어버리는 전략을 계획하는 게 낫다.

4번의 간절한 행동을 할 경우 결과를 초월한 새로운 문제가 생긴다고 했다. 이게 무슨 말일까? 이해를 돕기 위해 이야기를 하나 전한다.

A라는 장소에서 오후 2시에 3명의 사람을 컨설팅하기로 했다고 하자. 이때 컨설팅할 3명의 사람에 대해 걱정하는 것은 간절한 행동을 하는 것이 아니다. 정말로 간절한 행동을 한다면 A와 B라는 장소에서 오후 2시에 각각 3명씩의 사람을 컨설팅하기로 약속이 되어 있어야 한다. 그렇다면 같은 시간(오후 2시)에, 서로 다른 장소(A, B)의 약속을 어떻게 지켜낼 것인가라는, 결과(성공적인 컨설팅)를 초월한 문제가 생겨난다. 이 정도는 되어야 간절한 것이다.

즉 너무 많은 행동을 해서 결과를 뛰어넘는 새로운 문제가 생길 정도가 되어야 한다는 말이다. 이것이 간절함의 증거다. 행동한 후에 새로운 어려움을 마주하지 않았다는 것은 간절히 노력하지 않았다는 것이다. 기억하라. 많은 행동을 해서 실패하는 경우는 없다. 하지만 적은 행동은 반드시 실패를 낳는다.

그러니까 시크릿의 거인들과 다양한 분야에서 성공한 고수들이 말하는 '간절히 원하면 이루어진다'는 말은 간절함에 어울리는 행동을 해야 한다는 의미다. 앞선 이야기는 이해를 돕기 위한 예일 뿐이다. 당연히 약속은 신뢰이고 신뢰는 생명이다.

4가지 행동 패턴 중에서 4번의 간절한 행동을 꼭 기억하라. 간절한 행동을 했다면 결과를 초월한 새로운 문제가 생긴다. 그러므로 당신이 고민하게 될 새로운 문제는 과정의 단계가 아니다. 그 과정을 넘어서 결과까지도 초월한 그다음의 문제들을 처리하는 단계다. 만약 당신이 행동을 했는데 결과를 초월한 새로운 문제가 없다면 간절하게 노력한 건 아니라는 뜻이기도 하다.

어느 때부터인가 부자들이 일찍 일어나서 하루를 장악하는 습관을 들이는 것이 강조된 적이 있었다. 그리고 누군가는 이를 '미라클 모닝'이라고 불렀고, 많은 부자들이나 영향력 있는 사람들의 공통점으로 더욱 강조되며 좋아 보이던 이 개념은 우리나라에서도 엄청난 인기를 얻었다. 그래서 성공을 하고 싶은 당신도 일찍 일어나 자기계발을 하며 하루를 장악한다면서 독서를 하고, 운동을 하고, 명상을 하고, 식단 조절을 하는 등의 노력을 해보았거나, 나도 한번 해볼까 하고 생각한 적이 있을 것이다.

그 결과 진짜 미라클하게도 날이 갈수록 피곤해지는 경험도 했을 것이다. 그들처럼 당신도 이른 시간에 기상하여 자기계발을 하며 하루를 계획했는데 왜 부자들은 그런 습관들로 인생이 바뀌었고 당신은 바뀌지 않았을까? 도대체 왜일까? 정답을 말하자면 이렇다. 당신이 지금까지 자기계발을 한다고 시도한 것들은 일찍 일어나지 않아도 할 수 있는 것들이었다. 그러니까 잠을 충분히 자고도 할 수 있는 것을 굳이 일찍 일어나서 미라클 모닝이라고 하며 실행하니까 인생이 바뀌지 않는 것이다.

간절함을 이야기하다가 갑자기 웬 미라클 모닝이냐며 의문을 제기할지도 모르겠다. 하지만 지금 이 시점에서 미라클 모닝을 언급하는 것은 매우 타당하다. 왜냐면 정말로 궁금하기 때문이다. 간절하다고 말하는 사람들이 미라클 모닝을 하지 않고도 할 수 있는 것들을 미라클 모닝이라면서 하고 있으니 말이다. 당신의 미라클 모닝은 간절함과는 상관이 없다. 그런데 당신은 간절하다면서 미라클 모닝을 실천한다. 이것이야말로 정말 미라클한 사실이 아닐 수 없다. 정말로 간절하다면 4번의 간절한 행동을 했을 것이다. 그리고 지금 미라클 모닝이 내 삶에 변화를 주네 마네와 같은 문제로 고민하고 있지 않을 것이다. 다른 좋은 문제들로 이미 골치가 아플 테니까.

간절한 행동을 했다면, 간절한 행동 때문에 사람들이 당신을 더 많이 찾아올 것이다. 그 결과 당신은 더 많이 일을 하게 될 것이고, 그 덕분에 세금도 더 내게 될 것이다. 또 불만을 가진 고객들도 더 많아질 것이다. 그런데 사람들은 이런 것을 걱정하고 싫어한다. 하지만 다시 한번 자세히 들여다보자. 당신이 조금이라도 논리적인 사고를 할 수 있다면, 아니 논리적이라는 거창한 말을 사용하지 않고도 적어도 다섯 살 수준의 이해력을 가졌다면 정확히 알 수 있다. 앞서 이야기한 문제들은 모두 좋은 일이다. 행동이 효율적이라는 증거이고, 노력이 효과적이라는 증거다. 그 결과로 고객이 많다는 소리다. 이처럼 간절한 행동은 새로운 문제를 낳는다.

어차피 모든 사람은 걱정과 고민이 많은 인생을 살게 된다. 그렇다면 나는 당신이 큰 문제를 고민하길 바란다. 좋은 문제를 가지고 걱정하길 바란다. 그리고 이상적인 걱정과 고민을 만들 수 있는 시스템은 이미 알려주었다. 하지만 살짝 의심할 수 있으니 다시 한번 강조하겠다. 간절한 행동을 통해 좋은 문제, 큰 문제로 걱정하고 고민하도록 해야 한다.

시크릿의 거인들이 숨긴 진짜 비밀

진짜 간절하다면,

너무 많은 행동을 해서

결과를 뛰어넘는

새로운 문제가 생길 정도여야 한다.

행동을 했는데

새로운 어려움을 마주하지 않았다면

간절히 노력하지 않은 것이다.

시각화는
대단한 사람들만의 능력일까?

어린 시절에는 친구들보다 나의 상상과 더 많이 놀았다. 그만큼 나는 상상을 잘 가지고 놀았다. 늘 상상 속에서 엄청난 것을 이루었고 누구든 만날 수 있었다. 또 무슨 직업이든 가질 수 있었고 돈도 얼마든지 가질 수 있었다. 시크릿을 모르던 시절이다.

시크릿에서 절대로 빼놓을 수 없는 개념이 바로 시각화 (visualization)다. 시각화의 고수가 되고 싶은 마음에 정말로 많은 공부와 연구를 했다. 많이 애쓰고 노력했다. 돈과 시간은 또 얼마나 많이 썼는지 모르겠다. 어린 시절에 자유롭게 마음대로 상상을 가지고 놀던 나였는데, 시크릿의 거인들이 알려주는 방식으로 시각화가 되지 않아서 몇 번이고 좌절하곤 했다. 나는 포기하지 않고 집착하며 연구했다. 시각화의 마스터가 되고 싶었다. 아니, 꼭 되겠다고 결심했다. 그 순간부터 또 다른 집착과 개고생을 하며 그렇게 수년을 훌쩍 보내면서 시각화에 숨겨진 비밀을 알게 되었다.

이제 시각화의 비밀을 알려줄 텐데 정말 깜짝 놀랄 수도 있다. 왜냐면 정말로 생각해보지 못한 접근일 테고 너무나 무서울 정도로 우리가 이미 접근해 있기 때문이다. 이렇게 시크릿의 비밀들을 당신이 쉽게 얻을 수 있다는 것이 부럽기까지 하다. 그래도 당신이 알았으면 좋겠다. 그래야 내 책의 목적이 달성되는 거니까.

시각화는 시크릿의 거인들이 가장 중요하게 설명하는 핵심 개념 중 하나다. 시크릿 부류의 책뿐만 아니라 다양한 분야의 책들에서 언급할 정도로 시각화라는 개념은 매우 중요하다. 이렇듯 시각화는 정말 중요한 개념이 맞지만 매우 어렵다는 게 완벽한 단점이었다. 하지만 지금부터 이야기하는 '시각화 쉽게 하는 법'을 익힌다면 당신은 즉시 1,000퍼센트 확률로 시각화의 고수가 될 것이다. 나의 수년의 시간과 큰돈, 개고생이 합쳐진 결과로 알게 된 시각화의 비밀을 한순간에 알 수 있게 되는 것도 모자라, 고수가 된다는 말이다. 이 확률을 나는 1,000퍼센트 이상 확신한다. 그만큼 확실하고 자신 있다는 말이다.

시크릿의 거인들이 시각화라는 이름을 붙이고, 또 세상의 많은 강사들이 이것저것 많은 개념을 덧붙여 설명한 덕분에 시각화는 점점 더 어렵게 느껴지게 된 것 같다. 어쨌든 시각화의 고수로 가는 길을 설명하기 위해서는 시각화를 쉬운 말로 부르면 즉시 드러난다. 그 단어는 바로 상상력이다! 시각화와 상상력은 같은 뜻이다. 마치 사랑과 러브처럼 말이다.

관련된 이야기를 하나 해보겠다. 당신이 수영하기를 두려워한다고 하자. 그런데 사실 당신은 수영이 두려운 게 아니다. 수영을 하다가 물을 먹는 것, 숨을 못 쉬는 것, 그래서 죽을수도 있다는 것이 두려운 것이다.

확인했는가? 당신이 이미 시각화의 고수라는 증거 말이다. 물을 먹는 것, 숨을 못 쉬는 것, 죽을 수도 있다는 것 등을 스스로 상상함으로써 생기는 감정과 생각이 두려움을 만들고,

그렇게 수영을 하지 못하는 결과를 현실에서 만들어냈다. 그렇다면 그런 부정적인 상상을 하지 않았다면 수영을 무서워했을까? 그렇지 않았을 것이다. 아마 당신의 별명은 물개였을 수도 있다.

나는 이 비밀을 알기 전까지 시각화란 시크릿의 거인들 같은 특별한 사람들만 사용할 수 있는 것이라고 여겼다. 시각화는 영적인 동시에 매우 대단한 것이고, 그런 이유로 매우 어려운 것이라고 생각했기 때문이다. 그래서 꼭 배우고 싶었고, 배워야만 사용할 수 있는 개념이라고 믿었다.

내가 알게 된 엄청난 사실은 시각화란 영적인 것, 어떤 대단한 것, 매우 어려운 것, 배워야만 할 수 있는 것이 아니라 인간이라면 하기 싫어도 할 수밖에 없는 '상상'이라는 점이다. 정말로 대단한 사람들만 발휘하는 엄청난 능력이 아니었던 것이다. 그저 우리가 일상에서 늘 사용하고 있는 상상력일 뿐이다.

수영의 예시와 마찬가지로, 당신은 미래의 결과를 스스로 미리 상상함으로써 그것에 맞는 태도를 현재에 보여주고 있다. 그리고 과거의 결과를 다시 상상하면서 현재의 태도를 만들어내는 것이다. 지금껏 모르고 있었고 여전히 눈치채지 못했겠지만, 당신은 이미 시각화를 삶에 적용하고 있었고, 시각화는 당신의 삶에 이미 영향을 주고 있었다.

"상상은 현실이 된다."

끌어당김의 법칙이라고 하면 떠오르는 말이다. 끌어당김의 법칙이 시각화, 아니 상상력을 강조하는 이유다. 이것을 당신이 알게 되었다는 것은 정말로 놀라운 사실이고, 정말로 놀라운 발견이다.

그러니까 이제부터는 시각화가 안 된다며 걱정할 필요가 전혀 없다. 배워야 할 이유 또한 전혀 없다는 점을 잊지 말아야 할 것이다. 어떤 대단한 것이 아니라 인간이라면 할 수밖에 없는 게 시각화다. 맞다. 인간이라면 하기 싫어도 할 수밖에 없다.

원하는 것을 끌어당기기 위해서 시각화를 배우고 사용해야 한다는 것은 헛된 생각임을 알 수 있는 대목이다. 그런데도 당신이 만약 시각화를 배워보고자 한다면 추천하고 싶은 게 있다. 시각화를 하는 법을 배울 것이 아니라 오히려 시각화를 하지 않는 법을 배우는 게 맞다. 시각화를 하지 않을 수 있는 방법이 있다면 나에게도 꼭 공유해주길 바란다. 진심이다. 나는 당신에게 다 알려주고 있으니, 나도 그 정도는 부탁해도 되지 않겠는가.

이제 시각화에 대해 정리해보자.

첫째, 시각화는 상상력과 같은 말이다. 사랑과 러브처럼 말이다.

둘째, 시각화는 대단한 게 아니고, 영적인 것도 아니며, 어려운 것은 더욱 아니다.

셋째, 시각화는 배우는 것이 아니다. 왜냐면 당신은 아주 오래전부터 일상에 적용하며 지내왔기 때문이다. 즉 이미 시각화의 고수라는 말이다. 당신은 하기 싫어도 시각화를 할 수밖에 없다. 그리고 당신은 약속했다. 시각화를 하지 않을 수 있는 방법을 알게 되면 나에게 알려주기로.

이제부터 시각화가 뭐라도 되는 것처럼 설명하려는 사람들은 당신을 속일 수 없다. 꼭 기억하자. 당신은 이미 시각화의 고수이고, 시각화는 배우는 것이 아니다. 대단한 것도 아니다.

이제 시각화를 똑바로 이해했을 테니 드디어 좀 더 깊은 이야기를 할 수도 있겠다. 이 책의 서두에서 부정했던 바로 "상상은 현실이 된다"라는 말에 대해서 말이다. 당신도 이제 시크릿의 거인들이 생각하는 방식으로 시각화를 알게 되었으니 이 말에도 드디어 의미가 생겼다. 당신이 이전까지 알고 있던 가짜 시크릿의 정보로는 이 말은 이치에 맞지 않았다. 하지만 이제 당신은 그들과 같은 방식으로 생각을 한다. "상상은 현실이 된다"라는 말은 이제 당신에게도 정답이 될 수 있다. 이제부터 그 이야기를 해보려 한다.

시크릿의 거인들이 숨긴 진짜 비밀

거인들의 시각화를 따라 익히고 싶은가?

시각화 방법을 배울 것이 아니라

오히려

시각화를 하지 않는 법을 배워라.

SECRET

2장 성공과 실패를 결정짓는 사고의 차이

이미 성공한 그들이 계속해서 성공하려는 이유는 성공 자체에 있었던 게 아니라 그들의 꿈, 그들이 사는 이유에 있었다. 성공은 그들이 꿈꾸는 것을 위해 세운 목표를 달성하고 얻은 보상이었을 뿐이다.

늦게 시작해도
더 빨리 성공하는 이유

정말이지 속도 하면 우리나라가 단연 으뜸이라는 생각이 든다. 해외여행을 많이 다니진 않았지만 가본 곳 중에서는 우리나라처럼 빠르게 무언가를 처리하는 곳을 찾기 힘들었다. 우리나라 사람들의 급한 성격을 확연히 알 수 있는 장소가 있는데 바로 엘리베이터 안이다. 코로나 예방 차원에서 버튼에 필름을 붙여놓았는데, 웃기게도 닫힘 버튼의 필름만 항상 찢어져 있거나 구멍이 나 있는 것을 확인할 수 있었다.

그렇게 '빠름'을 외치는 우리나라의 분위기는 개인의 성장과 성공에서도 강하게 나타난다. 사람들이 나에게 꽤 많이 물어보는 것이 있는데 그것은 빠르게 성취하는 방법이다. 즉 성공의 지름길을 묻는다. 아마 당신도 큰 관심을 가질 만한 주제라고 생각한다. 그래서 이 성공의 지름길을 이번 글에서 종결해주겠다. 더 이상 어디에서도 빠르게 성공하는 방법을 궁금해할 필요를 없애주겠다는 말이다. 어떻게? 지름길에 대한 수많은 방법이 아니라 단 하나뿐인 본질을 이야기하면서 말이다.

원하는 것을 얻기 위해 정말 열심히 하는데도 안 된다고 호소하는 사람들이 많다. 쉽게 성공하는 법을 알려주는 강의도 들었지만 정작 자신은 성공하지 못했다는 사람들도 너무나 많다. 심리학적으로 어쩔 수 없지만, 당신이 오해하고 있는 부분을 확실히 하는 게 좋겠다. 앞서 나는 성공은 쉽지 않다는 식의 언급을 했다. 그런데 성공은 쉽지 않다는 말이 빠르게 성공하지 못한다는 말은 절대로 아니다. 그리고 쉽다는 말이 빠르게 된다는 말도 아니다. 하지만 사람들은 둘의 개념을 같은 것으로 생각한다. 마치 이런 식의 환상에 빠진다.

"쉽게 성공하는 법을 배웠으니 이제 나도 쉽고 빠르게 성공하겠지?"

둘을 같이 묶어서 생각하기 때문에 빠르게 포기하는 결과를 경험하게 되는 것이다.

어쨌든 이미 말했듯이 쉽지 않다고 해서 빠르지 못한 것은 아니다. 이 둘이 별개라는 것을 증명하기 위해 성공의 방정식에 대해 설명할 필요가 있을 것 같다. 그리고 꼭 그것을 증명하는 것이 아니더라도, 원하는 것을 빠르게 얻어내고 싶다면 이 성공의 방정식을 알아야 할 것이다.

당신은 지금 대전에 있고 서울에 가려고 한다. 서울에 가기 위해 출발을 했고 이내 생각한다.

'나는 열심히 가고 있어. 그러니 서울에 도착할 거야.'

안타깝게도 이런 생각은 아주 흔하게 일어나는 착각이다. 당신이 늘 하는 생각의 패턴이기도 하다. 물론 당신만 그런 건 아니다.

비유하자면 당신이 무엇을 하든 그 시작은 서울이 아닌 부산 쪽을 향하는 경우가 90퍼센트 이상이다. 그리고 대부분의 사람은 이와 같은 모습을 보이지만 결코 스스로 인지하지 못한다. 가고 있으니 도착할 것이라고 생각하지만, 이것은 '쉽게'와 '빠르게'를 같이 생각하는 마음에서 생겨나는 것일 뿐, 가는 것이 도착하는 것과는 아무런 상관이 없는 경우다.

아무튼 서울(원하는 것)에 가려는 당신의 방향(노력)이 부산 방면이라면 도착지(결과)는 목적지(원하는 것: 서울)와는 반대인 부산(원하지 않은 것) 방면일 것이 확실하지 않은가. 힘들게 마음먹고 출발한 것은 칭찬하겠지만, 안타깝게도 당신의 방향은 서울이 아닌 부산. 그러니 쉽게 가는 것보다는 정확하게 가는 것이 중요하다고 강조하고 싶다.

TV나 인터넷을 통해서 각 분야의 성공한 사람들의 사례를 꽤 봤을 것이다. 그들이 지겹도록 말하는 성공의 비결이 있다. 노력, 그리고 끈기. 아주 지겹지만 정답인데 어쩌겠는가. 그러나 노력과 끈기 역시 방향이 맞아야만 올바르게 작용할 수 있다. 서울로 가려는 지속적인 노력이 부산을 향하는 것이라면 그것은 끈기가 아닌 고집에 가깝다.

먼저 시작한 사람보다도 한참 늦게 시작한 사람이 더 빠르고 큰 성공을 하는 일도 흔히 볼 수 있는 이유가 이 성공의 방정식, 즉 방향성 때문이다. 방향을 잘 잡는 것이 성공의 지름길을 찾는 핵심이다.

그렇다면 잘못된 방향을 바꿀 수 있는 방법을 이야기해

보겠다. 이해를 돕기 위해 짧은 이야기를 하나 들려주겠다. 당신은 다트를 한다. 정중앙의 원을 맞히려면 어떻게 해야 할까? 정답은 맞힐 때까지 계속 던지는 것이다. 이게 무슨 말일까? 당연한 소리겠지만, 계속 던지다 보면 언젠가는 정중앙의 원을 맞히게 된다. 계속 던진다는 것은 계속 시도하고 노력한다는 뜻이다. 그런 성품이 길을 찾아낸다.

성공한 사람들은 인터뷰나 책에서 이렇게 말한다. 자신의 성공은 운이 좋았기 때문이라고. 이 말을 오해할 수 있다. 그들이 말하는 운은 하늘이 준 선물이 아니다. 그들의 운은 그들 스스로가 만들어낸 것이다. 여기서 두 사람에 관한 이야기를 하며 문제를 낼 텐데, 아마 맞힐 수 있을 것이니 부담은 갖지 않아도 된다. 첫 번째 사람은 다트를 100번 던졌다. 두 번째 사람은 다트를 1번 던졌다. 이제 문제를 내겠다. 두 사람 중에서 다트의 정중앙을 더 많이 맞힌 사람은 누구일까?

답을 정했는가? 다트의 정중앙을 더 많이 맞힌 사람은 누구일지 확률적인 계산을 해보지 않아도 그냥 알 수 있다. 이처럼 성공한 사람들은 자신의 시도와 노력을 통해 스스로 운을 만들어냈다. 그리고 말한다. 자신은 운이 좋았다고.

이 이야기를 이해했다면, 올바른 쪽으로 방향을 잡는 방법을 이야기하기가 더욱 수월하다. 올바른 방향을 잡을 수 있는 방법은 첫 번째 사람이 다트의 정중앙 원을 맞히기 위해 했던 것처럼 많은 시도와 노력이 전부다. 그 결과로 올바른 방향을 잡을 수 있는 운이 나타나게 된다.

다시 말해 올바른 쪽으로 방향을 바꾸고 싶다면 원하는 것을 이룰 때까지 최대한 빨리, 그리고 많이 실패하는 것이다. 노력을 계속하다 보면 결과가 좋거나 일이 수월해지는 경우가 생긴다. 그러니까 원하는 것을 얻고 싶다면 인터넷에 떠도는 '쉽게 돈 버는 법'을 바랄 것이 아니라 올바른 길을 찾을 때까지 시도하며 스스로 운을 만들겠다고 마음먹고 도전하는 것이 빠른 길이다.

마음가짐이 이렇다면 실패는 그저 올바른 길을 찾는 성공의 과정에 불과하다. 사람들이 이 과정을 실패라고 이름 붙여 표현하는 것일 뿐이다. 그러니까 실패라는 단어에 묶여 회피하지 않아도 된다. 실패는 성공의 필수 조건이다. 실패하지 않겠다면 성공하지 않겠다는 말과 같다. 정확히 그렇다.

당신의 방향은 어디인가? 끈기인가, 고집인가? 자! 실패할 시간이다. 계속 실패해도 좋다. 아니, 계속 실패해야 한다. 그러다 올바른 길만 찾는다면 그 이후부터는 빠르게 가든 늦게 가든 목적지에 도착하는 일은 당연히 성공이다. 당신은 길을 찾고 성공한 후 말할 것이다. 운이 좋았다고 말이다.

시크릿의 거인들이 숨긴 진짜 비밀

스스로 한참 늦었다고 생각하는가?
방향만 잘 잡으면 비록 늦게 시작했어도
더 빠르고 큰 성공을 이룰 수 있다.
성공의 지름길은 올바른 방향성에 있다.

혁신적인
ㄱㄹㄷㅁ 사고법

나는 고등학생 때까지 자뻑 환자였다. 내가 말하는 자뻑이란 쥐뿔도 없으면서 자신감이 넘치는 것이다. 이를 흔히 근자감이라고 한다. 근거 없는 자신감 말이다. 나는 근자감 환자라고 불릴 만큼 근자감이 넘쳤다. 그 덕분에 뭐든지 도전할 수 있었고, 뭐든지 잘했고, 뭐든지 성공했다. 그 과정에서 경험한 실패는 신경도 쓰지 않았다. 왜냐면 나는 성공할 거라고 확신했으니까. 물론 근자감 환자이기에 가능했던 자만심이었을 것이다.

예를 들면 근자감 하나로 고등학생 때 총학생회장을 할

정도였다. 과거 나의 근자감 질환은 여기서 길게 다룰 내용은 아니다. 그런데 이 이야기를 잠시 꺼낸 이유는 스무 살 이후부터 나의 근자감 질환이 호전되었다는 점 때문이다. 그것도 완벽하게 호전되어 겸손 질환으로 변이되었다. 지나친 겸손으로 사람들의 시선을 너무 신경 쓰며 살았다. 모든 게 불편했다. 모든 것에 도전하기가 두려웠다. 왜? 어떤 것에도 실패하면 안된다고 생각했기 때문이다.

근자감 질환을 가졌던 시절의 내 초점은 성공에 맞춰져 있었다. 그리고 겸손 질환을 가졌던 시절의 내 초점은 실패에 맞춰져 있었다. 성공을 바라보던 나의 초점이 어느새 실패를 바라보는 초점으로 변한 것이다. 초점의 변화는 삶의 모든 부분에 영향을 주었다. 그 후 몇 년이 지난 시점에 우연히 시크릿을 알게 되었고 그렇게 그 비밀을 공부하고 연구했다.

그사이 나는 나의 겸손 질환을 고치기 위한 방법을 만들었고 여전히 그것을 사용하고 있다. 그 결과 근자감 질환을 가졌을 때처럼 성과가 좋으면서도 겸손 질환을 가진 것처럼 얌전할 수 있었다. 여기서는 그 방법을 알려주려고 한다. 역대급이니 기대해도 좋다.

당신이 성공한 사람에게 묻는다.

"당신처럼 되려면 어떻게 해야 하나요?"

성공한 사람이 대답한다.

"하루에 한 권의 책을 읽으세요."

그의 대답에 당신은 이런저런 생각을 한다.

'나는 불가능해. 지금 일도 해야 하고, 육아도 해야 하고, 돈도 벌어야 해서 시간이 없는데 어떻게 하루에 책 한 권을 읽는다는 거야?'

'책 읽는 일이 싫기도 하지만, 읽는 속도도 너무 느려서 못 해.'

'어떻게 해야 성공하냐고 물었는데, 왜 책 같은 추상적인 이야기를 하지?'

당신의 상황이 사실일 수도 있다. 하지만 본질적인 면에서 보면 100퍼센트 완벽한 핑계다. 성공한 사람들도 과거에는 당신과 같은 상황이었고 같은 입장이었다. 어쩌면 더 엉망이었을 수도 있겠다. 그런데 그들은 그런 상황에서 어떻게 하루에 한 권의 책을 읽을 수 있었을까?

정말로 하겠다는 의지가 있다면 고민의 초점을 확실히

해야 한다. 지금 말하려는 것은 매일 매 순간 일어나는 것이지만, 당신은 인지하지도 못하고 있었던 이야기일 것이다. 하지만 상관없다. 이제 설명해줄 것이고 지금부터 알게 될 것이기 때문이다. 그리고 이것 덕분에 곧 삶을 바꿀 수 있다.

먼저 나의 경우를 예로 적용해보자. 근자감 환자일 때의 나는 분명 하루에 책 한 권 읽기는 껌이라는 식으로 생각하고 도전했을 것이다. 책 한 권 읽기를 성공하느냐 마느냐는 알 바 아니었을 것이다. 하지만 무조건 성공한다는 것을 전제하고 그냥 시작했을 것이다. 근자감 환자일 당시에 나는 분명 그런 인간이었다. 성공에 초점을 두고 그냥 시작하는 것이다. 반면에 겸손 환자일 때의 나는 이런 반응을 보였을 것이다.

"지금 일이 얼마나 바쁜데 책을 읽어. 운동도 해야 하고 대인관계도 중요해."

겸손 환자였던 시절의 나는 이미 실패를 전제하고 있었다. 초점 자체가 실패에 잡혀 있었다.

당연히 느껴지겠지만 두 관점의 차이는 엄청나다. 시작도 하기 전에 성공 확률과 실패 확률이 결정되기 때문이다. 이 책을 보고 있는 당신이 근자감 환자라면 그냥 하면 될 것이고,

겸손 환자라면 처방이 필요할 것이다.

그래서 이제부터 모든 성과에 가장 큰 영향을 미치는 혁신적인 사고법을 공개하겠다. 바로 '그렇다면 사고법'이다. 앞서 이야기한 당신의 상황이 실제로 사실일 수 있다고 말했다. 그리고 그것 또한 핑계라고 분명히 언급했다. 이미 성공한 사람들도 당신처럼 핑계를 대는 단계까지는 동일하게 진행된다. 그러나 그들과 당신의 차이는 그 이후부터 시작된다.

성공한 사람들은 당신처럼 하지 못할 이유를 댄 후에 한가지를 더 생각한다. '나는 책을 너무 늦게 읽기 때문에 하루에 한 권을 읽지 못해'라고 생각한 후에 '그렇다면 그런 내가 어떻게 해야 하루에 책 한 권을 읽을 수 있을까?'라고 생각하는 것이다. 또 '나는 일도 해야 하고 육아도 해야 해서 정말로 시간이 하나도 없어'라고 생각한 후에 '그렇다면 이런 상황에서 내가 어떻게 책을 읽을 수 있을까?'라고 생각하는 것이다. 이렇게 '그렇다면'이라는 마법의 사고법을 추가한다.

'그렇다면'이라는 단어에는 힘이 있다. 방법을 생각하게 되기 때문이다. 인간은 물으면 답하게 되어 있다(심리학적인 부분은 이 책에서 다루지 않겠다). 나는 이 단어를 적용하고부터 근자감 질환과 겸손 질환 사이에서 적절히 균형을 잡을 수 있게 되었다. 이것이야말로 완벽한 밸런스였고 혁신이었다. 모든 성과가 또렷하게 변하기 시작했다. 이 혁신은 마법에 가까웠다.

'그렇다면 사고법'의 엄청난 특징은 자신의 현재 상황과 환경, 성향까지도 전혀 고려 대상이 되지 못한다는 점에 있다. 그리고 자신의 상황이 진실인지 거짓인지 구분 짓지 않는다는 특징이 있다. 이 사고법은 그저 물으면 답한다는 점이 혁신적이다.

무언가를 하려는데 그것이 불가능하게 느껴진다면 스스로에게 물어야 한다.

'그렇다면 그걸 하기 위해서 어떻게 해야 할까?'

앞서 말했듯이 '그렇다면 사고법'에서는 현재는 중요하지 않다. 현재가 어떠하든 바꿔낼 것이다. 이 사고법은 그저 답을 찾는 데 집중되어 있다.

이 책의 목적 중 하나는 잘못 대중화된 시크릿을 올바르게 인지시키는 것이다. 그런데 이미 세상에 널리 퍼진 시크릿에 대한 믿음이 너무 강력해서 나의 말을 믿기가 쉽지 않을 거라는 걸 안다. 그래서 나는 물었다.

'그렇다면 어떻게 설득할 수 있을까?'

그리고 답을 찾았다. 진리는 설득이 필요 없다는 것이었다. 당신이 당신이라는 것을 나에게 어떻게 설득할 것인가? 당신은 그저 당신이다. 이처럼 진리는 설득할 필요가 없다. 반면에 시크릿은 수많은 환상을 들이밀며 당신을 설득해야 했다. 진리처럼 보여야 했기 때문이다.

잘못 대중화된 시크릿을 믿고 있고 그 덕분에 원하는 것을 끌어당기는 삶을 살고 있다면, 이 시점에서 이 책을 과감하게 덮어도 좋다. 하지만 나는 확실히 알고 있다. 이 책을 덮을 수 있는 사람은 없을 것이라고 말이다. 잘못된 정보로 대중화된 시크릿으로는 원하는 것을 끌어당기지 못하기 때문이다.

시크릿의 거인들이 숨긴 진짜 비밀

'그렇다면'이라는 단어에는 힘이 있다.
방법을 생각하게 되기 때문이다.
현재가 어떠하든 중요하지 않다.
그저 답을 찾는 데만 집중하라.

머스크, 베이조스, 게이츠가
정답을 찾는 방식

내가 계속해서 시크릿을 공부하고 연구한 이유 중에는 당연히 경제적인 풍요도 포함되어 있었다. 솔직히 말하자면 그 비중은 상당했다. 돈을 더 많이 벌고 싶었던 과거에 나는 자연스럽게 세계적인 부자들이 궁금했다. 그들은 어떻게 그런 생각을 했을까? 그들은 어떻게 그런 방법을 사용했을까? 그들의 방법을 어떻게 내가 배울 수 있을까? 이런 질문들을 하며 그들을 계속 탐구했다.

그런 집념으로 결국 세계적인 부자들이 한 명도 빠짐없이 무조건 갖춘 공통점을 찾아내고야 말았다. 당신이나 나와 같은 보통 사람은 하지 않는 것이었다. 이에 대해 설명하며 그들이 정답을 찾는 방식을 알려주려 한다. 내가 이렇게 아무렇지 않게, 쉽게 이야기하면 정말 간단하고 아무것도 아닌 것처럼 느껴질 수 있다. 하지만 내가 이것을 알아내기까지 엄청난 노력과 시간과 돈을 투자했다는 사실을 알아주었으면 한다. 그냥 공부만 해서 알아낼 수 있는 수준이 아니었다는 점 또한 꼭 인지해주길 바란다. 그리고 지금 간단하고도 쉽게 설명할 이것에는 여러 가지 숨겨진 의미가 있다. 앞으로도 그 이야기를 풀어줄 것이니 고민은 하지 않아도 된다.

당신도 하고 싶은 게 있고 원하는 것이 있을 것이다. 하지만 그것을 이룰 방법은 모르고 있을 것이다. 그래서 온라인, 오프라인을 통해 수많은 방법들을 배우러 열심히 다니지 않았던가. 그런데도 당신은 계속 방법을 찾아 방황하고 있다. 나도 그랬다. 세계적으로 성공한 그들을 탐구한 이유도 그 때문이다. 방법을 알아내고 싶었고 방황을 끝내고 싶었다. 그들의 방법을 사용하고 싶었다. 그렇게 되면 성공할 수 있다고 기대했기 때문이다.

오래 연구하다 보니 당신과 나와는 다르게 일론 머스크,

제프 베이조스, 빌 게이츠 같은 세계적인 부자들은 정답을 찾는 방식에 대해서 완전히 다르게 접근한다는 사실을 발견하게 되었다. 그 방식의 일부는 시크릿의 거인 중 한 명과 관련된 누군가로부터 간접적으로 얻은 정보이기도 하니 신뢰할 수 있을 것이다.

세계적으로 큰 영향력을 가진 일론 머스크, 제프 베이조스, 빌 게이츠 같은 사람들도 목표가 있었고 일부는 실제로 그 목표를 이루기도 했다. 그들은 지금도 목표가 있다. 물론 당신도 원하는 게 있을 것이고 그것을 얻길 바랄 것이다. 하지만 도전을 시작하기 전에는 당연히 모든 것이 막연하고 까마득하게 느껴질 것이다. 그런 것들은 두려움을 극대화하고 포기하게 하는 요소이기도 하다.

앞서 언급한 인물들, 그리고 그 외에 성공한 인물들은 단 한 명도 빠짐없이 이것을 명확하게 알고 있었다. 그들의 인터뷰와 책을 보면 공통적으로 나오는 표현들이 있다.

"목표에 집중했을 뿐 이루는 방법을 알았던 것은 아니다."

"어쩌다 보니 운 좋게 성공했다."

그들에게도 원하는 것을 달성하는 방법은 막연했고, 또

방법을 모르는 것이 당연한 일이었다.

그렇다면 당신과 똑같이 막연했던 그들은 어떻게 방법을 알아내고 성과를 얻어냈을까? 어떻게 정답을 찾아냈을까?

그들이 원하는 것을 성취하기 위한 방법을 찾은 방식은 어떤 사고방식에서 비롯되었다. 원하는 목표가 명확하다면 그 목표에 도달하는 방법은 알아서 나타난다는 사고방식이다. 그러니까 방법을 몰라서 이루지 못하는 게 아니라 목표가 없어서 이루지 못하는 것이다. 다시 표현하면, 방법의 부재로 원하는 것을 얻지 못하는 게 아니라 목표의 부재로 원하는 것을 얻지 못하는 것이다.

성공한 그들이 단 한 명도 빠짐없이 명확하게 알고 있었던 것은 바로 목표였다. 그저 원한다는 정도의 모호한 목표가 아닌 '정확한 목표' 말이다. 목표를 확실히 정한 것이 그들의 완벽한 공통점이자 성공의 정답을 찾은 핵심이다.

지금까지 그래왔듯이 원하는 것을 모호하게 바라기만 하는 수준을 지속한다면, 그것을 이룰 수 있는 방법은 찾을 길이 없다. 원하는 것을 이루는 방법을 찾고 싶다면, 원하는 목표를 완벽하게 명확히 하는 일이 우선이다.

인간의 진화 체계는 목표를 향해 나아가도록 디자인되어 있다. 인간의 유전자는 발전과 성장을 향해 계속 나아가도록 만들어졌다. 성공한 사람들은 그 본성을 잘 이해하고 자신의 삶에 기꺼이 적용했다.

당신이 생각하는 이상적인 삶의 모습에는 '휴식과 여유'가 지배적일 것이다. 매일 일하지 않아도 큰돈이 들어오고, 매일 명품 쇼핑을 하고, 몰디브에서 모히토를 마시고, 세계 여행을 하면서 놀고먹는 그런 모습 말이다. 놀랍게도 그런 건 당신을 행복하게 해주지 않는다. 행복은 휴식과 여유가 아닌 성취에서 온다는 사실을 발표한 논문도 있다. 그리고 이해할 수 없는 것 중 하나는 그토록 원했던 휴식과 여유를 경험하는 때조차도 행복을 바란다는 점이다. 모히토를 홀짝거리며 여유를 부리는 것이 좋다고 생각하면서도, 사실은 목표를 향해 앞으로 나아갈 때 진정한 행복감을 느끼게 된다. 성공한 사람들이 계속해서 목표 설정을 하는 이유다.

그들은 행복해지기 위해 기대심이 가득한 삶을 설계한다. 기대심을 만들기 위해서 꽤 불편해 보이는 삶을 설계한다. 그들은 알고 있다. 기대심이 행복과 관련성이 높다는 사실을 말이다. 이것은 진화적 특성이다. 간단하게 증명할 수도 있다.

처음 하는 모든 것이 설레고 기억에 남는 이유는 기대심 때문이다. 그 결과가 행복했기 때문에 기억에 남는 것이 아니라 결과가 나오기 전에 가졌던 기대심 때문이다. 소풍 장소에 도착했을 때보다 소풍을 가기 전날 밤이, 여행을 갔을 때보다 여행을 떠나기 전의 순간이 더 설레고 행복하지 않은가? 반면에 소풍에서 돌아올 때나 여행에서 돌아올 때는 일상에 기대할 것이 없기 때문에 행복과는 정반대의 기분을 느끼게 된다. 이처럼 기대심은 행복과 깊은 관련이 있다.

그렇다면 우리가 하는 모든 일에 이 기대심을 활용할 수 있다면 삶에서 주도권을 잡을 수 있지 않을까? 한 가지 이야기를 해보자. A라는 사람이 B라는 사람에게 50만 원을 주기로 했다. 그런데 이래저래 하다 보니 돈을 쓰게 되어 B에게 약속한 50만 원이 아닌 20만 원을 주었다. B의 기분은 어떨까?

A가 그냥 20만 원을 주었다면 갑작스러운 행운에 행복했을 것이다. 그런데 50만 원을 받는다고 알고 있다가 20만 원을 받았으니 행운이 아닌 불행을 경험한 것 같은 기분이 들었을 것이다. 분명히 그냥 돈을 받는 것은 행운임에도 B는 손해나

불행으로 인식하게 된다.

반대로 40만 원을 준다고 한 뒤 50만 원을 주면 어떨까? 아마도 50만 원을 준다고 한 뒤 약속대로 50만 원을 주었을 때보다 B를 더 행복하게 할 것이다. 이처럼 같은 결과라 해도 어떤 기대심을 갖는지에 따라 그 반응은 전혀 달라진다.

이런 이야기를 하는 이유는 인간의 본성을 설명할 필요가 있기 때문이다. 인간은 진화 체계에 따라 목표 성취를 추구하고, 그 과정에서 오는 기대심으로부터 행복을 경험한다. 이런 본성은 목표 설정 속에 깊이 숨어 있어 웬만해서는 절대 알 수 없는 우리 인간의 비밀이다.

시크릿의 거인들이 숨긴 진짜 비밀

거인들은 모두 알고 있었다.

자신의 목표를!

그저 원한다는 정도의 목표 말고

정확한 목표 말이다.

이게 성공의 정답을 찾는 핵심이다.

가짜 시크릿에서
벗어나기

　시크릿을 이야기하는 수많은 책들을 오랫동안 봐왔다. 그 책들에서 꼭 강조하는 말들이 있다. 앞서 말했듯이 상상은 현실이 된다, 간절하게 원하면 이루어진다, 생생하게 상상하면 이루어진다 같은 것이다. 물론 멋지고 환상적인 말이지만 시크릿을 오랫동안 연구한 내 입장에서 보자면 참 무책임한 말이 아닐 수 없다.

　처음 시크릿을 알고 이런 말들을 접했을 때 뭔지 모를 종교가 생긴 기분이었다. 우주, 잠재의식, 참자아, 거인 등 다소 영적인 존재들이 실재할 것이라는 환상에 빠졌다. 그 표현들 때문에 긍정적인 생각을 해야만 그 존재들을 찾을 수 있다고, 혹은 그 존재들을 부를 수 있다고 생각했다. 또 진짜처럼 생생하게 상상하고, 감정을 사용해야 그것을 끌어당길 수 있다고 생각했다.

이렇게 믿은 것 자체는 문제가 아니었다. 하지만 반대의 상황도 고려해야 했기에 문제였다. 반대의 상황, 즉 부정적인 감정이나 생각이 떠오르면 부정적인 그것들을 불러낼 것이고, 또 부정적인 그것들이 생생하게 상상이 되었을 때 그것들을 내 삶에 끌어당길 것이라는 두려움 말이다. 시크릿을 잘못 이해하고 있는 사람들이 이 말을 얼핏 들으면 나의 우려가 맞는 것처럼 보일 수 있다. 당신도 그렇게 보았다면 잘못된 시크릿에 익숙해진 것이니 주의해야 한다. 어쨌든 이것은 틀린 생각이다.

이처럼 모호하고 환상적인 표현들은 전 세계의 수많은 사람들에게 망상과 오해를 심어주기에 충분하고도 남았다. 그야말로 시크릿에 대한 잘못된 정보의 대중화가 일어난 것이다. 그리고 이 가짜 시크릿을 눈치채고 진짜 시크릿을 알게 되는 사람은 전 세계적으로 4퍼센트 정도밖에 되지 않는다고 한다.

물론 가짜 시크릿을 눈치채고, 그것으로 당사자들에게 시비를 건다고 해도 그들은 이미 할 말을 갖추고 있어 소용이 없다. 그들은 당신이나 과거의 나와 같은 전 세계 수많은 사람들로 인해 그들이 말하는 가짜 시크릿이 아닌 진짜 시크릿을 삶에 적용한 사람들이기 때문에 시크릿을 입증한 셈이다. 이게 무슨 말이냐고? 그들이 표현한 환상의 시크릿에는 이미 당신에게서 시크릿이 적용되지 않았을 만한 명분을 만드는 일이 너무나 쉽게 기획되었다는 뜻이다.

이 설명이 지금은 무슨 말인지 모를 수 있다. 이해한다. 하지만 매우 중요한 이야기이고, 가짜 시크릿에 대한 본질적인 이야기다. 이 책을 끝까지 읽고 가짜 시크릿을 눈치채고 나면, 그때 이 설명이 무슨 이야기인지 알게 될 것이다. 그때까지는 일단, 지금 대중화되어 있는 시크릿이 진짜가 아니라는 것만 인지하면 충분하다.

당신은 애써 상상한다. 샤넬 백이 넘쳐나는 대저택에 사는 모습, 소유한 람보르기니를 탄 모습, 대저택 곳곳에 일하는 사람들을 고용하고 전용 셰프가 식사 때마다 다양한 요리를 해서 식탁을 꾸리는 모습을. 이런 생생한 상상은 당신을 즐겁게 하기도 한다. 그렇다면 간절하고 생생하게 떠올린 이 상상은 과연 끌어당김의 법칙에 따라 현실로 이루어질까? 그들의 말대로라면 당연히 이루어져야 하는 게 아닐까? 안타깝게도 100퍼센트의 가능성으로 이 끌어당김의 법칙은 실패다. 왜냐면 당신은 목표의 끝, 즉 결과만 생각해봤지, 과정은 생각해보지 않았기 때문이다.

그렇다면 결과와 과정에 대한 이야기도 하나 해보자. 한 원숭이가 어느 날 다이아몬드로 가득한 광산을 찾았다. 어디까지 캐야 하는지는 정확하지 않지만, 거기까지 캐기만 하면 다이아몬드가 가득 나오는 것은 확실했다. 이내 원숭이는 다이아몬드를 얻어 그 돈으로 광활한 대지를 사고, 바나나 천 개를 가지고, 코끼리 등을 타고 돌아다니며 사는 자신의 모습을 상상한다. 무척 행복하고 즐거워서 의욕이 폭발한다. 물론 그 의욕은 극단적일 만큼 일시적이지만 그걸 알진 못한다.

그래도 다행스럽게도 그 원숭이는 다른 96퍼센트 원숭이들과는 다르게 여세를 몰아 광산을 캐기 시작한다. 광산을 캐고 있자니 이내 손톱이 깨지기도 하고 빠지기도 하는 바람에 피가 나고 고름이 나오기도 한다. 상처를 회복하고 다시 하겠다고 마음먹은 후 잠시 보류한다. 회복을 하고 나서 다시 하려고 하니 이전의 통증과 고통이 생각나서 두려움 때문에 시작하기가 무섭다. 어차피 보석이 어디에 있는지 아니까 나중에 다른 원숭이가 광산을 캐는 도구를 만들었다는 소식이 들리면 그때 다시 시도하기로 하고 그만둔다. 그리고 원숭이는 포기가 아니라 보류라고 자기 생각을 합리화한다.

어리석은 원숭이라는 생각이 들겠지만, 당신도 나도 지금과 같은 사고를 한다면 이 원숭이와 같은 결과를 얻을 것이다. 왜 이런 일이 나타나는 걸까?

원숭이는 자신이 다이아몬드를 얻어서 대지와 바나나, 코끼리를 사서 풍요롭게 사는 최종 결과를 생생하게 상상했지만, 다이아몬드를 캐는 과정에서 오는 고통이나 두려움 같은 노력에 대해서는 생각해본 적이 없었고 바라지도 않았다. 그리고 막상 그 과정을 겪을 때가 다가오자 다이아몬드 캐는 일을 포기했다. 그러니까 모든 것을 이룬 행복한 결과는 원했으면서도, 과정에서 오는 당연한 수고로움과 노력, 고통 같은 것은 원하지 않았고 상상조차 해보지 않았던 것이다.

정말로 원하는 것을 이루고 싶다면, 더 이상 생생하게, 감정을 섞어서, 긍정적으로, 간절하게 원하겠다는 환상에만 빠져 있어서는 안 된다. 다시 말하겠다. 그런 환상에 빠져 있어도 상관은 없지만, 그렇다면 원하는 것이 이루어질 거라는 기대는 하지 말아야 할 것이다. 목표를 이루기 위해서는 행복한 결과만 당연한 것이 아니라 힘든 과정도 당연한 것이라는 점을 알아야 한다. 당신이 원하는 그것을 끌어당기는 데는 행복과 고통, 이 2가지는 세트다.

사실, 상상했던 결과는 당연히 끌려와야 한다고 믿으면서도, 과정에서 오는 노력과 고통은 당연하게 생각하지 않는 발상 자체가 너무 웃기고 이기적인 것이 아니겠는가. 산 정상에 오르고 싶다면 손을 다치든, 다리를 다치든, 걷든, 뛰든, 비행기를 만들어서 타든 산을 오르는 과정을 거쳐야만 산 정상에서 맑은 공기를 마실 수 있다. 그러니까 행동 없이 산 정상에 오르고 싶다는 상상은 망상이다. 오해를 확실히 없애기 위해 한마디 덧붙이자면 당신이 완벽하게 생생하고, 간절하게 상상한다고 해도 행동이 없다면 그 생생함, 간절함마저도 망상이라는 말이다. 그러니 원하는 것을 얻고 싶다면 그에 따른 대가를 치러야 한다.

그게 무엇이든 원하는 무언가가 있다면, 그리고 그것을 꼭 얻고 싶다면 이 이야기를 부정해서는 안 된다. 원하는 것을 얻을 수 있고, 또 원하는 것을 얻지 못할 수 있는 본질적인 이야기이기 때문이다. 인과의 법칙, 즉 원인이 있어야 결과가 있다. 정확히 타당한 법칙이다. 결과를 얻으려면 과정이 있어야 하는 것은 당연하니까 말이다.

그래서 3장부터는 원하는 것을 얻을 수 있도록 시크릿으로 설계된 성공 법칙을 알려줄 것이다. 결과를 원하고 상상하되, 과정 또한 인지시키기 위해서 시크릿의 거인들이 실제로 사용했고 여전히 사용하는 단계들을 설명하고자 한다. 이것은 시크릿의 거인들이 우리에게 모호하게 설명하면서 감춘 진짜 비밀이다. 이로써 지금까지 시크릿이라고 믿었던 망상에서 벗어나는 확실한 솔루션을 찾고, 드디어 진짜 시크릿을 적용하며, 시크릿에 관한 잘못된 정보로부터 벗어나는 완벽한 기회를 만날 수 있다. 이미 모든 것은 설계되어 있다. 그냥 따라 하면 된다. 이 쉬운 단계를 실천할지 말지는 당신의 선택이지만, 그 선택에 따라 생기는 엄청난 차이를 감수하는 일도 당신 몫이다. 어쨌든 원하는 것을 얻을 수 있는 기회라는 말이다.

하는 것을 선택했다면 당신의 현실은 변할 것이고 원하
는 것을 얻을 것이다. 하지 않는 것을 선택했다면 당신의 현실
은 여전히 같을 것이고 원하는 것을 잃을 것이다. 하는 것을 선
택한 사람들은 다음 글로 넘어가자.

시크릿의 거인들이 숨긴 진짜 비밀

목표를 이루려면

행복한 결과 외에 힘든 과정도

당연한 것임을 알아야 한다.

원하는 것을 끌어당기는 데 있어서

행복과 고통, 이 둘은 세트다.

성공한 사람들만 아는
목표의 의미

나는 이미 성공한 사람들, 아니 더욱 구체적으로 말하면 이미 많은 돈을 벌어서 집안 대대로 먹고살아도 남아돌 만큼의 돈을 번 사람들이 왜 계속해서 더 많은 일을 하고 더 많은 돈을 벌어들이는지 늘 궁금했다. 그런 입장이 되면 더 큰 욕심이 생기는 것일까? 결국 사람이 타락하게 되는 것일까? 이런 생각을 끝없이 하면서 역시 인간의 욕심은 끝이 없다는 식으로 결론을 내리곤 했다. 그때까지 나는 그들이 가진 것만 보았지, 그들이 그것을 갖기 위해 극복해낸 것은 보지 못했다.

세월이 지나 현실판 시크릿을 안 뒤, 그들이 멈추지 않고 계속해서 돈을 버는 진짜 이유를 알게 되었다. 그들이 계속해서 일하는 이유 말이다. 그들은 왜 원하는 것을 충분히 갖고도 계속해서 더 가지려는 것일까?

그들의 꿈은 명확했다. 이 꿈에 대해서 좀 더 구체적으로 이야기해보겠다. 그들은 이미 셀 수도 없을 만큼의 돈이 있다. 목표를 이룬 것이다. 돈을 많이 벌겠다는 목표가 있었을 것이고 그것을 이루었다. 그리고 그들은 사회에서 큰 영향력을 가졌다. 목표를 이룬 것이다. 또 그들은 수많은 직원을 거느리고 있다. 역시 목표를 이룬 것이다. 종합해보면 그들이 가진 돈, 사람, 권력, 명예와 같은 모든 것은 목표를 이룬 것에 대한 보상일 뿐이다.

목표는 수백 개가 될 수 있다. 그들은 꿈이 있다. 꿈과 목표는 다르다. 그들은 자신의 꿈과 관련된 수많은 목표들을 이룬 것뿐이다. 이미 이룬 목표는 사라질 수도 있고, 목표란 언제든 바꿀 수도 있고 포기할 수도 있다. 하지만 그들은 자신의 꿈은 바꾸지도 포기하지도 않았다. 그래서 그들은 목표를 이룬 보상으로 얻은 수많은 돈과 권력, 명예에 그치지 않고, 그것에 신경 쓰지 않고, 계속 꿈을 향해 도전하는 것이다.

그런 그들의 꿈을 나는 보지 못했다. 그들이 꿈을 위해 목표를 세우고 그 목표를 달성해 얻은 보상을 나는 눈치채지 못했다. 그들의 목표가 꿈이라고 착각했다. 이 사실을 알고 난 후 드디어 나는 그들이 목표를 이루고도 멈추지 않는 이유를 알게 되었다. 그들은 목표가 아닌 꿈을 향해 나아가고 있었던 것이다. 그런 그들을 통해서 나는 꿈과 목표는 다르다는 것을 확실히 알게 되었다.

그들의 태도에서 배운 것이 있는데, 인생에 있어 불행은 목표를 달성하지 못하는 게 아니라는 점이다. 또는 꿈을 이루지 못하는 게 불행이 아니라는 점이다. 진정한 불행은 꿈을 꾸지 못하는 상태에서 생긴다. 즉 진짜 불행은 꿈을 이루지 못하는 게 아니라 꿈을 갖지 않는 것이다. 진짜 불행은 다른 행성으로 이주한다는 말도 안 되는 것 같은 꿈을 꾸는 게 아니라 다른 행성으로 이주한다는 꿈 자체가 없다는 데 있다.

꿈은 늘 거창한 것이라 여겼다. 그런데 꿈은 그저 죽기 전에 꼭 해보고 싶은 것을 말하는 것과 같았다. 죽기 전에 꼭 해보고 싶은 것을 현실로 만들어줄 목표들을 만들어보자. 그러면 당신에게는 꿈이 생겨나는 것이다. 즉 꿈은 당신이 사는 이유가 되고, 목표는 꿈을 이루기 위한 수단이 된다. 과거에 내가 의문을 가진, 이미 성공한 그들이 계속해서 성공하려는 이유는 성공 자체에 있었던 게 아니라 그들의 꿈, 그들이 사는 이유에 있었던 것이다. 성공은 그들이 꿈꾸는 것을 위해 세운 목표를 달성하고 얻은 보상이었을 뿐이다.

그렇다면 꿈이란 무엇인가? 과거에 나는 꿈을 직업으로 생각했다. 그리고 돈을 많이 버는 것이 꿈이었다. 그런데 성공한 사람들의 이야기를 보면 꿈은 절대 그런 것일 수 없지 않은가. 이 사실을 알고부터 나는 나의 꿈을 정확하게 정의 내릴 수 있었다.

꿈은 단순히 직업, 지위, 돈을 말하는 게 아니라 개념이었다. 당신을 포함해서 대부분의 사람들에게 꿈을 물으면 부자, 유튜버, 의사, 변호사, 공무원, 사업가, 작가, 강사, 국회의원, 과장, 부장과 같은 직업이나 지위, 돈이라는 측면에 한정된 답을 내놓는다. 하지만 성공한 사람들에게 꿈을 물으면 다른 답이 나온다. 세상을 이롭게 하는 것, 더 많은 사람을 돕는 것, 세상에 선한 영향력을 행사하는 것, 인간을 화성으로 이주시키는 것 같은 개념들을 이야기한다. 이 차이가 느껴지는가? 지금까지 우리가 꿈이라고 착각한 것들이 그들에게는 목표에 지나지 않았다. 꿈을 이루기 위한 수단이었을 뿐이다.

A의 꿈이 더 많은 사람을 돕는 것이라고 가정해보자. 더 많은 사람을 돕겠다는 꿈을 이루기 위해 A는 경찰이 될 수도 있다. 그렇다면 경찰은 A에게 꿈이 아니라 목표가 된다. 꿈을 위해 지나야 하는 과정이라는 말이다. 그렇지만 더 많은 사람들을 돕겠다는 꿈을 이루기 위해서 꼭 경찰이 되어야만 하는 것은 아니다. 다른 많은 목표를 세워서 다양한 분야에서 사람들을 도우며 꿈을 실현할 수도 있기 때문이다. 이처럼 꿈과 목표는 분명하게 구별되어야 한다. 그래야만 삶에 목적이 생겨난다. 성공한 사람들은 이미 목표가 아닌 목적에 의해 삶을 설계하고 있었다.

이제 이 사실을 알았으니 꿈을 명확히 해야 한다는 사실도 알았을 것이다. 삶의 이유를 명확히 해야 하는 이유를 2가지 경우를 비교하며 이야기해보자.

- 삶의 이유가 없는 경우: 목적지가 없으면 걸어도 되고 자동차를 타도 된다. 그냥 어디든 떠돌아다녀도 상관없으니까. 다만

편하고 싶다는 이유만으로 걷는 것보다는 자동차를 타길 원하는 상태일 뿐이다. 지금의 당신 상태가 그렇다.

• 삶의 이유가 명확한 경우: 목적지가 명확한 사람이 있다. 그의 목적지는 미국이다. 그 사람은 걷거나 자동차를 타겠다는 생각을 하지 않는다. 당연히 비행기를 타겠다는 생각을 할 것이다. 미국에 가겠다는 사람이 한국에서 람보르기니를 타고 아무리 빠르게 다닌다고 해도 미국에 도착할 수는 없다.

이처럼 꿈을 명확히 해야 한다. 그래야 걷든, 자동차를 타든, 비행기를 타든, 배를 타든 정확한 방법을 생각해낼 수 있다. 문제가 무엇인지 확인할 수 있게 되는 것이다. 하지만 꿈이 명확하지 않다면 뭘 하든 무엇이 문제겠는가. 아마 문제 자체를 인지하지도 못할 것이다. 다만 편하고 싶다는 단순한 욕망에 사로잡혀 있을 뿐이다.

꿈을 꾸는 데 있어서 알아야 할 것은 꿈이란 우리 자신의 과거와는 아무런 상관이 없다는 점이다. 과거 당신의 패턴이 오늘의 당신을 만들어냈다. 그런데 그 패턴이 내일의 당신을 만들지는 않는다. 내일의 당신을 만들어내는 패턴은 오로지 지금 당신의 패턴뿐이다. 그러니 과거에 당신이 무슨 일을 했든, 어떤 사람이었든, 얼마나 형편없는 사람이었든 그것은 오늘까지의 당신을 만든 패턴이고, 내일의 당신과는 아무런 상관이 없다는 것을 꼭 기억하길 바란다. 조금은 극단적인 이야기일 수 있지만, 만약 당신이 지금 교도소에 있다고 해도 그것은 과거 당신의 패턴이 만든 결과일 뿐이고, 내일의 당신을 결정하는 것은 오로지 오늘 당신의 패턴인 게 맞다. 이런 이유로 과거를 들먹이며 꿈의 한계를 설정하는 핑계는 통하지 않는다.

간단하게 정리해보자면, 꿈은 목적과 같은 말이다. 꿈과 목표는 다르다. 그렇기 때문에 꿈과 목표는 확실하게 구분되어야 한다. 꿈은 직업이나 지위, 돈이 아니라 개념이다. 자, 이제 당신의 목적을 무엇으로 할지 정해야 할 차례다.

목적과 목표를 명확하게 해줄 역대급 기법들이 다음 장부터 소개된다. 모두 진짜 시크릿으로 설계된 법칙들이다. 뜬구름 잡지 않는 성공 공식이니 정말로 인생을 바꾸길 원한다면 꼭 확인하고 적용해야 한다. 그리고 확신하건대 그 설계대로 따라간다면 단기간에 인생은 최소 10배 확장될 것이다. 확신에 이어 한 가지 약속하자면, 이 책을 제대로 다 읽고 나면 원하는 것을 이룰 방법까지도 알게 될 것이다. 진짜 변화를 원한다면, 진짜 시크릿을 확인하고 싶다면, 성공한 사람들의 삶의 공식을 자신에게도 적용하고 싶다면 계속 따라와보라. 이제부터 진짜 시크릿으로 설계된 성공 법칙을 당신에게 적용해볼 것이다.

시크릿의 거인들이 숨긴 진짜 비밀

거인들은 왜 목표를 이루고도
멈추지 않을까?
그들은 목표가 아닌 꿈을 향해
나아가기 때문이다.
그들에게 꿈은 사는 이유,
목표는 꿈을 이루는 수단이다.

SECRET

부

3장 진짜 시크릿으로 설계된 성공 법칙

지금까지의 당신은 가능이 아닌 불가능에 초점을 두고 있었다는 사실을 인정해야 한다. 당신은 새로운 시도를 함으로써 발생할 수 있는 불행, 지금 가진 것을 잃을 수 있는 손해를 무서워한다. 그런데 진짜 불행, 진짜 손해는 당신이 불가능에 초점을 둔 채 두려움에 사로잡혀 아무것도 하지 않았을 때 경험하게 될 것이다.

96퍼센트가 모르는
시크릿 패턴

당신이 여기까지 읽고 있다면 이제 진짜 시크릿을 적용하겠다고 결심한 것이라 믿겠다. 용기를 선택한 당신에게 선물 하나를 주겠다. 바로 시크릿 패턴이다. 96퍼센트 사람들이 모르는 이야기다. 지금부터 당신의 사고방식과 인생을 완전하고 완벽하게 바꿔버리는 법칙을 선물하고자 한다. 이것은 시크릿의 거인들이 사용하는 것이고, 그들이 감춘 진짜 비밀이다. 그러니 당신도 드디어 진짜 시크릿의 정체를 알게 되는 것이다. 추가로 매력적인 부분은 앞서 말했듯 이 시크릿 패턴을 96퍼센트 사람들은 모른다는 사실이다. 이것을 알게 되는 것만으로도 당신은 즉시 4퍼센트에 속하게 된다.

진짜 시크릿을 설명하려면 먼저 알아둘 개념이 있다. 바로 망상활성계 시스템이다. 망상활성계는 다소 복잡한 구조로 되어 있지만 최대한 쉽게 설명해보겠다. 이번에도 역시 다섯 살 이상이면 충분히 이해할 수 있는 내용이다.

이런 말을 한 번쯤 들어봤을 것이다.

"오만 가지 걱정을 다 하고 있네."

실제로 인간은 하루에 오만 가지 생각을 한다고 한다. 그런데 오만 가지 자극을 모두 받아들인다면 그것을 처리하느라 미치지 않을 인간은 하나도 없을 것이다. 그래서 인간이 미치지 않기 위해서는 오만 가지 자극 중에서 자신에게 필요한 정보를 적절하게 구분하고 선택해야 하는데, 이런 것을 망상활성계가 시행한다. 망상활성계는 생각을 필터링하는 기능을 하는 것이다.

여기까지는 이해했을 것이다. 이제 좀 더 비밀스럽고 깊은 이야기를 해보겠다. 걱정 마라. 이 또한 다섯 살 이상이면 이해할 수 있을 정도로 쉽게 접근하겠다.

망상활성계가 필터링하는 3가지 생각이 있다.

1. 생존에 필요한 것(survival)

2. 알고 있는 것(know)

3. 관심 있는 것(interest)

나는 이를 스키(ski)를 필터링한다고 말한다. 반대로 생각해보면, 생존에 필요하지 않거나 모르는 것, 관심 없는 것은 실제로 자극을 받았더라도 망상활성계의 필터링으로 인해 인지되지 않는다는 말이다. 그러니까 오만 가지 생각 중에서 내가 원하는 것들만 인지될 수 있도록 설계하는 것이 망상활성계를 제대로 활용하는 핵심이 된다.

여기까지도 당연히 이해했을 테니 이제 이야기를 하나 해보자. 당신은 주황색 신발에 관심이 생겼고 사고 싶다는 생각을 했다. 그러면 그때부터 갑자기 주황색 신발을 신은 사람들이 많아졌다는 착각이 들 정도로 어디를 가든 주황색 신발들이 계속 눈에 보이게 된다.

감이 좀 오는가? 그렇다면 이야기를 하나 더 해보자. 당신은 벤츠 S클래스를 사려고 한다. 그 순간부터 갑자기 길에 벤츠 S클래스가 엄청나게 보이기 시작한다. 길에 이렇게 벤츠

S클래스가 많았나 싶을 정도로 말이다. 그리고 남들은 구분하지 못하는 작은 디테일까지도 알아볼 정도로 자세하게 눈에 보이게 된다.

이제는 이해했겠지만, 이것을 강박적일 만큼 완벽하게 이해시키기 위해 이야기 하나만 더 하겠다. 당신이 '7'이라는 숫자를 배우기 전에는 7이라는 숫자는 그림에 불과했다. 어쩌면 7을 보고도 인지조차 하지 못했을 것이다. 하지만 7을 배우고부터는 7이라는 것을 인지하기 시작하고, 7을 사용해 사고를 확장하기도 한다.

ㄱ ㅁ ㅈ ㅊ 7 ㄹ 8 ㅎ ㅅ 9 ㄱ

여기서 7이라는 숫자가 크게 눈에 띌 수도 있다. 이처럼 망상활성계 시스템은 7을 의미 있게 만드는 기능을 한다.

그렇다면 정말로 주황색 신발이 갑자기 많아진 것일까? 정말로 벤츠 S클래스가 갑자기 많아진 것일까? 정말로 누가 마법이라도 부린 것일까? 정말로 7이라는 숫자만 의미 있는 문자였을까? 당연히 그렇지 않다. 당신이 관심을 가졌던 주황색 신발이 망상활성계로 인해 필터링되었을 뿐이다. 당신이 관심을 가졌던 벤츠 S클래스가 망상활성계로 인해 필터링되었을 뿐이다. 당신이 알고 있는 숫자 7이 망상활성계로 인해 필터링되었을 뿐이다.

당신이 지나다니던 길에는 평소와 같이 다양한 색의 신발들이 있었고, 당신은 그것들을 봤지만 망상활성계 시스템의 특성으로 인해 다른 신발들을 인지하지 못했을 뿐이다. 망상활성계가 주황색 신발만 인지했던 것이다. 벤츠 S클래스도 마찬가지다. 수많은 차들이 지나다녔지만 망상활성계는 벤츠 S클래스만 보았다. 7도 그렇다. 아무리 복잡하게 뒤죽박죽 나열된 문자들이라도 그중에서 7을 보다 쉽게 인지할 수 있었다.

당신도 분명 비슷한 경험이 있었을 것이다. 이처럼 끌어당김의 법칙은 망상활성계 시스템을 통해서 원하는 것을 얻어내도록 방향과 방법들을 계속 보여주는 원리다. 이 원리들을 이용하여 시크릿으로 설계한 성공 법칙들을 뒤에서 하나하나 알려줄 것이니 망상활성계를 아는 일은 매우 중요하다. 시크릿의 거인들이 실제로 활용하는 진짜 시크릿을 아는 일이기도 하고, 그들이 숨긴 진짜 비밀이기도 하니까 말이다. 더불어 당신이 그것을 사용할 수 있게 되니까 말이다. 그렇게 되면 지금까지 당신이 오해했던 시크릿을 드디어 풀어낼 수 있게 된다.

시크릿의 거인들이 상상의 중요성을 이야기한 것은 망상활성계를 원하는 방향으로 사용하기 위함이다. 진짜 관심 있는 것, 원하는 것을 상상함으로써 그것을 현실에서 보이게 하기 위한 필터링 작업을 하는 것이다. 주황색 신발을 본 것처럼, 벤츠 S클래스를 본 것처럼, 7을 본 것처럼 말이다. 그들은 이 사실을 "상상은 현실이 된다"라는 멋진 표현으로 우리를 망상의 세계로 인도했다.

상상의 힘이 엄청나다는 것은 맞는 말이다. 상상이 현실이 된다는 말도 일부 동의할 수는 있다. 하지만 어디까지나 지금 설명한 시크릿의 진짜 원리를 알았을 때만 적용되는 말이다. 이전처럼 가짜 시크릿을 믿고 있다면 상상은 그저 망상일 뿐이고 망상이 현실이 될 뿐이다.

그런데 망상활성계 속에도 비밀이 있다. 그 비밀은 망상활성계의 진짜 힘을 말한다. 당신이 원하는 어떤 것을 이룰 수 있도록, 원하는 그것에 필요한 수많은 정보를 볼 수 있게 필터링을 한다는 것이다.

이것을 알게 되었으니 이제 끌어당김의 법칙을 강화할 수 있도록 설계된 3단계 기법을 알려줄 것이다. 이를 이용한다면 즉시 끌어당김의 법칙을 삶에 적용할 수 있다. 이로써 끌어당김의 법칙은 큰 어려움 없이도 즉시 적용할 수 있는 것이었음에도 지금까지 망상으로 인해 그러지 못했다는 사실을 알게 될 것이다.

그동안 나는 늘 뭔가 생생하게 상상해야 할 것 같았고, 간절해야 할 것 같았고, 긍정적이어야만 할 것 같았다. 그것들을 끌어당길 때까지의 시간이 필요할 것 같았다. 하지만 진짜 시크릿을 알고 나서부터 원하는 것을 끌어당기는 것은 그런 것들과 별개라는 사실을 완벽하게 이해했다. 이미 완전한 상태로 설계된 진짜 시크릿의 방법을 사용하기만 하면 당신도 지금 즉시 원하는 것을 끌어당길 수 있다. 하지만 역시 걱정하지 마라. 다섯 살 이상만 되면 알아들을 수 있도록 쉽게 풀어 설명할 것이니 말이다. 이 현실판 시크릿, 진짜 시크릿을 적용할 수 있는 조건은 다섯 살 이상이면 충족된다.

시크릿의 거인들이 숨긴 진짜 비밀

망상활성계를

원하는 방향으로 사용하라.

진짜 관심 있는 것,

원하는 것을 상상하라.

원하는 것을 이루기 위해 필요한

수많은 정보를 보도록

스스로 필터링하라.

시크릿의 끌어당김 1단계: 구명 기법

지금까지 당신이 알고 있던 시크릿을 다소 부정적인 관점에서 설명한다고 느꼈을 것이다. 하지만 시크릿과 끌어당김의 법칙이 존재하지 않는다는 말을 하는 것이 아니다. 시크릿과 끌어당김의 법칙은 실재한다. 다만 당신이 생각하는 것과 다른 방식으로 작용한다는 게 문제라면 문제다. 다행스럽게도 나는 완벽하게 당신의 문제를 해결해줄 수 있다. 이제 당신의 삶이 진정으로 변하는 진짜 시크릿, 다시 말해 모호하고 부푼 희망만 주던 시크릿 말고 현실에 진짜로 끌어당기는 시크릿, 현실판 시크릿을 설명할 것이다.

한 가지 이야기를 해보자. 길을 걷다가 가장 좋아하는 연예인을 만나게 되었다. 그런데 이게 무슨 일인가. 그 연예인이 당신에게 먼저 말을 걸어왔다.

"제 이상형이에요. 지금은 바쁘니까 스타벅스에서 꼭 봐요, 꼭이요!"

연예인은 이 말을 남긴 채 매니저에게 이끌려 사라졌다. 심각할 정도로 너무나 설레고 행복하다. '드디어 내 인생에 꽃이 피는구나'라는 생각이 들 정도다.

응? 그런데 뭔가 이상하지 않은가? 큰일이다. 어느 스타벅스에서 보자는 것인가? 며칠? 몇 시? 제기랄, 망했다. 물론 그 연예인이 아닌 당신이 말이다. 서울만 해도 548곳의 스타벅스가 있고 하루는 24시간, 그러니까 86,400초라는 시간이 있으니 그동안 548개 지점을 다 들러볼까 싶은 생각을 한다면, 일단 뜯어말리고 싶다. 들르는 동안 같은 날, 같은 시간, 같은 지점에서 만날 확률을 바랄 바에야 차라리 지금 당장 로또를 사는 게 현명할지 모른다.

현실판 시크릿을 말한다고 해놓고 도대체 왜 이런 쓸데없어 보이는 이야기를 하냐고 할지 모르겠다. 하지만 곧 알게 될 것이다. 왜냐면 내가 만들어낸 이 이야기 속에 시크릿으로 설계된 끌어당김의 첫 번째 비밀이 숨겨져 있기 때문이다.

원하는 것을 진짜 이루고 싶은 당신이 해야 할 현실판 시크릿의 첫 번째는 '정확한' 목표 설정이다. '원하는' 목표가 아니라 '정확한' 목표를 말하는 것이다. 부자가 되고 싶다, 월 1,000만 원을 벌고 싶다, 경제적 자유를 누리고 싶다, 유명해지고 싶다 같은 식으로는 지금껏 원하던 목표는 이루어질 수 없었을 것이다. 왜냐면 당신이 원했던 방식은 마치 연예인과 스타벅스에서 만나는 일에서 언제, 어떻게 만나야 하는지에 대한 명확한 결정이 없었던 것과 같기 때문이다. 즉 원하는 것을 명확히 하지 않았기 때문이다.

원하는 목표와 정확한 목표는 어떻게 다른 걸까? 연예인이 당신에게 뭐라고 했어야 서로 만날 수 있었을까? 이 답을 생각해보면 정확한 목표에 대해 쉽게 이해할 수 있을 것이다. 답은 당연하다. 언제, 어디서 만날지를 명확하게 정했어야 했다.

이처럼 원하는 것을 정말 이루겠다면 이런 명확성은 필수다. 지금까지 설정해온 것처럼, 그저 이랬으면 좋겠다는 식의 원하는 목표에는 명확성이 없다. 그렇다면 목표는 절대 이루어질 수 없다는 얘기다.

'구명'을 기억하라. 구명은 사물의 본질과 원인을 깊이 연구하여 밝힌다는 의미이기도 하지만, 사람의 목숨을 구한다는 의미이기도 하다. 원하는 것을 이루는 과정에도 구명이 필요하다. 목표를 이루는 것의 본질과 원인에 대한 기법이기도 하지만, 인생을 바꿀 기법이기도 하기 때문이다. 그리고 이런 의미 때문에 구명 기법이라 부르게 되었다.

시크릿의 거인들이 사용하는 이 기법을 확실히 인지하기 위해서는, 즉 구명 기법을 기억하기 위해서는 구명에 대한 2행시를 기억하면 된다.

구: 구체적 제시(스타벅스 어느 지점)
명: 명확한 기한(몇 월, 며칠, 몇 시)

이 2가지를 확실히 해야 한다.

마찬가지로 정말 원하는 것을 끌어당기고 이루겠다면 구명 기법은 단지 필요한 것이 아니라 필수적인 것이다. 주목할 점은 당신이 구명 기법의 필요를 느끼든 느끼지 못하든, 구명 기법을 이해하든 이해하지 못하든 이 기법은 적용하면 그저 이룰 수 있다는 것이다.

연예인이 구명 기법을 알았다면 가장 이상적인 대화 내용은 이랬을 것이다.

"제 이상형이에요. 지금은 바쁘니까 12월 25일 저녁 7시에(명확한 기한) 스타벅스 고속터미널점에서(구체적 제시) 꼭 봐요."

이처럼 목표는 구체적이어야 하고 기한이 명확해야 한다. 그래야 목표에 맞게 계획을 설정하고 실행할 수 있다. 조언하자면, 원하는 것을 목표로 설정할 때, 연예인과 약속을 잡듯이 목표를 세우면 된다는 점을 기억하면 좋다. 좋아하는 연예인과 만나자는 약속을 한다면 장소와 시간을 당연히 구체적이고 명확하게 정하여 약속을 잡을 것이다.

진짜 시크릿으로 설계된 끌어당김의 첫 번째 기법을 알게 된 소감이 어떤가? 지금까지 믿고 있던 시크릿, 마법 같은 시크릿, 영적인 느낌의 시크릿으로 느껴지는가? 아마 너무 현실적인 것을 시크릿이라고 말하는 내가 미친 사람처럼 보일지 모르겠다. 이처럼 진짜 시크릿은 지금까지 당신이 알고 있던 마법 같은 것이 아니다. 시크릿의 거인들은 마법 같은 시크릿을 적용한 것도 아니고, 영적으로 접근한 것도 아니다. 그저 자신이 원하는 것에 구멍 기법을 적용했고, 그 결과 명확하게 원하던 것을 이룰 수 있었을 뿐이다. 어쨌든 이 이야기는 나머지 부분에서 계속 언급하고 설명할 테니 당신은 계속 전진하면 된다.

그럼 이제 구멍 기법을 통해 '정확한 목표'를 설정해야 목표를 이룰 수 있다는 점을 알았을 것이다. 월 1,000만 원을 벌고 싶다는 '원하는 목표'가 아니라 2023년 5월 31일 오후 1시까지 ○○○를 하여 월 1,000만 원을 벌겠다는 '정확한 목표'를 설정해야 그것에 필요한 계획을 세우고 계획을 행동으로 옮길 수 있다는 사실도 알았을 것이다. 늘 기억하라. 스타벅스에서 만나지 못한 당신의 연예인은 정확한 목표를 설정했더라면 만날 수 있었다. 삶에 나타나길 바라는 모든 것에도 구멍 기법을 적용할 수 있다. 하지만 역시 구멍이 없다면 원하는 것은 절대 나타날 수 없다.

시크릿의 거인들 중 한 명인 밥 프록터는 목표를 정하는 기준에 대해 이렇게 이야기했다.

"목표는 자신을 두렵게도 하고, 설레게도 해야 한다."

시크릿으로 설계된 끌어당김 1단계의 목표는 딱 이 정도가 적당하다. 만약 목표가 두렵기만 하다면 목표의 현실성 부재를 의미하는 것이고, 설레기만 하다면 성장의 부재를 의미하는 것이다. 두려우면서 동시에 설레기도 하는 정도의 목표설정이 필요하다. 그리고 구명 기법을 적용하여 정확한 목표를 설정해야 한다.

시크릿의 거인들이 숨긴 진짜 비밀

시크릿의 거인들은 마법 같은 시크릿,

영적인 시크릿을 적용하지 않았다.

그저 자신의 목표에

'구명' 기법을 적용했을 뿐!

목표는 '구'체적으로 하고,

'명'확한 기한을 정하라.

시크릿의 끌어당김 2단계:
돋보기 기법

모든 실패에는 두려움이라는 요소가 지배적으로 작용한다. 그렇다면 두려움을 최소화할 수만 있으면 성공에 더 다가갈 수 있다는 말이 된다. 이런 이유로 시크릿으로 설계된 끌어당김 2단계 기법은 1단계 기법을 이루는 데 매우 중요한 역할을 담당한다. 이 두 번째 기법은 현실에서 느끼는 두려움을 최소화하는 역할을 하기 때문이다. 그러니까 1단계에서 정한 두렵기도 하고 설레기도 한 목표를 이루기 위해 두려움을 없애고 행동하게 하는 데 중점을 둔다. 이 목적을 가지고 탄생한 엄청난 기법이 바로 돋보기 기법이다. 돋보기 기법 역시 다섯 살 이상이면 쉽게 이해할 수 있다.

20대 후반에 한 달간 책 100권을 읽겠다는 목표를 가졌던 때가 있었다. 당시 나의 1단계, 정확한 목표는 이랬다.

"오늘(2016년 11월 30일)부터

2016년 12월 31일 오후 9시까지 책 100권을 읽겠다."

순간적인 뜨거운 열정에 화상을 입을 정도로 동기부여가 되었다. 하지만 하루도 지나지 않아 열정과 의지는 차갑다 못해 추울 정도로 식어버렸다. 동기부여나 의지 말고 다른 무엇이 필요했다. 2단계 돋보기 기법이 무조건 필요한 시점이었다.

- 1단계 구명 기법: 2016년 12월 31일 오후 9시까지 책 100권을 읽겠다.
- 2단계 돋보기 기법: 2016년 12월 20일 오후 9시까지 책 60권을 읽겠다. / 2016년 12월 10일 오후 9시까지 책 30권을 읽겠다. / 2016년 12월 5일 오후 9시까지 책 15권을 읽겠다.

그리고 3단계를 적용했다. 3단계는 이어서 자세하게 설명할 것이기에 여기서 설명하진 않겠다. 이 과정에서 나의 믿음은 강화되어 확신으로 변했다. 어떤 믿음이 그랬을까? 바로 상상은 현실이 된다는 말이 맞지 않다는 것 말이다.

상상이 현실이 되려면 분명한 행동이 필요했다. 하지만 동기부여나 의지, 열정만으로는 행동을 일으키기에 무리가 있었다. 원하는 최종 목표는 어렵고 아득하게만 느껴졌기 때문에 두려움이 컸다. 실패할 것 같았다. 이래서는 행동할 수가 없었다. 그래서 2단계 기법으로 어렵고 아득하기만 했던 1단계의 목표를 쉽게 만드는 작업이 필요했다.

그렇게 2단계 기법을 적용해 목표를 보다 쉽게 만드니 방법들이 보이기 시작했다. 열정이나 의지가 아니라 그것을 실현해줄 구체적인 방법을 찾게 되자 행동하기가 수월했다. 그리고 이 정도면 해낼 수 있겠다 싶은 수치를 알게 되면서 스스로 행동을 강요하는 효과까지 생겨났다. 그렇게 나는 12월 5일까지 15권을 읽었고, 12월 10일까지 34권을 읽었으며, 12월 20일까지 66권을 읽었다. 그리고 12월 31일 책 100권을 읽어내며 2단계의 모든 계획에 이어 1단계의 목표까지 완성했다.

어렵고 아득하기만 했던 1단계의 목표는 이처럼 돋보기 기법을 적용하자 보다 '쉽게' 느껴졌고 '현실적으로' 다가왔다. 지금까지 이 기법을 적용하며 많은 것을 성공한 나는 확신을 넘어 거의 아집의 수준으로 신념을 강화해왔다. 상상이 아니라 행동이 현실이 된다는 신념 말이다.

2단계 돋보기 기법의 핵심은 이것이다. 쉽고 현실적으로 바라보기. 당신도 무언가를 늘 원했겠지만 이루어지지 않았을 것이다. 그렇지만 이제는 당신도 정말 끌어당김의 법칙을 경험하고 싶다면, 그래서 정말로 원하는 것을 이루고 싶다면, 모호하고 판타지한 시크릿 말고 이 책에서 설명하는 현실판 시크릿을 받아들이고 익혀야 할 것이다. 시크릿의 거인들이 숨긴 진짜 비밀을 말이다.

2단계 돋보기 기법에 대해 더 이야기해보자. 시크릿으로 설계된 끌어당김을 배운 원숭이가 1단계 구멍 기법(구체적 제시, 명확한 기한)대로 정확한 목표를 세웠다. "2028년 11월 11일 오전 11시까지 벤츠 S클래스를 산다"라는 목표다. 원숭이는 길고도 막연하게 느껴지는 1단계 목표를 2단계 돋보기 기법에 따라 쉽게 만들어보았다.

- 1단계: 2028년 11월 11일 오전 11시까지 벤츠 S클래스를 산다.
- 2단계: 2025년 11월 11일 오전 11시까지 그랜저를 산다. / 2022년 11월 11일 오전 11시까지 스파크를 산다.

이로써 원숭이는 1단계에서 세운 목표의 기한이나 내용은 움직이지 않고, 2단계에서 그 목표에 현실적이고 쉽게 접근하는 방법을 만들어냈다.

2단계 돋보기 기법은 주의할 점이 2가지 있다.

첫째, 1단계 구멍 기법의 목표(벤츠 S클래스)의 기한은 그대로 두고, 그 목표를 기준으로 쉬운 단계로 계속 나눈다.

둘째, 2단계 돋보기 기법에서도 구멍 기법을 사용한다.

첫 번째 주의사항은 중요하다. 1단계에서 세운 정확한 목표를 2단계 기법에 따라 보다 현실적이면서 쉽게 만들지 않는다면, 막연함과 두려움에 지배당하면서 1단계 목표의 기한이 계속해서 늘어날 것이기 때문이다. 그래서 두 번째 주의사항 또한 중요하다. 2단계 기법에서도 정확한 목표를 설정하여 구멍 기법이 드러나야만 1단계 목표로 나아가는 데 무리가 없다.

그리고 한 가지 당부하고 싶은 이야기가 더 있다. 지금까지도 그렇고 앞으로 남은 내용에서도 계속 예시를 들려줄 것인데 어쨌든 예시는 비유일 뿐이다. 벤츠 S클래스 이야기를 듣고 설마 "나는 차에는 관심 없어"라는 웃기지도 않은 소리를 하진 않을 거라고 믿는다. 이런 말 같지도 않은 당연한 이야기를 하는 이유는 세상에는 당신이 생각하는 그 이상의 생각을 하는 사람들이 넘쳐나기 때문이다. 그리고 나는 그런 말 같지도 않다던 것을 자주 질문받고 경험하고 있다. 예시는 당신이 이해하는 데 도움을 주기 위한 것일 뿐이다. 그 이상의 아무런 의미는 없음을 알아주길 바란다.

마지막으로 현실판 시크릿의 끌어당김 2단계인 돋보기 기법을 아주 간단하게 정리해보겠다.

1. 1단계의 목표를 보다 쉽고 현실적으로 만든다.
2. 두려움을 지배하는 데 매우 특효가 있다.

이제 원하는 것을 끌어당기기 위해서 더 이상 간절함이나 긍정, 생생함 같은 것들을 준비할 필요가 없다는 사실을 알게 되었을 것이다. 굳이 준비를 해야 한다면 간절함이나 긍정, 생생함 같은 것이 아니라 시크릿으로 설계된 끌어당김 1, 2, 3단계 기법이어야 할 것이다. 이번에야말로 진짜로 끌어당김의 법칙을 적용하고 싶다면 말이다.

다음으로 시크릿으로 설계된 끌어당김 3단계인 개잘 기법을 설명할 것이다. 이 기법은 2단계 돋보기 기법을 한 단계 한 단계 성취해 나가는 일에 핵심이 된다. 그렇게 3단계 덕분에 당신은 무조건 행동할 수 있게 될 것이고, 2단계 역시 성취할 것이며, 이내 1단계까지도 성취하게 될 것이다.

시크릿의 거인들이 숨긴 진짜 비밀

원하는 목표가 어렵고
아득하게만 느껴진다면?
열정에만 기대지 말고
'돋보기' 기법을 활용하라.
목표를 세분해서
더 쉽고 현실적으로 만들어라.

시크릿의 끌어당김 3단계: 개잘 기법

어린 시절부터 나는 원하는 게 많았고 상상을 잘했는데 어느 정도였냐면 매일매일 혼자 상상 속에서 다른 세계를 만들어 실감 나게 놀았다. 진짜 현실인 것처럼 놀았다. 이런 모습을 다른 사람들이 봤다면 미친 사람으로 오해했을 것이다. 그렇게 상상을 이용하며 노는 것을 좋아했던 나는 시크릿을 처음 접했던 당시 너무 행복했다. 왜냐면 나는 상상을 잘하는 사람이었고 상상을 좋아하는 사람이었으니까. 그 상상을 정말로 현실로 만들 수 있다고 말하고 있었으니까.

그런데 그렇게 잘한다고 자부하던 상상이 나의 발목을

잡았다. 나는 세상에 퍼진 잘못된 시크릿을 받아들였고 그대로 오해했다. 그러고는 늘 걱정했다. 혹시 내 상상이 안 좋은 것을 떠올리면 어쩌나 싶어 그러지 않으려고 애썼다. 사실은 그렇게 애쓰는 것 자체가 집착이었고, 그 집착은 딱 안 좋은 것만을 끌어당기는 결과를 만들었다. 그렇지만 그때는 그냥 떠올리지만 않는다면 그런 것을 멀리할 수 있다고 생각했다.

늘 원하는 것을 상상하고 또 상상했다. 수백만 원짜리 강의를 듣고 교육을 받으며 강사들이 알려준 방법들을 익히고 공부했다. 그러면서 '이 책만 마저 읽고 시작해야겠다', '이 강의만 듣고 시작해야겠다', '이 전자책만 보고 시작해야겠다', '이 방법만 익히면 시작해야겠다'라며 계속 시작을 미루었다. 그러는 동안에도 스스로 남들보다 열심히 살고 있다고 합리화했다. 배우던 것을 끝내고 나면 또 뭔가 부족한 게 있다며 시작을 미루는 결과를 반복했다. 계속 책을 읽고 강연을 듣는 등의 방식들을 통해서 꾸준히 공부를 이어가기만 했다.

당연히 공부를 열심히 하는 것은 필요하고 잘못된 일이 아니지만 문제는 따로 있었다. 그 문제에 대해서 당신은 생각도 못 해봤을 것이다. 그 문제는 나와 당신이 완벽주의자라는 사실이다. 아니라고 부정하고 싶은가? 먼저 이야기를 들어보라.

누군가가 원숭이에게 바나나 한 개를 주면서 이 바나나를 가지고 5킬로미터를 가면 바나나 천 개를 받을 수 있다고 말한다. 원숭이는 그 이야기를 들으며 생각한다.

'저 말이 끝나면 바로 출발해야겠다.'

막 출발하려 하는데 문득 생각 하나가 떠오른다.

'그렇게 많이 걸으면 다리가 아플 텐데.'

그래서 다리가 아프지 않게 걷는 방법을 묻는다. 아! 신발을 신으라고 한다. 신발이 있으니 이제 출발할 수 있겠다 싶다. 그런데 문득, 가는 길에 목이 마르진 않을까 걱정이 된다. 또다시 공부를 한다. 작은 물통을 하나 챙기면 좋다고 한다. 그런데 또 걱정이 생긴다. 가는 중에 비가 오면 어쩌지? 그래서 우산을 추천받는다. 그런데 우산은 어떻게 사용하는 거지? 그래서 우산 사용법을 배운다. 그때 지나가던 다른 원숭이가 말한다.

"그냥 비옷 입고 장화 신는 게 편해."

듣고 보니 그 말이 맞는 것 같다. 역시 우산보다 비옷과 장화가 낫겠다. 비옷이랑 장화만 구하면 이제 정말로 출발할 수 있겠다고 생각한다. 비옷이랑 장화를 어디서 구하는지를 한참 동안 묻고 다니는데 지나가던 노인 원숭이가 말한다.

"이곳은 10년 동안 단 한 번도 비가 온 적이 없어."

그렇다면 우산, 비옷, 장화 모두 필요 없겠다는 생각을 한다. 근데 화장실이 급할 때는 어떻게 해결하지? 그래서 화장실의 위치와 사용법을 배운다. 그러다 5킬로미터를 가면 바나나 천 개를 정말 주는 건 맞는지 의문이 든다. 그래서 주변 원숭이들에게 진짜인지 확인도 해보고, 더 좋은 것은 없는지 묻기도 하고, 계속해서 공부를 하면서 아직까지 100미터도 못 간 채 살고 있다.

과거에 나는 이 원숭이와 같았다. 5킬로미터를 가기 위해서 다리가 아프지 않을 수 있는 방법, 비를 피하는 방법, 생리적 욕구를 해결하는 방법, 의심을 합리화하는 방법, 계속해서 좋은 방법을 찾아내는 방법 등을 끊임없이 걱정하고 고민하고 공부했다. 그런데 그럴 시간에 그 에너지로 5킬로미터를 향해 나아갔다면 어땠을까? 아마 화장실 볼일은 어떻게 해결해야 하는지를 익히고 있을 때쯤 목표점에 도달했을 수도 있다. 아니면 적어도 목표점에 꽤나 근접해 있었을 것이다.

이것이 당신의 이야기가 아니라면 나를 심하게 비웃고 조롱해도 좋다. 그렇다면 정말 다행이다. 당신은 이 원숭이가 아닐 테니까. 이미 목표점에 도달했을 테니까. 그런데 혹시 이 이야기가 뭔 소리인지는 잘 모르겠는데, 뭔가 이해되는 상태라면 기억하라. 당신도 이 원숭이일 수 있다.

무언가를 성공하고 싶은데 실수하지 않고 실패하지 않고 고통받지 않고 싶다는 마음이 들어 계속 시작을 미루는 것이 완벽주의가 아니고 무엇이겠는가. 앞서 당신이 완벽주의자라는 억지를 좀 부렸다. 아니라면 축하하고 미안하다. 덧붙이자면, 모든 것을 익히고 갖추고 준비한 채로 출발하는 게 완벽이 아니라 그냥 출발해서 목표점에 도착하는 게 완벽이다.

이미 가진 정보를 이용해 그냥 출발하자. 가고 있는데 발이 아프면, 비가 오면, 화장실이 급하면 그때 어떻게 할지 생각해도 늦지 않다. 아니, 오히려 그렇게 하는 게 빠른 길이다. 뭔가를 하는 데 있어 계속 공부를 하고 있다는 명분을 앞세워 나아가지 않는다면, 그 자리에 멈춰 있는 것이다. 멈추었다는 말은 도태되고 있음을 의미한다. 물론 당신이 그런 명분을 앞세우는 이유는 본능에 충실해서다. 왜인지 모르지만 사람들은 눈앞의 실패는 걱정하면서도 훗날의 후회는 생각하지 못한다.

나는 당신이 실패를 하더라도 후회는 안 했으면 한다. 그래서 무조건 시작할 수 있는 완벽한 방법인 개잘 기법을 알려주려고 한다. 당신이 혹시 이야기 속 원숭이라면 무조건 출발할 수 있는 방법이다. 완벽에 이르는 방법이니 꼭 사용하길 권한다. 2단계 돋보기 기법을 성취하는 핵심이기도 하다.

당신은 1단계 구명 기법으로 구체적 제시와 명확한 기한을 적용한 정확한 목표를 설정했다. 그리고 2단계 돋보기 기법으로 1단계의 목표를 쉽고 현실적인 형태로 만들었다. 이제 3단계 개잘 기법으로 쉽고 현실적인 형태로 만들어진 목표를 성취할 차례다.

개잘 기법이란 당신이 하려는 것을 개미보다 잘할 수 있으면 당장 시작하는 것이다. 정확한 목표가 망상이 아닌 현실이 되는 데 가장 중요한 요소다. 이 기법은 2가지만 적용하면 완벽하게 끝이다.

1. 목표와 관련된 일을 한다.

2. 1번을 매일 하여 누적한다.

너무 간단하고 쉽게 표현해서 오해할까 걱정이다. 하지만 간단한 것이 결코 해내기 쉬운 것은 아니다.

시크릿으로 설계된 끌어당김, 즉 현실판 시크릿의 1, 2, 3단계를 통합해 이야기를 하나 더 해보자. 원숭이의 이번 목표는 책을 쓰는 것이다. 1단계 구명 기법에 따라 구체적이고 명확한 기한을 사용해 목표를 설정한다.

- 1단계: 2022년 7월 11일 오전 11시까지 200페이지 분량의 책을 완성한다.

다음으로 2단계 돋보기 기법에 따라 이 목표를 쉽고 현실적으로 만든다.

- 2단계: 2022년 4월 11일 오전 11시까지 100페이지 분량의 책을 완성한다. / 2022년 1월 11일 오전 11시까지 책의 목차 가안을 완성한다.

그런 다음 3단계 개잘 기법에 따라 목표와 관련된 일을 매일 하고 이를 누적한다. 책을 쓰기 위해 매일 한 단어든, 한 문장이든, 한 장이든, 두 장이든 글을 쓴다. 이 작은 일을 매일 누적하다 보면, 책의 콘셉트와 주제, 목차, 제목 등이 점차 방향성을 갖게 된다. 여기서 중요한 것은 천재 작가처럼 쓰는 능력이 아니다. 특별한 재능이나 경험이 아니다. 의지나 열정도 아니다. 중요한 것은 개미보다 책을 잘 쓸 수 있다면 지금 할 수 있는 것부터 바로 시작하는 태도다.

이런 태도는 가장 가까운 목표 "2022년 1월 11일 오전 11시까지 책의 목차 가안을 완성한다"부터 점차 이뤄가며, 결국 최종 목표 "2022년 7월 11일 오전 11시까지 200페이지 분량의 책을 완성한다"까지 성취할 수 있게 한다.

무엇보다 목표를 이룰 방법을 매일 시도하고 그것을 누적하는 이 3단계 기법이 중요한 이유는 목표에 맞는 사람으로 성장해 나간다는 점에 있다. 뭐하고 있는가? 당신이 하려는 그것을 개미보다 잘할 수 있으면 당장 시작하라.

시크릿의 거인들이 숨긴 진짜 비밀

개미보다 잘할 수 있는 것이라면,
당장 시작하라.
가진 정보로 그냥 출발하라.
공부한다는 명분으로
그 자리에 멈춰 있지 마라.

미친 가능성을 만드는
2가지 모토

어린 시절 부모님이 옛날이야기를 해주실 때면 이해가 되지 않았던 게 있었다. 왜 자동차가 있는데 사람들이 말을 타고 다녔을까? 나는 당시의 이동수단이 말이었다는 사실을 받아들일 수가 없었다. 자동차가 없던 시절을 살아보지 않았기 때문일까, 아니면 그냥 이해력이 부족했던 것일까? 나는 자동차가 없는 세상을 상상할 수 없었다. 비단 말뿐만이 아니었다. 삐삐라고 하는 통신수단도 상상할 수 없었다. 나의 세상에서는 핸드폰을 사용하고 있었기 때문이다.

나의 세상에서는 자동차, 기차, 비행기, 핸드폰 같은 것들이 너무나 당연했다. 부모님은 불가능을 가능으로 만든 핸드폰이라는 물건에 대한 놀라운 이야기를 나에게 설명해주시곤 했지만, 나는 단 한 번도 자동차와 핸드폰이 불가능을 가능으로 바꾼 것이라는 생각을 해보지 못했다.

이처럼 우리에게 편의를 주며 당연하게 여겨지고 있는 모든 것은 어떻게 탄생했을까? 전등, 자동차, 비행기, 스마트폰, 컴퓨터, 기차, 지하철, 냉장고, 아파트 등 일상의 당연한 것들은 그것이 없던 시절에는 모두 불가능한 것이었다. 하지만 지금은 그것들이 없는 세상을 상상할 수 없다.

얼마 전까지만 해도, 아니 지금도 일각에서는 일론 머스크를 미친 사람으로 취급한다. 화성으로 이주한다니 얼마나 미친 소리 같은가. 하지만 미래에 당신이 화성에 있다고 상상해보라. 화성과 지구를 이동하는 것이 서울에서 부산을 가는 것처럼 당연한 시대를 살게 된다고 생각해보라. 그때 세상을 처음 경험할 아이들은 화성으로 여행을 다니지 않았던 지금의 세상이 상상도 되지 않을 것이다.

전등을 만들어 세상을 밝게 하고, 자동차와 기차, 비행기를 만들어 이동을 편리하게 하고, 스마트폰과 컴퓨터를 만들어 여러 가지 편의를 제공한 사람들은 모두 어떻게 그 불가능한 일을 가능하게 해낸 것일까?

어느 날 사람이 신에게 묻는다.

"사람이 날 수 있습니까?"

신이 대답한다.

"글쎄, 불가능해 보이는데."

사람이 다시 묻는다.

"사람이 날 수 있습니까?"

신이 대답한다.

"날 수 있을지는 모르겠지만, 불가능해 보인다고 하지 않느냐."

사람이 다시 말한다.

"제가 알고 싶은 것은 날 수 있는 확률이 있느냐 하는 것입니다."

신이 말한다.

"날 수도 있겠지만, 아무래도 불가능에 가깝다는 것이다."

사람이 말한다.

"저는 불가능에는 관심이 없습니다. 0.1퍼센트라도 날 가능성이 있다면 충분합니다."

이 이야기가 혹시 판타지처럼 느껴지는가? 하지만 일상에서 벌어지는 일을 조금 과장한 것뿐이다. 비행기를 만들고 자동차를 만들고 스마트폰을 만들고 그 외에 우리가 사용하고 있는 모든 것을 만든 사람들은 이처럼 당시에는 불가능하게 보였던 것을 가능하게 했다.

그들은 불가능을 고려하지 않았다. 그저 가능성만 보았을 뿐이다. 그 덕분에 불가능해 보였던 모든 것이 가능해졌다. 아직도 일론 머스크가 꿈꾸는 화성으로의 이주가 불가능해 보이는가? 혹시 그렇더라도 상관없다. 그는 가능성만을 보고 있기 때문이다. 그건 어쩌면 곧 가능해질 수도 있다는 말이다.

오해 없길 바란다. 이 책에서 일론 머스크를 몇 차례 언급하고 있지만, 나는 일론 머스크를 좋아하거나 일론 머스크의 사상을 지지하는 것이 전혀 아니다. 하지만 그의 꿈은 응원하고 있다. 그가 꿈을 이루는 것은 이 책에서 이야기하는 현실판 시크릿이라는 성공 법칙을 완벽하게 증명하는 길이기 때문이다. 물론 세상의 수많은 사람이 이미 증명했지만 말이다. 그러니 진정으로 원하는 것을 이루겠다면, 못하는 이유, 안 되는 이유 같은 핑계를 댈 필요가 없다. 정말로 그것을 하고 싶은지 아닌지만 확실히 선택하면 된다. 만약 하고 싶다면 어떤 상황이든, 어떤 환경이든 그것을 가능하게 하는 방법을 생각해내면 되고, 만약 하기 싫다면 용기 있게 빨리 포기하면 된다.

지금까지의 당신은 가능이 아닌 불가능에 초점을 두고 있었다는 사실을 인정해야 한다. 당신은 새로운 시도를 함으로써 발생할 수 있는 불행, 지금 가진 것을 잃을 수 있는 손해를 무서워한다. 물론 앞으로 발생할 수 있는 손해도 마찬가지다. 그런데 진짜 불행, 진짜 손해는 당신이 불가능에 초점을 둔 채 두려움에 사로잡혀 아무것도 하지 않았을 때 경험하게 될 것이다.

그리고 안타깝게도 그 불행과 손해를 눈치채고 깨닫는 때는 당신이 임종하는 순간이 될 거라는 게 함정이다. 피하기만 한다고 해서 안전한 것은 아니다. 인정하고 싶지 않은 진실을 애써 부정한다고 해서 다가오는 손해를 피할 수는 없다. 이득을 취하고 싶다면 가능성에 초점을 두고 시작을 해야만 한다.

내게는 행동할 때 2가지 모토가 있다. 이런 태도 덕분에 생각보다 많은 것을 이룰 수 있었다. 앞으로는 더 많은 것을 이룰 것이다. 첫 번째 모토는 '개잘'이다. 앞서 말했듯이 내가 하려는 것을 개미보다 잘할 수 있다면 지금 시작하는 것이다. 두 번째 모토는 시도하는 거의 대부분의 방법이 실패할 거라는 사실을 인정하는 것이다.

나는 행동을 할 때 불가능이 아닌 가능에 초점을 두지만, 그렇다고 성공에 집착하지는 않는다. 성공 대신 시도하는 것 자체에 집중한다. 왜냐면 성공에 집착한다고 해서 결과를 바꿀 수 있었던 경우는 거의 없었기 때문이다. 성공은 시도와 노력과 운의 집합이다. 시도와 노력은 내가 조절할 수 있는 영역이지만, 운이라는 영역은 100퍼센트 나에게 달린 것이 아니기 때문에 나는 성공에 집착하지 않는다. 실제로 내가 시도한 대부분의 방법은 실패했다. 그중 성공한 것들은 지금 내 인생에 남아 나와 함께하고 있다.

어느 날 어린 첫째 아들과 장난감을 가지고 놀다가 물어보았다.

"만약에 아빠가 책을 쓰면 어떨까?"

아들은 대답했다.

"쓰면 되지."

역시 아이들은 참 편하게 세상을 산다고 생각하며 아무 기대 없이 다시 물었다.

"아니, 아빠는 사람들을 도와주고 싶거든. 근데 책을 쓰면 사람들에게 도움을 줄 수 있을까?"

그러자 아들은 나름 진지하게 다시 대답했다.

"그러니까 쓰면 되잖아요. 쓰고 나서 확인하면 되지."

아들의 대답은 어이없을 만큼 간단명료했다. 나는 아들과의 장난스런 대화에서 꽤나 큰 충격을 받았다. 다섯 살 아들에게 또다시 배운 것이다.

무언가를 시도하고 결과를 만들어보기 전에는 내가 생각한 모든 과정과 결과가 정답일 리 없다. 결국은 시도하고 진짜로 결과가 나타나야만 정답을 알 수 있다. 아들의 말처럼 책으로 도움을 줄 수 있을지 없을지는 책을 써서 확인해봐야 알 수 있는 것 아니겠는가.

과거에 나는 왜 항상 생각 속에서 계획을 짜고 결과를 예상하면서 정답까지 만들었던 것일까? 그것이 실제 정답도 아닌데 말이다. 좋은 아이디어가 있거나 현재의 상황을 바꾸고 싶다거나 또는 더 좋은 무언가에 도전하고 싶다면 생각으로는 정답을 확인할 수 없다. 그러니 생각만 하면서 살지 말고 그냥 하는 게 답이다. 그래야 진짜 정답을 확인할 수 있다.

당신이 하려는 그것을 개미보다 잘할 수 있다면 지금 시작하자. 물론 실패할 가능성도 높다. 하지만 저질러봐야 확인할 수 있을 것이다. 당신의 생각이 정답일 리는 없다.

정리해보자. 무언가를 하고 싶다면, 무언가를 바꾸고 싶다면, 진정 무언가를 원한다면 불가능한 점을 볼 것이 아니라 항상 가능한 부분을 생각하면서 그냥 시도해야 한다. 정답을 확인하는 최선의 방법은 지금 실행하는 것이다.

지금 실행할 때 도움이 되는 2가지 모토를 이야기했다. 하나는 '개잘'이고, 다른 하나는 실패할 거라는 사실을 인정하는 것이다. 필요한 것은 도전과 노력이다. 성공에 집착할 필요는 없다. 도전과 노력이 지속된다면 운은 따라오게 되어 있다. 운이 따라온다는 것은 성공을 한다는 의미가 된다. 결국 나중에 당신이 어떤 사람이었는지 알게 해주는 것은 당신이 가진 재능이 아니라 당신이 한 행동에서 확인될 것이다.

시크릿의 거인들이 숨긴 진짜 비밀

정말 원한다면,

정말 바꾸고 싶다면

불가능한 점 대신

가능한 점을 생각하고 그냥 하라.

정답을 확인하는 최선의 방법은

당장 실행하는 것이다.

SECRET

4장 성공을 초월하는 시크릿 거인들의 비결

진짜 시크릿을 적용하고 싶다면 가짜 시크릿을 버리기 전에 각오할
것이 있다. 지금까지 알고 있던 시크릿의 달콤한 거짓을 믿지 말고, 이제
새롭게 알아가고 있는 현실판 시크릿의 불편한 진실을 인정하는 것이다.
이럴 각오가 되어 있다면 진짜 원하는 것을 끌어당길 수 있다.

퀀텀 목표:
여러 가지 목표를 한 번에 빠르게

나는 내가 수년간 오해하고 잘못 적용한 시크릿에 대해, 속된말로 개고생해서 알게 된 시크릿의 진짜 비밀에 대해, 그리고 시크릿의 본질에 대해 강의와 책을 통해서 많은 사람들에게 알리고 싶었다. 되도록 많은 사람들에게 도움이 되기를 바랐다. 사람들이 진짜 시크릿을 적용할 수 있기를 바랐다.

그러기 위해서는 나의 이야기를 사람들이 들을 수 있어야 했는데 지금은 누구에게나 그것이 가능한 시대다. 그런 바람을 이룰 수 있도록 도와주는 플랫폼 또한 널려 있다. 가장 유행하는 플랫폼은 단연 유튜브! 그래서 나는 유튜브를 하기 시작했다.

유튜브는 시작만 하면 누구나 성공하는 것 아닌가. 그만큼 쉬운 것이 아니던가. 나 역시 유튜브로 성공했다. 실패를 성공한 것이다. 맞다. 보기 좋게 실패했다는 소리다. 지금부터 퀀텀 목표법를 계획했던 나의 이야기를 하려고 한다. 퀀텀 목표법은 여러 가지 목표를 한 번에, 그것도 빠르게 이뤄주는 마치 마법에 가까운 기법이다.

내가 유튜브를 한 기간은 3개월 정도로 비교적 짧았다. 그래도 유튜브 전문가가 추천한 1일 1영상 올리기를 나도 해봤다. 매일 영상을 올리고 개선해가며 방법을 바꾸기도 하면서 많은 것을 변화시켜봤다. 결과는 구독자 37명. 내가 10년 넘게 1,000만 원 이상을 써가며 체득하고 깨달은 시크릿의 본질을 많은 사람에게 알리고 싶다는 취지에는 못 미치는 결과이기에 그야말로 실패였다.

또 다른 플랫폼인 블로그와 인터넷 카페 개설에도 도전했다. 블로그와 인터넷 카페 분야의 전문가도 1일 1포스팅을 권했다. 나는 그렇게 했다. 이 활동을 한 것도 6개월 정도로 비교적 짧은 시간이었지만 1일 1포스팅을 6개월 동안 한다는 것은 만만한 일이 아니다. 어쨌든 결과는 블로그 이웃 27명, 인터넷 카페 멤버 수 5명. 이 역시 나의 취지에 못 미치는 결과이기에 실패였다.

나는 또 다른 플랫폼에 얼쩡대기 시작했다. 이번에는 인스타그램이었다. 인스타그램 역시 6개월이라는 비교적 짧은 기간 동안 했지만 매일 업로드했다. 결과는 팔로워 40명. 역시 결과가 좋다고 보기에는 크게 무리가 있었다. 실패였다.

당시 갑자기 유행하고 있던 전자책을 썼다. 전자책은 4일 만에 완성되었다. 그리고 한 명이 샀다. 내가 수많은 시행착오로 온갖 고생을 하며 깨달은 본질을 많은 사람에게 알리고 싶다는 취지에는 못 미치기에 이 역시 실패였다.

여러 번의 실패를 경험한 후 잠시 멈춰 서서 나의 일 년 반 동안의 도전을 분석했다. 그런 다음 재정비하여 블로그를 다시 시작했다. 블로그 이웃은 4,800명. 그것도 4개월 만에 얻은 성과다. 이 정도 결과라면 일차적으로 만족스러운 성과였다.

놀라운 일들은 이때부터 벌어졌다. 블로그를 통해서 강의 문의가 들어왔다. 출간 제안도 받았다. 돈을 줄 테니 블로그에 광고 글을 기재해달라는 문의 또한 많이 받았다. 갑자기 바빠졌다. 나도, 나의 글도 변한 게 없었다. 변한 게 있다면 나를 아는 이웃이, 나의 글을 보는 이웃이 많아졌다는 것뿐이다.

이제 비밀을 하나 말할 텐데, 나는 유튜브의 실패부터 이웃 4,000명이 넘는 블로그를 키울 때까지 퀀텀 목표법에 따라 움직이고 있었다. 앞에서 실패는 성공의 과정에 불과하다고 말한 바 있다. 계속되는 실패에도 내가 계속 시도할 수 있었던 이유는 실패 또한 단지 퀀텀 목표법의 일부였기 때문이다.

퀀텀 목표법은 인생을 한 단계 한 단계 올리는 게 아니라 단숨에 업그레이드하는 것이다. 앞에서 나는 목표에서 방향성이 매우 중요하다고도 했다. 그렇다고 속도를 무시하라는 말은 아니다. 놀랍게도, 그리고 다행스럽게도 퀀텀 목표법은 역대급 속도를 자랑한다. 방향까지도 올바르게 잡아준다. 나의 목표를 예로 들어보자.

"2025년 11월 11일 오전 11시부터
현실판 시크릿 전국 콘서트를 시작한다."

1단계 구명 기법, 2단계 돋보기 기법, 3단계 개잘 기법에 따라 나는 이 목표를 구체적이고 명확하고 쉽게 바꿔서 적용해 매일 관련된 것을 하면서 누적하고 있다. 그리고 이 목표를 달성하는 속도를 비약적으로 높이기 위해 퀀텀 목표법을 사용한다. 이런 식으로 말이다.

"2021년 7월 11일 오전 11시까지
블로그 이웃 2,000명을 달성한다."

이것이 나의 퀀텀 목표였다. 그리고 실제로 이 목표를 달성했다.

퀀텀 목표를 달성하니 효과가 즉시 삶에 나타났다. 그전에는 없던 강의 문의와 출간 제안, 수익형 블로그 문의가 쇄도한 것이다. 퀀텀 목표 하나만을 달성한 것뿐인데 다양한 영역에서 결과가 업그레이드된 것이다.

퀀텀 목표법은 팬 확보와 강의 및 컨설팅, 출판과 같은 결과들을 따로 하나하나 노력하여 만드는 것이 아니라 모든 결과를 한 번에 초월하는 단 하나의 퀀텀 목표를 만들어 달성하는 것이다. 나는 퀀텀 목표를 달성한 결과로 이 책을 쓰고 있고, 당신이 이 책을 읽고 있을 때쯤이면 블로그 이웃도 더 늘어나 있을 것이다. 강의와 컨설팅도 더 많이 진행 중일 것이다. 그리고 그 결과로 인해 "2025년 11월 11일 오전 11시부터 현실판 시크릿 전국 콘서트를 시작한다"라는 1단계 목표는 달성할 가능성이 상당히 높아짐을 알 수 있다.

내가 운이 좋아서 이렇게 술술 풀리고 있다고 생각하는가? 전혀 아니다. 앞서 나는 분명히 계속해서 실패하고 있었다. 퀀텀 목표가 성공할 때까지 실패만 했다. 다시 말하지만 성공의 지름길은 성공할 때까지 계속 실패하는 것이다. 하지만 단순히 도전하고 실패하고 또 도전하고 실패하는 것이 성공을 부르는 것은 아니다. 그것을 정하는 기준이 되는 마인드도 나중에 이야기할 것이다.

어떤가? 나는 지금까지 '간절하라', '상상하라', '믿어라'와 같은 모호하고 무책임한 말을 하지 않았다. 아주 명확하게 성공의 법칙을 곧바로 알려주고 있다. 당신이 시크릿으로 더 이상 방황하지 않고 힘들어하지 않도록 이 책은 너무나 단순하고 간단하게 표현하고 있기 때문에 당신이 이를 쉽게 생각할 수도 있고, 너무나 단순해서 거짓처럼 느낄 수도 있다. 하지만 절대로 그렇지 않다. 이것은 현실로 진짜 끌어당기는 시크릿, 현실판 시크릿을 이야기하는 것이다. 시크릿의 거인들이 말하는 환상적인 표현 속에 숨은 본질을 말하는 것이다.

　방법을 몰라서 이루지 못하는 게 아니라 목표가 없어서 이루지 못하는 것이라고 말한 적이 있다. 퀀텀 목표법은 이 말을 정확하게 이해시키고 있다. 내가 만약 퀀텀 목표를 정확하게 세우지 않았더라면, 강의나 컨설팅, 책 쓰기, 수익형 블로그 등의 모든 일을 한 번에 완성시킬 수 있었겠는가. 목표가 없었다면 아마 하나하나 방법을 찾느라 아직도 고생하는 중일 것이다. 하지만 퀀텀 목표 단 하나를 달성했을 뿐인데 앞서 말한 모든 것이 한 번에 해결되었다.

시크릿의 거인들이 숨긴 진짜 비밀

인생을 한 단계씩 올리는 것이 아니라
단숨에 훌쩍 업그레이드해주는
퀀텀 목표!
퀀텀 목표 단 하나만 제대로 달성하면
모든 것이 한 번에 해결된다.

S.D.G 기법:
Same, Do, Gain

시크릿에서는 신념이라는 단어를 굉장히 강조한다. 과거에 내가 믿었던 세계적으로 유명한 시크릿은 반드시 된다는 확고한 신념, 1퍼센트도 의심하지 않는 확고한 믿음이 원하는 것을 끌어당긴다고 이야기하곤 했다.

"믿으면 이루어진다."

오랜 시간 이 문장 또한 오해하여 방황을 많이 했지만, 더욱 깊은 의미를 알고 나니 비로소 이 문장이 일부 사실이었다고 진정으로 인정하게 되었다. 믿음이 아니라 인정 말이다.

당신이 원하는 것을 얻을 수 있게 하려면, 그리고 성공하도록 하려면 나도 신념이라는 말을 사용하지 않을 수가 없다. 하지만 신념을 사용하는 방식은 많이 다를 것이다.

앞서 성공에 있어 노력은 필수라고 했다. 그렇다면 어느 정도의 노력이 필요할까? 이제 노력에 있어서만큼은 생각이 불필요하다는 점을 알려줄 필요가 있을 것 같다. 더 자세히 이야기해보겠다. 원하는 것을 이루고 싶다면, 생각이 없는 사람처럼 아무것도 생각하지 않는 것이 좋다. 대개 생각은 핑계를 만들어내고 핑계는 엄청나게 높은 확률로 행동을 방해한다. 뭔가를 이루겠다면 스스로도 미친 사람이라고 느껴질 만큼 비이성적인 편이 낫다. 그러니 노력은 이성적으로 하지 마라. 미친 사람이라고 불려도 좋다. 아니, 미친 사람이라고 불릴 정도로 비이성적으로 노력해야만 원하는 것을 얻을 수 있다.

라이트 형제는 사람이 하늘을 나는 모습을 꿈꿨다. 당시에 그들은 미친 사람 취급을 당했다. 미친 사람처럼 원하는 결과에 몰입했고 다른 생각은 하지 않았다. 결국 그들은 사람을 하늘로 띄우는 데 성공했다. 비행기는 그렇게 만들어졌다. 일론 머스크는 화성으로의 이주를 꿈꾼다. 현재 시점에서도 이런 생각을 하는 그가 정말 미친 사람 같지 않은가? 그는 일주일에 100시간 이상을 일하는 데 쓴다. 이 정도라면 진짜 미친 사람이 맞다. 하지만 자신이 원하는 것에 미친 듯이 몰입하는 그는 분명 원하는 것을 이룰 것이다.

이처럼 오랜 과거부터 지금까지 세상은 미친 사람들이 바꿨다. 당시에 그들이 미친 생각에 몰입하지 않았다면, 우리가 지금 누리는 편리함은 있을 수 없을 것이다. 혹시 아는가. 그들이 미치지 않았더라면 우리는 아직도 이동할 때 말을 타고 다녔을지도 모른다.

원하는 것을 얻고 싶다면 미쳐야 한다. 원하는 것을 얻는 것에 대해 완전히 완벽하게 스스로 믿어버려서 다른 사람들도 당신의 신념을 거부할 수 없을 정도로 그것에 미쳐야 한다. 거짓말을 하라는 것이 아니다. 신념을 강화하라는 것이다. 그 신념을 위해 노력하라는 것이다.

그렇다면 어떻게 신념을 강화할 수 있을까? 신념을 강화하기 위해 시크릿의 거인들이 사용하는 최고의 기법을 지금부터 이야기하려고 한다. 이 기법은 논리적이지도 이성적이지도 않다. 하지만 노력에는 논리와 이성은 불필요하다. 그렇게 노력하는 사람은 미친 사람처럼 보인다. 그리고 당신도 그렇게 보여야 할 것이다. 원하는 것을 얻기를 기대한다면 완벽하게 1,000퍼센트 이상의 미친 몰입이 필요하다.

먼저 사람들이 끌어당김 법칙의 정의에 대해 오해하는 부분이 있다. 끌어당김의 법칙은 '원하는 것'을 끌어당기는 것이라고 생각하는 것이다. 그 생각을 먼저 수정하고 시작해야 한다. 끌어당김의 법칙은 원하는 것을 끌어당기는 것이 아니라 '같은 것'을 끌어당기는 것이다. 즉 원하는 것을 이루고 싶다면, 원해서 될 일이 아니라 먼저 같아져야 한다는 말이다. 같은 것을 끌어당기는 게 끌어당김 법칙의 적용 기준이므로 먼저 같아져야 하지 않겠는가. 그래서 소개하고 싶은 것이 S.D.G 기법이다.

다시 한번 이야기하지만, S.D.G 기법은 논리와 이성이 불필요한 영역이다. 하지만 설명은 다섯 살 이상이면 알아들을 수 있도록 이성적이고 논리적으로 할 테니 안심하라.

Same: 우선 원하는 그것과 같아져라.

Do: 같아진 그것에 맞는 행동을 하라.

Gain: 그러면 같은 것, 즉 원하는 것을 얻게 된다.

이 끌어당김 법칙의 정의를 다시 한번 상기하자. 끌어당김의 법칙은 '원하는 것'을 끌어당기는 것이 아니라 '같은 것'을 끌어당기는 것이라고 했다. 그렇기에 원하는 것을 끌어당기기 위해서는 우선 원하는 그것을 이룬 사람과 같아져야 한다. 그리고 그런 사람에게 맞는 행동을 해야 한다. 이래야 같은 것을 끌어당길 수 있는 조건이 된다. 그들이 받는 보상을 받게 된다는 것이다. 손뼉을 치면 박수 소리가 나지, 종소리가 나지는 않는 법이다.

당신이 살짝 방황하는 이 시점에서 S.D.G 기법과 관련한 이야기를 하나 들려주겠다. 물에 타 먹는 발포 비타민을 알고 있을 것이다. 이 이야기는 어느 '물'의 논리와 이성을 무시한 신념에 관한 것이자 그 물이 S.D.G 기법을 적용한 내용이다.

물은 비타민이 되길 원했다. 그래서 물은 비타민과 어울리기 시작했다. 비타민처럼 생각하고, 비타민처럼 행동했다. 곧 물은 뭐라고 불린 줄 아는가? 비타민워터!

먼저 같아지면 이루어진다는 식의 말은 영성 이야기를 하는 게 아니다. 이것은 성공한 사람들이 당연하게 여기는 법칙 중 하나다. 말이 나온 김에 영적인 말을 잠시 해보자.

시크릿에 '주파수' 또는 '진동'이라는 말이 많이 등장한다. 이는 잠재의식 또는 무의식이 상상과 현실을 구분하지 못하기 때문에 상상의 주파수를 활용해야 한다는 이야기다. 그 때문에 상상의 중요성을 강조한 것이기도 하다. 상상한 그것을 현실에 나타내기 위해서는 같은 주파수 또는 같은 진동이 되어야 끌어당길 수 있다는 원리를 이론으로 주장하고 있다. 이 이론을 배우고 나서 주파수와 진동이라는 허상이 내 생각 속에 존재했었다.

이처럼 시크릿에서는 매우 영적으로 표현되고 있기에 이해하기 힘들고 오해하기 쉽다. 개고생하며 시크릿의 비밀을 파악한 내가 현실적이고 쉽게 표현해주겠다. 말 그대로 같은 주파수, 같은 진동이 되려면 먼저 같아져야 한다. 그래야 같은 주파수, 같은 진동의 것을 끌어당긴다는 그들의 원리가 맞아떨어지지 않겠는가. 그들이 모호하게 이야기하지 않는다면 진리는 이처럼 단순하다. 하지만 시크릿에 관한 잘못된 정보가 세계적으로 퍼져 있기 때문에 이 기법들을 순순히 받아들이는 게 쉽지만은 않을 수도 있다. 그래도 정말로 변하고 싶다면, 원하는 것을 끌어당기고 싶다면 여기서 말하는 현실판 시크릿을 적용해야 할 것이다.

지금까지 설명한 내용도 영적으로 들리는가? 아닐 것이다. 분명하고 명확하게 표현하고 있다. 당신은 운이 좋다. 지금 이 순간 시크릿이 아니라 이 책을 보고 있으니 말이다. 오해 없길 바란다. 시크릿은 전 세계적인 베스트셀러이고 좋은 책인 건 맞다. 하지만 오해하기 쉽고 무책임하다는 점에서는 벗어날 수 없는 게 사실이다. 영적인 시크릿이 궁금하다면 영적인 시크릿 입문서로 시크릿 책을 추천하고 싶다. 그만큼 책은 괜찮았다. 내가 부족해서 오해했을 뿐이다. 그런데 당신도 오해할 것이다. 왜냐하면 시크릿은 그렇게 설계되었으니까.

계속해서 대중화된 시크릿의 잘못된 정보들을 알려주고, 진짜 시크릿을 적용하는 기법들에 대해 설명할 것이다. 이미 말했지만 시크릿은 실재한다. 하지만 당신에게 적용되지 않았던 이유는 당신이 잘못된 시크릿을 믿고 있기 때문이다. 그뿐이다. 이에 대해서는 앞에서 언급한 '더하기 이론'이 명확하게 설명해주었을 것이다.

진짜 시크릿을 적용하고 싶다면 가짜 시크릿을 버리기 전에 각오할 것이 있다. 지금까지 알고 있던 시크릿의 달콤한 거짓을 믿지 말고, 이제 새롭게 알아가고 있는 현실판 시크릿의 불편한 진실을 인정하는 것이다. 이럴 각오가 되어 있다면 진짜 원하는 것을 끌어당길 수 있다. 지금 알아가고 있는 현실판 시크릿은 법칙이기 때문에 적용하면 일어날 수밖에 없다. 법칙이란 그런 것이다.

S.D.G 기법이 말하는 것처럼 자신이 원하는 것이 이미 된 것처럼 행동하는 사람이라면, 목표를 이룬 사람처럼 생각하고 말하고 행동하고 느낄 것이다. 그렇게 S.D.G 기법은 당신의 망상활성계에 명령을 보낸다. 원하는 것을 얻는 데 도움이 될 것은 뭐든지 알아챌 수 있도록, 그것이 보이게 자신을 프로그램하도록 말이다.

이런 이유로 원하는 것을 이루기를 기대할 때는 논리와 이성을 완벽하게 무시해도 좋다는 것이다.

시크릿의 거인들이 숨긴 진짜 비밀

'원하는 것'이 아닌
'같은 것'을 끌어당겨라.
원하는 것을 이룬 사람과
같아져야 한다.
그리고 그런 사람에게
맞는 행동을 하라.
이것이 원하는 것을 이루는
진정한 방법이다.

감정은 순서가 없다

역시 시크릿 하면 감정을 빼놓을 수가 없다. 이번에는 시크릿에서 정말로 매우 중요하게 여기고 많이 강조하는 개념 중 하나인 감정에 대해 이야기해보자.

시크릿의 거인들이 그토록 중요하게 강조해서일까? 나는 이 감정이라는 것 하나만으로도 수년간 고생했다. 그때를 다시 떠올리니 불안하고 힘들었던 감정이 되살아나는 기분이다. 지금은 괜찮지만 당시에는 순간순간이 고통이 아닐 수 없었다. 불쑥불쑥 들어오는 좋고 나쁜 감정들은 내가 의도적으로 조절할 수 있는 게 아니었기 때문이다.

그런데 이 감정이라는 게 부정적일수록 너무 강력하게 남아 나를 계속해서 괴롭혔다. 그럴 때면 시크릿의 거인들이 말한 감정을 느낀다는 것이 무슨 말인지 더욱 의문이었다. 의도적으로 조절해서는 감정이 느껴지지도 않았고, 그 감정이 어떤 감정을 말하는지도 몰랐다. 거기에 나쁜 감정은 없애려고 집착했고, 강박적일만큼 일부러 긍정적이려고 애쓰기까지 했으니 얼마나 힘들고 고통스러웠겠는가. 당신은 그러지 않길 바라는 마음에 그들이 말하는 감정을 느낀다는 것에 숨은 진짜 의미를 알려주려고 한다.

과거에 감정과 씨름하며 수년을 지내면서 여러 가지 기법도 사용해보고 편법도 사용해보았다. 그렇게 여러 단계를 거치며 비로소 감정이라는 것을 파악하게 되었는데, 예를 들면 이런 것이다. 긍정적인 감정을 느끼기 위해, 유지하기 위해 애쓰고 노력하는 행동 그 자체가 긍정적인 감정의 부재를 의미한다는 것이다. 이는 "긍정이 없으니까 긍정을 느껴야 해"와 같은 뜻으로 잠재의식은 해석한다. 그러면 끌어당김의 법칙에 따라 긍정이 없는 결과를 끌어당긴다. 참 이상한 설명이다. 긍정적인 것을 끌어당기기 위해 긍정적인 감정을 느끼려고 노력하는 것인데 반대로 부정적인 것이 끌려온다니 말이다.

이해를 돕기 위해 짧은 예를 하나 들어보겠다. 당신은 벤츠 S클래스를 사려고 돈을 모으고 있다. 벤츠 S클래스를 원하기 때문에 그것을 사려고 돈을 모으는 것이다. 그럼 지금 당신은 벤츠 S클래스가 있는 것인가, 없는 것인가? 맞다. 없는 것이다. 벤츠 S클래스를 사야 한다고 집착할수록 벤츠 S클래스가 없다는 사실이 드러난다. 끌어당김의 법칙에 따르면 그렇게 당신은 벤츠 S클래스가 없는 현실을 끌어당기는 것이다. 그럼 원하는 대상을 한번 바꿔보자. 긍정적인 상태를 원하는 당신은 긍정적인 감정을 느끼기 위해 노력한다. 이는 긍정이 있는 상태인가, 없는 상태인가? 그렇다. 없는 상태다. 긍정적인 감정에 집착할수록 긍정이 없는 상태는 더욱 드러난다. 그렇게 긍정이 없는 현실을 끌어당기는 것이다.

혹시 시크릿을 꽤 공부했다고 자부하는 중급 이상의 사람이라면 감정에 대해 이 정도의 인식은 하고 있을 수 있다. 하지만 다음에 나올 이야기는 분명 들어보지 못한 감정 사용법일 것이다. 일단 조금만 더 이야기를 들어보라.

많은 책과 강사들이 긍정을 매우 심각할 정도로 강조한

덕분에, 과거에 나는 긍정에 대해 무조건적으로 신뢰한 적이 있다. 그렇게 무조건적으로 긍정적인 사고를 하려고 집착했었다. 훗날 나는 감정의 진실을 알고 난 후 이를 긍정병이라고 칭했다. 그 이유는 이 이야기를 보면 알 수 있다.

당신이 1억짜리 회색 티셔츠와 1억짜리 청바지를 입고 길을 걷는데 갑자기 비가 와르르 사납게 쏟아진다. 이때 당신이 애써 긍정적인 생각을 한다고 해서 비를 맞지 않을 수 있는가? 당신의 옷을, 아니 2억을 비로부터 지켜낼 수 있는가? 당연히 아닐 것이다. 긍정으로는 당신의 2억을 지켜낼 수가 없다. 이때 비를 맞지 않기 위해 해야 할 일은 즉시 비를 피할 곳으로 이동하거나 우산을 사거나 하는 행동을 해서 상황을 해결하는 것뿐이다.

다소 억지스러운 이야기를 지어냈지만 진짜 문제는 따로 있다. 시크릿 전문가라는 많은 사람들이 강조하는 긍정, 아니 긍정병은 이보다 더 심한 억지다.

긍정병으로 현실을 회피할 수 있지만 상황을 바꿀 수는 없다는 사실을 알아야 한다. 그러니까 부정적인 상황을 접했을 때 할 일은 무조건적인 긍정이 아니라 해결할 방법을 찾는 것이다. 더욱 정확한 말로 설명하자면, 무슨 일이 발생했을 때는 그것이 긍정인지 부정인지조차 구분할 필요도 없다. 그저 해결할 방법이 무엇인지 확인하면 그만이다. 물론 긍정이 중요한 것은 맞다. 삶을 긍정적인 초점으로 바라볼 수 있는 시각을 가질 수 있기 때문인데, 어쨌든 문제를 해결하는 데는 이 초점마저도 별로 상관이 없다. 그러니 긍정병이 억지가 아니라고 할 명분은 부족하다.

시크릿의 거인들의 말을 믿고 감정에 집착한 덕분에, 그리고 그것을 계속 연구한 덕분에 알게 된 비밀이 있다. 그 비밀은 시크릿의 거인들이 말하는 감정의 숨겨진 기능이었다. 바로 '감정은 순서가 없다'는 것이다. 무슨 말일까? 좀 더 정확하게 설명할 필요가 있어 보인다. 예를 살펴보자.

- 성공을 해서 자신감이 넘치기도 하지만, 자신감이 넘쳐서 성공을 하기도 한다.
- 기분이 좋아서 타인을 도와주기도 하지만, 타인을 도와서 기분이 좋기도 하다.
- 기분이 나빠서 욕설을 하기도 하지만, 욕설을 해서 기분이 나

쓰기도 하다.

· 좋아해서 손을 잡기도 하지만, 손을 잡아서 좋아지기도 한다.

어떤가? 감정은 순서가 없다는 말은 감정은 양쪽으로 작용한다는 말과도 같다. 양쪽 어느 곳에서 먼저 시작되든 상관없이 양쪽 모두에서 나타난다는 것이다.

이 비밀을 알기 전까지 나는 그들이 알려준 방식대로 했다. 그러니까 생각으로 감정을 먼저 만들고, 그 감정과 같은 행동을 끌어당기려 했지만, 사실은 행동을 먼저 함으로써 원하는 감정을 끌어당길 수도 있다는 사실을 뒤늦게 알게 되었다. 이렇게 감정과 행동은 둘 중 어디서 먼저 시작되든 그에 맞는 감정을 끌어당길 수 있다는 비밀을 깨닫게 되었다.

이 비밀의 원리는 앞서 설명한 끌어당김 법칙의 정의에서 확인할 수 있다. 끌어당김의 법칙은 같은 것을 끌어당기는 것이니까 말이다. 같은 것을 끌어당기는 힘은 한쪽이 아니라 양쪽으로 작용할 수도 있다.

이처럼 감정은 양쪽으로 작용하는 것이므로 앞서 말한 S.D.G 기법이 좋은 설명이 된다. 그리고 S.D.G 기법이 중요하다고 했던 것도 이같이 감정에 순서가 없는 점을 이용했기 때문이다. 먼저 같아지면, 같은 감정을 끌어당길 수 있다. 그러니 좋은 감정을 먼저 만들기 위해 애쓸 필요는 없다.

이제 당신은 감정의 진짜 비밀을 알게 되었다. 이를 적용하여 감정을 자유롭게 사용할 수 있다. 이 사실만 알아도 시크릿의 많은 부분을 설명할 수 있다. 엄청난 시간과 돈을 아꼈다는 얘기다. 시크릿 전문가라고 자칭하는 웬만한 사람들보다 더 깊이 시크릿을 이해하게 되었다는 의미이기도 하다.

감정은 중요하다. 하지만 감정만 중요한 것은 아니다. 그러므로 감정에 그토록 집착할 필요는 없다.

시크릿의 거인들이 숨긴 진짜 비밀

긍정적인 사고에
무조건 집착할 필요는 없다.
긍정적인 사고만으로
상황을 바꿀 수도 없다.
그러니까 부정적인 상황에
처했을 때 할 일은
무조건적인 긍정이 아니라
해결책을 찾는 것이다.

99퍼센트의 두려움을
삭제하는 방법

예전에는 새로운 무언가를 접하거나 해야 할 때마다 두려움이 꼭 나와 함께했다. 처음 자전거를 배울 때도 그랬고, 처음 수영을 배울 때도 그랬다. 학교에서 처음 반을 지정받을 때도, 많은 사람들 앞에서 강의를 하거나 사회를 볼 때도 그랬다. 가수 오디션을 볼 때도, 새로운 프로젝트를 시작할 때도 역시 그랬다.

몇 번을 반복해도 사라지지 않고 늘 따라다니는 두려움도 있었다. 경쟁에 대한 두려움, 실수에 대한 두려움, 성과에 대한 두려움, 시선에 대한 두려움 같은 것들이었다.

내가 두려워하는 것들을 아무렇지 않게 잘하는 사람들이 궁금했다. 그들에게는 분명히 어떤 비결이 있으리라 생각했다. 마치 두려움 따위는 느끼지 않는 것처럼 많은 것을 해내는 그들을 보면 나로서는 따로 비결이 있을 거라는 생각밖에는 할 수가 없었다. 나는 내가 관심 있는 분야에서 성공적인 결과를 낸 사람들의 책들을 미친 듯이 읽기 시작했고, 또 그런 사람들을 만나보기 시작했다. 그들이 두려움을 느끼지 않는 비결을 알아내기 위해서였다. 많은 노력 끝에 마침내 내가 두려워하는 것을 그들은 두려워하지 않을 수 있었던 한 가지 큰 차이를 발견하게 되었다.

나는 두려움을 부정했고, 그들은 두려움을 인정했다.

두려움을 느끼지 못하는 것처럼 보였던 그들과 모든 것을 두려워하는 것처럼 보였던 나의 한 가지 큰 차이는 이랬다. 정말로 큰 차이였다.

나는 두려움을 부정했기에 두려움은 나쁜 것, 싫은 것이라 여겼다. 그렇기에 그런 나쁘고 싫은 것을 만나지 않는 것이

최선이라는 결론에 도달할 수밖에 없었다. 그 결과 모든 도전에 있어 그런 마음이 영향을 주었고, 그로써 시작조차 쉽게 하지 않으면서 두려움이 주는 자극 자체를 없애려고 노력했다. 즉 자극을 받을 수 있는 상황이나 환경에 노출되는 것 자체를 하지 않으려고 했다. 스스로 기회를 박탈하고 있었다는 얘기다. 물론 그때는 그 사실을 절대 알 수 없었다.

성공한 사람들은 두려움을 인정했다. 그들은 두려움이란 그저 감정이고 당연한 것이라고 여겼다. 그래서 도전이나 실패, 성공에 있어서도 두려움은 당연한 것이고 안전한 것이었다. 두려움이 당연한 것임을 인정했기에 실패나 패배를 겪을 때도 다시 일어날 수 있었고, 끝내 이겨내는 결과를 얻을 수 있었다.

이처럼 누군가는 두려움 때문에 실패하고, 또 누군가는 두려움 덕분에 성공한다. 두려움을 지배하는 일이 인생을 바꾸는 데 중요한 요소가 되는 것이다. 두려움은 모든 실패의 원인이기도 하고, 모든 성공의 원인이기도 하다. 나는 실패가 두려워서 시작하지 못한 것이 많았다. 하지만 원하는 것을 성공하지 못하면 어쩌나 하는 두려움 때문에 시작한 경우도 적지 않다. 둘 다 두려움 때문에 만들어진 결과다.

두려움이란 참 아이러니하다. 두려움 때문에 쉽게 의욕이 꺾였다가도, 또 어떤 상황에서는 두려움 때문에 엄청난 에너지가 생기기도 한다. 그렇다면 두려움을 꼭 지배할 필요가 있었다. 두려움을 지배할 수만 있다면 두려움이 주는 엄청난 에너지를 나에게 유리한 방향으로 활용할 수 있을 테니 말이다.

학창 시절, 시험 기간만 되면 성적에 대한 두려움이 나를 공부하게 만드는 엄청난 원동력이 되었다. 그리고 어디서 그런 에너지가 나왔는지 잠도 줄여가며 공부했던 적이 있다. 이것은 두려움이 만들어낸 엄청난 에너지인 동시에 초인적인 힘이다. 무엇이 이토록 순간적으로 엄청난 힘을 폭발시킬 수 있을까? 나는 두려움을 지배하고 싶다는 생각을 하지 않을 수 없었다.

두려움에 지배당해서 많은 것을 포기한 내 이야기는 역시 당신의 이야기이기도 하다. 지금껏 당신은 어떤 것을 시도하는 데 있어 두려움이 가장 큰 장애물이었을 것이다. 그 때문에 포기한 것은 또 얼마나 많았는가. 이제 두려움에 대한 어려움을 종결하고 뭐든 마음 놓고 시도할 수 있게 될 것이다.

인간은 뇌과학적 특성에 따라 대충 생각하는 측면이 있

다. 한 가지 이야기로 설명해보겠다. 당신은 발표를 두려워한다. 이게 당신이 대충 생각했다는 증거다. 왜냐고? 실제로 당신은 발표가 두렵지 않기 때문이다. 사실은 발표를 하면서 비판받을 것을, 발표를 하면서 실수할 것을 두려워하는 것이다. 즉 비판받는 게 두려운 것이지, 발표 자체는 두렵고 말고 할 대상 자체가 아니다. 하지만 당신은 발표가 두렵다고 대충 생각하고 마무리한다. 이렇게 당신은 발표가 두렵다고 인식하고는 발표를 하는 것 자체를 시도조차 하지 못하게 된다.

두려움을 지배할 수 있는 핵심 2가지를 지금 설명하겠다. 핵심이라고 표현했지만, 사실 필살기와 같다. 99퍼센트의 두려움을 삭제할 수 있기 때문이다. 그만큼 강력한 것이다.

첫째, 진짜 두려움을 확인하는 것이다. 앞에서 당신은 발표가 두렵다고 생각했지만, 사실 발표는 두렵고 말고 할 대상이 아니라고 했다. 당신은 발표가 두려운 것이 아니라 비판받는 게 두려웠다. 그것을 발표가 두려운 것이라고 대충 정의했을 뿐이다. 그러니 진짜 두려움이 무엇인지 정확하게 확인하는 것이 첫 번째 할 일이다. 발표뿐만 아니라 일상의 대부분에서 이처럼 대충 정의하는 것이 넘쳐나니 꼭 구분해야 할 것이다. 진짜 두려움을 구분하는 것만으로도 삶은 즉시 개선된다.

둘째, 두려움은 당신의 상상이라는 점을 인식한다. 발표를 하면서 사람들에게 비판받을 수 있다는 생각은 당신 스스로 상상하여 만들어낸 두려움일 뿐이다. 그러니까 사람들에게 비판받는 자신의 모습을 상상으로 미리 만들어낸 것이다. 즉 그 두려움은 실제가 아니다.

이 간단한 2가지를 인식하는 것만으로도 99퍼센트의 두려움을 삭제할 수 있다. 나머지 1퍼센트는 무엇일까? 인간의 생존 본능이 지닌 두려움이다. 생존을 위해 인간은 위험한 것을 회피한다. 이처럼 꼭 피해야 하는 것들이 있다. 그것이 1퍼센트다. 목숨이 두 개 이상이라면 100퍼센트 삭제를 권해볼 수도 있지만, 아쉽게도 권할 수는 없을 것 같다. 1퍼센트의 두려움은 필요하기도 하다. 그래도 얼마나 다행인가. 이 사실을 몰랐을 때의 당신은 99퍼센트의 두려움을 필요로 했는데 말이다.

이 간단한 2가지로써 두려움이 주는 파괴적인 에너지를 유리한 방향으로 활용할 수 있을 것이다. 두려움이 주는 에너지는 정말 초월적으로 파괴적이다. 사자에게 쫓기는 당신은 그 에너지를 사용할 수 있다. 그렇다고 군이 실험을 해볼 필요는 없다. 다른 실험들도 많으니 말이다. 이미 말했지만 1퍼센트의 두려움은 필요하다.

끝으로 99퍼센트의 두려움을 없애는 방법을 정리해보자.

1. 진짜 두려움을 확인한다.
2. 두려움은 당신의 상상이라는 점을 인식한다.

실패하는 사람은 두려움을 부정하고, 성공하는 사람은 두려움을 인정한다. 이 차이가 성패의 시작이다.

시크릿의 거인들이 숨긴 진짜 비밀

성공한 사람들은
두려움을 인정할 줄 안다.
그들에게 두려움이란
그저 감정이고 당연한 것이다.
그래서 실패를 겪을지라도
다시 일어난다.
끝내 이겨내는 결과를 얻어낸다.

한계를 깨부수는 자기암시와 확언

시크릿에서 말하는 핵심 개념 중에는 시각화에 이어 자기암시와 확언이라는 게 있다. 자기암시는 쉽게 말해 스스로에게 하는 말이라고 생각하면 된다. 확언은 자기 자신에게 하는 확신의 말이라 할 수 있다. 자기암시와 확언은 이론적으로 아주 교묘하게 조금은 다른 식으로 표현되기도 하지만 현혹될 필요는 없다. 둘은 본질적으로 같은 의미라고 생각해도 된다.

두 개념에 대해 이야기하자면, 의식과 무의식을 말해보지 않을 수 없다. 뇌과학, 인지심리학, 영성, 종교 등 다양한 분야에서도 의식과 무의식에 대한 언급을 많이 하고 있다. 관련

용어는 조금씩 차이가 있다. 자아, 초자아, 잠재의식, 현재의식, 원초아, 전의식 등 수많은 개념이 있다. 그렇지만 본질적으로는 의식과 무의식을 이르는 말에 불과하다.

의식과 무의식의 개념을 말할 때 퍼센트에 대한 논쟁을 피할 수 없다. 어느 분야에서는 5퍼센트 의식, 95퍼센트 무의식이라고 하고, 또 어느 분야에서는 4퍼센트 의식, 96퍼센트 무의식이라는 식으로 의견이 다양하다. 그런데 다시 본질적인 이야기를 하자면, 퍼센트 같은 것은 큰 의미가 없으니 굳이 깊이 따지고 들 필요는 없다.

어쨌든 자기암시, 확언, 의식, 무의식, 잠재의식, 5퍼센트, 95퍼센트 같은 잡다한 개념들을 너무 어렵게 생각할 필요는 없다. 나열한 것들은 모두 당신이 원하는 것을 끌어당기는 것과는 크게 상관있는 것이 아니다. 그런데도 당신은 이런 불필요한 개념들에 묶여서 자신이 끌어당기고 싶은 것과 상관없는 잡다한 것에 집중하고 있다. 그 결과 상관없는 잡다한 것을 끌어당기게 된다.

의식과 무의식이 무엇으로 당신과 연결되는지 알고 있는가? 이것을 알아야 비로소 자기암시나 확언이라 불리는 것을 삶에 적용할 수 있다. 바로 이미지다. 의식은 이미지로 당신과 연결된다. 당장 확인해보자. 내가 당신에게 "막대사탕 좀 주세요"라고 한다면 당신의 머릿속에서 '막대사탕'이라는 문자가 떠오르는가, 막대사탕의 이미지가 떠오르는가? 당연히 이미지일 것이다. 이렇게 인간의 의식과 무의식은 이미지로 연결된다. 이것을 첫 번째로 기억하자.

시크릿에서 많이 하는 말인데 "의식은 현실과 상상을 구분하지 못한다"라고 했다. 생각으로 만들어낸 상상을 의식과 무의식은 그것이 상상인지 현실인지 구분하지 않는다는 것이다. 이것이 두 번째로 기억하고 있어야 할 개념이다.

이 2가지를 기억하고 있다면 이제 자기암시와 확언을 이용해서 원하는 것을 마음속에 심는 방법을 알려주겠다. 원하는 이미지를 의도적으로 상상하는 것이다. 계속 반복할 것이다. 당신의 의도적인 상상이 어색하게 느껴지지 않을 때까지 반복할 것이다. 그런데 오해는 없어야 한다. 당신의 의도적인 상상이 현실이 되는 것은 아니다. 자기암시와 확언은 그런 것과는 별개다. 그저 당신이 원하는 것을 당신이 받아들일 수 있도록 의도적인 상상을 하는 것뿐이다. 이것이 자기암시와 확언의 핵심 개념이다. 스스로에게 하는 확신의 말이 어색하게 느껴지지 않고 스스로 받아들여질 때까지 반복하는 것 말이다. 이것은 자신이 만들어놓은 한계를 깨부수고 가능성을 확장하는 것을 의미한다.

자기암시와 확언이 가장 효과적으로 나타나는 부분은 스스로 만들어놓은 한계를 깨부수는 데 있다. 한계라고 해서 아주 거창한 무언가는 아니다. 당신의 일상에서 거의 모든 것은 당신의 한계와 관련이 있다. 예를 들어보자.

직장인 A는 월 1,000만 원을 받는다. 직장인 A에게 월 1,000만 원은 당연한 것이다. 직장인 B는 월 300만 원을 받는다. 직장인 B에게 월 300만 원까지는 당연한 것이다. 직장인 C는 월 100만 원을 받는다. 직장인 C에게 월 100만 원 이상의 급여는 당연하지 않다. 이야기는 여기까지다.

당신은 뭔가 거창하고 엄청난 것들만 한계로 정하고 있다고 착각하지만, 월급처럼 매우 일상적이고 익숙한 것에도 한계를 정해놓고 있다. 그렇기 때문에 자기암시나 확언의 말로 자신의 한계를 깨부수는 일이 필요하다.

꽤 재미있고 유명한 이야기가 있다. 혹시 서커스단의 코끼리 이야기를 아는가? 서커스단의 코끼리는 평상시에는 말뚝이 박힌 쇠사슬에 묶여 있다. 어릴 때부터 그랬다. 어린 코끼리는 말뚝이 박힌 쇠사슬을 당기며 말뚝을 뽑아보려고 수차례 시도했지만 힘이 부족한 나머지 매번 실패를 거듭했다. 그렇게 세월이 한참 지나 어른 코끼리가 된 지금은 발길질 한 번으로 말뚝을 가볍게 제거할 힘을 가졌지만 어차피 안 될 거라고 스스로를 규정하고 말뚝을 뽑으려는 시도조차 하지 않는다. 이유는 어린 시절, 즉 과거에 실패했기 때문이다. 스스로를 규정하여 쇠사슬에 묶이고, 스스로 말뚝을 박아버린 셈이다.

이 이야기의 전체 상황을 바라보는 당신은 이 어리석은 코끼리를 비웃을 수 있다. 하지만 과연 당신은 이 코끼리와 다르다고 당당하게 이야기할 수 있는가? 언젠가 이 이야기를 듣고 그저 웃을 수만은 없었던 당시 나의 창피함이 떠오른다.

일상생활 중에 나타나는 여러 도전들을 자기 스스로 규정짓고 단념해버리진 않는가? '어차피'라는 한계를 정하면서 말이다. 그런데 여기서 가장 무서운 사실은 보통의 경우 '어차피'라는 한계 자체를 인지조차 하지 못한다는 점이다. 지금 당신의 일상에 나타나는 모든 것을 아무렇지 않게 규정하고 지나치는 것처럼 말이다. 마치 서커스단의 코끼리처럼.

　시크릿의 거인들은 자신이 가진 한계를 깨부수고 가능성을 확장하기 위해 자기암시와 확언, 시각화를 사용했다. 현재의 한계를 깨부수고 새롭게 가능성을 확장하는 데는 가장 마법 같은 방법이었기 때문이다. 자기암시와 확언의 효과는 크게 3가지다.

　첫째, 기존의 한계를 파괴한다.

　둘째, 가능성을 확장한다.

　셋째, 망상활성계 시스템이 작용한다.

　직장인 C가 월 100만 원을 받는 현실은 직장인 C에게 한계로 작동한다. 그래서 직장인 C는 월 500만 원을 받는다는 자기암시나 확언을 통해 자신의 현재 한계를 깨부수면서 자신의 가능성을 확장해야만 한다. 그러면 어떻게 될까? 놀랍게도 일론 머스크가 목표를 이루는 방식처럼 갑자기 직장인 C도 월 500만 원을 받을 수 있는 방법들이 계속해서 나타나게 된다.

　이것은 영적인 것을 말하는 것이 아니라 과학을 말하는 것이다. 그리고 영적인 것이든 과학이든 이것을 사용해서 손해 볼 것이 없다는 점이 가장 중요하다.

시크릿의 거인들이 숨긴 진짜 비밀

당신 자신에게 확신의 말을 반복해보라.
그 말이 어색하지 않고
자연스레 받아들여질 때까지!
스스로 한계를 깨부수고
가능성을 확장할 수 있다.

SECRET

버 5장 개미보다 잘할 수 있으면 그냥 하라

원하면서도 하지 않고 있다면, 누구 탓도 환경 탓도 아닌 단지 당신이 그렇게 선택한 것이다. 그러면서 남 탓, 환경 탓으로 돌려버리고 있다. 도둑이 협박하는 극단적인 상황에서도 무조건 해야 하는 것은 없다. 그렇기에 모든 것은 당신의 선택으로 가능하다는 점을 다시 한번 강조하고 싶다.

기준 과대평가:
원하는 것을 온전히 이루는 법

　　예전의 나는 뭔가 거창했다. 정확하게 말하면 나의 상상이 뭔가 거창했다. 성공도 거창한 무엇이라고 생각했고, 자유도 거창한 무엇이라고 생각했다. 도전도, 꿈도, 목표도, 시작도 그랬다. 그때 내가 거창하게 생각한 것들 중에서 내가 이룬 것은 거의 없다. 시작은 미약했으나 그 끝은 창대하리라는 유명한 말도 있는데, 반대로 나는 시작은 창대했으나 그 끝이 매우 미약했다. 내가 시작한 것은 행동이 아니라 창대한 생각이었고, 끝내 행동으로 옮기지 않았기에 그 끝에는 창대했던 생각마저도 남지 않았던 것이다.

20대 초반까지는 성공에 노력은 필요하지 않다고 생각했다. 운과 재능이 성공의 대부분을 차지한다고 생각했다. 그런데 30대가 되어서는 생각이 약간 바뀌었다. 이 약간의 변화는 매우 큰 결과를 만들었다. 20대 초반 때와 같이 운과 재능이 성공을 좌우한다는 생각은 여전히 변함 없었지만, 운과 재능을 만드는 것은 노력이라는 사실을 알게 되었다. 정확하게는 알게 되었다기보다는 인정했다는 것이 맞는 표현일 것이다.

실력을 키우려면 그 분야에서 노력해야 한다는 사실을 누가 모르겠는가. 하지만 연약하게도 그것을 받아들이지 못했다. 쉽게 성공한다고 믿고 싶었으니까. 그렇게 쉽게 성공했다는 사람들만 쳐다보았고 그들의 말을 믿었다. 그래서 성공에 노력이 필요하다는 말은 절대 인정할 수 없었다. 만약 인정하게 되면 쉽게 성공하는 길이 없어지는 것일 테니까. 어쨌든 지금은 완벽하게 인정한다. 쉽게 성공하는 길은 없다. 하지만 걱정하지 마라. 노력만 있다면 쉽게 성공할 수 있다.

아직 잊지 않고 있기를 바란다. 앞에서 노력에는 논리와 이성이 불필요하다고 분명히 말한 바 있다. 여기까지 읽은 당신이 설마 아직까지도 상상이 현실이 된다느니, 생생하게 상상하면 이루어진다느니, 간절히 믿으면 이루어진다느니 하는 가짜 시크릿을 맹신하고 있지 않기를 바란다. 다시 한번 강조하지만 정말로 원하는 것을 이루고 싶다면 노력은 무조건, 무조건, 무조건 필수다. 아무리 이기적으로 굴어도 노력 없이는 절대 이룰 수 없으니, 노력 없이 원하는 것을 얻겠다는 생각은 아예 포기하라. 그런 사람은 그냥 지금 삶에 만족하며 사는 것이 더 현명한 선택이 될 것이다.

원하는 것을 진짜로 끌어당기기 위해 노력을 해보겠다면 내가 도와줄 수 있다. 도움이 될 만한 역대급 이론을 알고 있다. 물론 이번에도 다섯 살 이상이면 이해할 수 있도록 설명할 것이다. 하지만 노력할 각오는 해야 한다.

방금 지금 알려줄 이론이 역대급이라고 표현했다. 왜냐면 원하는 모든 것을 100퍼센트 이룰 수 있는 이론이기 때문이다. 이름하여 기준 과대평가 이론이다. 예를 들어보자.

- 100미터 달리기를 15초에 달려야 한다면, 100미터를 10초에 달릴 수 있도록 준비하라(기준: 15초, 기준 과대평가: 10초).
- 벤치프레스 50킬로그램을 들어야 한다면, 벤치프레스 100킬

로그램을 들 수 있도록 준비하라(기준: 50킬로그램, 기준 과대평
가: 100킬로그램).

- 팔굽혀펴기 20번을 해야 한다면, 팔굽혀펴기 40번을 할 수 있
도록 준비하라(기준: 20번, 기준 과대평가: 40번).

이처럼 진정으로 원하는 것을 온전하게 무조건 얻고 싶
다면 항상 기준을 과대평가하라. 즉 필요한 만큼보다 더 많이
노력해야 한다. 노력이 있다면 쉽게 성공할 수 있다고 했다. 노
력이 운과 재능을 만든다고도 했다. 기준 과대평가 이론은 그
말들을 쉽게 설명할 수 있다. 더욱이 기준 과대평가 이론은 당
신이 무엇을 원하든 100퍼센트 이상의 성공적인 결과를 만들
어낸다는 엄청난 장점이 있다.

SNS 인플루언서 또는 월 1,000만 원 이상을 버는 사람
들은 돈을 버는 일이 쉽다고 말하고 있다. 자신의 방법을 따라
하기만 하면 쉽다는 것이다. 그들이 그 방법으로 일시적인 성
공을 했다는 것은 사실일 수 있지만, 그들이 그 방법으로 쉽게
성공했다는 점은 절대 사실이 아니다. 당신에게 그들은 지금
의 성과를 내기 위해 자신이 과할 만큼의 노력을 한 모습을 보

여주지 않았을 뿐이다.

성공은 쉽지 않지만 성공의 길은 간단하다. 100의 결과를 원한다면 200의 결과를 만들면 된다. 성공적인 성과를 원한다면 늘 기준을 과대평가하라. 즉 성공의 길은 단순하지만 그 과정은 절대 쉽지 않다.

원하는 일에 있어서는 스스로를 몰아붙여라. 고수들이 당신에게 평온해져라, 일 많이 하지 마라, 자기만의 스타일을 찾아라, 자기만의 개성을 찾아라 등등 그럴싸하게 하는 말들은 모두 듣지 마라. 그건 나중 일이다. 지금은 그저 선을 넘어 인생을 뒤집어놓아야 할 때다. 훗날 성공한 그들과 같은 위치에 있을 때 그때 평온해져라. 일도 줄이고 싶다면 그때 줄여라. 당신만의 개성과 스타일을 찾는 것도 그때의 일이다. 지금은 그런 것을 생각할 때가 아니다. 선을 넘어서야 할 때다. 기준 과대평가 이론을 적용해 선을 넘어서라.

또다시 안타깝게도 당신은 이 말을 부정할 가능성이 크다. 원하는 것을 이루기 위해서 그보다 더 많은 노력을 하는 것은 필수지만, 당신의 본능은 이런 불편한 진실보다 달콤한 거짓을 믿는 것을 선택할지 모른다. 과거의 나처럼 말이다. 물론 이미 이런 과정을 경험해본 상태라면 지금 나의 말에 전적으로 동의할 것이다.

기준 과대평가 이론을 정리해보자. 이 이론으로 당신이 원하는 것을 100퍼센트 이상 이룰 수 있다고 했다. 자신이 원하는 기준보다 높은 기준을 설정하고, 그 과대평가된 기준을 달성하라는 것이 기준 과대평가 이론이다. 그리고 기준 과대평가 이론을 삶에 적용하기 위해서는 노력할 것을 각오해야 한다고도 했다. 원하는 것을 무조건 이루고 싶다면 엄청난 노력은 필수라는 말이다.

언젠가부터 노력이라는 단어 자체가 진부하게 취급당하곤 한다. 노력은 당연하지 않느냐는 등, 노력도 중요하지만 잘하는 게 더 중요하다는 등 요즘 사람들이 흔히 말하는 꼰대들이나 사용할 것 같은 단어가 되었다. 그렇다면 왜 그렇게 진부해졌다고 생각하는가? 모순적이게도 노력은 완벽하게 당연한 것이기 때문이다. 조금 다른 이야기일 수 있지만 마치 이런 것과 비슷하다.

우리가 눈을 통해서 책을 볼 수 있다는 것을 누군가에게 설명할 필요가 있는가? 말하지 않아도 당연한 것 아닌가? 너무 당연한 사실을 알려주는 것 자체가 이상하게 생각될 정도다. 노력도 마찬가지다. 우리가 눈을 통해서 책을 보는 것처럼, 무언가를 할 때 이루고 싶은 것이 있다면 노력은 당연한 것이다. 그러니 누군가가 노력하라는 말을 한다면 이상할 정도로 진부하게 느껴진다. 눈으로 책을 봤다고 하는 것과 같은 말일 테니까.

노력에도 단계가 있는데 가장 중요한 1단계를 알려주겠다. 노력의 1단계는 기준 과대평가 이론을 적용할 때 유용한 마인드가 된다. 바로 '개미보다 잘할 수 있으면 당장 시작한다'는 개잘 마인드다. 앞에서 말했으니 이제는 익숙한 개념일 것이다. 이제 당신도 개잘 마인드를 갖출 때다.

시크릿의 거인들이 숨긴 진짜 비밀

원하는 것을 향해

스스로를 몰아붙여라.

평온해져라,

일 많이 하지 마라, 개성을 찾아라 등등

그럴싸한 말들은 모두 듣지 마라.

그런 건 나중 일이다.

지금은 인생부터 뒤집을 때다.

강제 버튼:
동기부여, 열정, 의지보다 182배 강력한

동기부여는 나에게 상상할 의지와 열정을 주었다. 그래서 상상하는 데 도움이 되었고, 원하는 것을 이루고 싶게 해주었다. 의지를 갖기에 충분한 자극이었다. 하지만 동기부여의 역할은 딱 거기까지였다. 하루, 아니 몇 시간만 지나도 열정이 차갑게 식어버리기 일쑤였다. 그래서였을 것이다. 자기계발에 관한 서적이나 강의를 끊임없이 찾아다닌 것 말이다.

그런 것들은 순간적인 동기부여와 의지, 열정 같은 자극이 상당했기 때문에 남들과는 다르게 뭔가를 열심히 하며 살고 있다는 합리화의 구실이 되어주었다. 당연히 변하는 것은 없었지만 나는 단지 명분이 필요했다. 그러니까 동기부여는 하고 싶은 것을 시도할 수 있게 해주지는 못했다는 점에서 원하는 것을 이루는 데 핵심은 아니라는 사실을 확인할 수 있었다.

원하는 것을 이루려면 행동이 필요하다는 것을 알았지만, 행동을 이끌어내는 일은 열정이나 동기부여만으로는 잘 되지 않았다. 사실 동기부여, 열정, 의지 같은 자극은 다 필요 없이 그냥 따지지 말고 시작하면 되는데, 이 또한 쉽지 않다는 것을 당신도 알고 나도 동의한다.

이런 일도 있었다. 준비가 안 되어 있는 상황에서 갑자기 일주일 후에 강의를 하거나 사회를 봐야 하는 일이 생기면 아무리 바빠도, 아무리 시간이 없어도 그 일에 대한 준비를 할 수가 있었고 끝내 해낼 수가 있었다. 기한이나 상황, 환경 같은 제한적인 조건이 생겨나면 해내는 경우가 많았던 것이다. 최소한 평범하게 마무리할 수는 있었다. 그러니까 어떤 결과를 만드는 데 있어서 조건이 자유로울 때보다 제한될 때 더 효과적인 경우가 많았다.

나는 이 점을 이용하여 무엇이든 내가 원하는 것을 시작하고 결과를 내고 싶었다. 그러려면 느슨한 자유로움이 아니라 적당한 규율(조건)이 필요했다. 시간이 많고, 제한 없이 자유롭기만 하다고 해서 무언가를 할 수 있었던 것은 아니다. 성과가 좋았던 것도 아니다. 적당한 제한점이 있을 때 상황이 좋든 싫든, 시간이 있든 없든, 할 수밖에 없을 때 이끌어낸 성과가 훨씬 더 좋았다.

그래서 소개하고 싶은 것이 강제 버튼이다. 섭씨 영하 30도의 날씨, 야외에 있는 욕조에 따뜻한 물을 받아놓고 목욕을 하고 있다. 한참이 지나 목욕이 끝났지만, 욕조 밖의 추운 날씨가 두려워서 밖으로 나올 엄두를 내지 못하고 있다. 이때 욕조 밖으로 나오기 위해 필요한 것은 의지나 동기부여 같은 것이 아니다. 밖으로 나오기 위해서는 못 견딜 정도의 뜨거운 물을 욕조에 채우는 것이 100배 이상 효과적인 방법이다.

이처럼 동기부여나 의지는 무언가를 시작하는 데는 도움이 되지 않는다. 곧, 내일, 잠시 후 같은 핑계들만 만들어낼 뿐이다. 그렇기 때문에 시작을 위해서는 타 죽을 정도의 뜨거운 물 같은 강제 버튼이 필요하다. 펄펄 끓는 물이 강제 버튼이 되어 욕조 바깥으로 나올 수밖에 없도록 밀어내는 것이다.

그렇다면 강제 버튼을 어떻게 활용할 수 있을까?

- 블로그에 1일 1포스팅을 하고 싶은 당신. 의지나 동기부여는 늘 있지만 시작하지 못하고 있다. 그렇다면 이제 강제 버튼만이 당신을 움직일 수 있다.
- 강제 버튼: 지인에게 100만 원을 주며 내일부터 1일 1포스팅을 할 것을 약속한다. 그 조건으로 1일 1포스팅 100일을 달성하면 100만 원을 돌려받기로 한다. 실패 시 100만 원은 맡아준 지인이 갖는다.
- 이번 휴가 때는 정말로 호캉스를 하고 싶은 당신. 매년 원했지만 막상 때가 되면 떠나지 못했다. 정말 떠나고 싶다면 강제 버튼이 필요하다.
- 강제 버튼: 두 달 후든, 일 년 후든 원하는 시기에 숙소를 미리 예약한다. 날짜가 언제이든 그날은 어느새 다가와 있을 것이다. 떠나자, 휴가.
- 소비를 줄이고 목돈을 마련하고 싶은 당신. 돈은 쓸 데가 왜 이리 많은지. 목돈 마련은 늘 실패하게 된다. 그렇다면 강제 버튼이 필요하다.

− 강제 버튼: 매달 저금을 하든, 투자를 하든 수입의 60퍼센트가 자동적으로 빠져나가도록 설정한다. 여기서부터는 신기한 일이 발생하는데, 예전에는 전부를 사용해도 돈이 모자랐지만 이제는 60퍼센트(저금 또는 투자)를 제외한 40퍼센트만 가지고도 일상 유지가 가능하다는 사실을 알게 된다. 혹시 40퍼센트로 일상 유지가 불가능하다면 분수에 맞지 않는 물건을 가지고 있다는 소리다. 명품, 자동차 등등 말이다.

지금 이 책을 쓰고 있는 나도 강제 버튼을 적용하고 있다. 나는 내 블로그에서 4,800명에게 이야기했다. 질 높은 책을 혁신적일 만큼 빠르게 써낸 후 그 정보와 필살 기법들을 알려주겠다고 말이다. 약속은 생명이다. 많은 사람에게 약속했기에 무조건 지켜야 했다. 나는 일상에서 여러 가지 일을 처리하면서도 시간이 나기만 하면 책을 썼다. 책 쓰는 게 재미있어서 그런 게 아니었다. 잠을 줄여가면서까지 책을 쓴 이유는 강제 버튼을 적용했기 때문이다. 책을 쓸 수 있도록 한 것이 아니라 쓸 수밖에 없도록 했다는 점이 핵심이다.

이제 강제 버튼이 동기부여나 열정, 의지보다 182배 강력한 이유를 2가지 경우를 들어 증명하겠다. 첫 번째 경우다. 당신이 월 200만 원 급여를 받는 직장인이라고 가정하자. 어느 날 당신의 회사에 세계적으로 유명한 동기부여 강사가 와서 강의를 했다. 그 강사는 독서를 강조하며 딱 한 달만 하루에 한 권의 책을 읽어볼 것을 권유했다. 역시 세계적인 동기부여 강사답게 당장이라도 회사를 그만두고 독서만 하고 싶다는 생각이 들 정도로 동기부여가 되었다. 하지만 안타깝게도 동기부여의 역할은 거기까지다. 엄청난 의욕과 열정, 동기부여를 선물 받았지만 그때뿐이다. 강의가 끝난 후 집에 도착했을 때는 독서는커녕 씻기도 싫을 정도의 열정만이 남아 있다.

다음으로 두 번째 경우다. 어느 날 회사 CEO가 회의실에 나타나서 말한다. 내일부터 딱 한 달간 하루에 한 권의 책을 읽는 사람에게는 포상을 할 것이고, 그렇지 못한 사람은 급여를 주지 않을 것이라고 말이다.

두 경우 중에서 어떤 상황이 당신을 행동하게 할 것 같은가? 물어서 무엇하겠는가. 당연히 두 번째 경우일 것이다. 아무리 세계적인 강사 덕분에 열정과 의지, 동기부여가 넘쳐나는 기분이 생겨났다고 해도 행동으로 옮기는 경우는 드물다. 그런데 회사 CEO는 동기부여나 의지가 아니라 강제 버튼을 적용했다. 포상이 문제가 아니라 하루에 한 권의 책을 읽지 않으면 급여를 받지 못한다는 엄청난 사실 때문에 당신은 행동할 수밖에 없다. 이것이 강제 버튼이 동기부여나 열정, 의지보다 182배 강력하다는 증거다. 비슷한 예는 넘쳐나기 때문에 계속해서 제시할 수 있지만 이 정도면 충분할 것이라 생각한다.

이렇듯 어떤 것을 시작할 때 동기부여나 의지가 도움이 되지 못하는 경우가 대부분이다. 그러니 이제 원하는 것을 정말 얻고 싶다면 동기부여나 열정 같은 것을 찾을 게 아니라 강제 버튼을 사용해야 한다. 그러면 시작하고 싶은 바로 그때, 시작할 수 있다.

강제 버튼에 대해 정리해보자. 강제 버튼은 하고 싶도록, 할 수 있도록 만드는 게 아니라 할 수밖에 없도록 만든다. 펄펄 끓는 물을 욕조에 채우듯이, CEO가 하루에 한 권의 책을 읽게 했듯이 할 수밖에 없도록 만드는 것이 핵심이다.

시크릿의 거인들이 숨긴 진짜 비밀

동기부여나 의지는
뭘 시작하는 데 도움이 되지 않는다.
곧, 내일, 잠시 후 같은
핑계들만 만들 뿐이다.
정말 시작하고 싶다면
강력한 '강제 버튼'을 설정하라.

목표 성취의 알고리즘:
양궁 10점의 교훈

아주 오래전부터 우리나라에서 양궁은 올림픽 효자 종목
이다. 역시는 역시라고 했던가. 2021년에 열린 도쿄올림픽에
서도 자랑스러운 우리나라 양궁은 그 이름값을 했다. 역시 효
자 종목 양궁다운 결과였고, 우리 대한민국 양궁 선수들은 역
시 대단했다. 내가 양궁에 대한 사랑으로 열을 내는 이유는 양
궁에 관심이 많기 때문이다. 단지 올림픽 효자 종목이어서만
은 아니다. 학창 시절 나는 양궁 선수였고, 도 대표까지 했기
때문에 이런 관심은 아주 자연스러운 결과다.

양궁 선수로서의 시작은 비교적 늦은 중학교 1학년 때였

다. 그리고 고등학교 3학년 때를 마지막으로 선수 생활을 끝냈다. 양궁을 시작하고 처음으로 정중앙 10점을 쏜 때가 아직도 기억난다. 처음 표적에 활을 쏘던 때에 나의 화살들은 표적에 맞지도 않았다. 선수들 용어로는 꼴아박았다고 하는데, 화살이 표적도 맞히지 못하고 밑으로 처박힌 것이다. 그래서 코치님이 조준기를 아래로 수정해주셨다. 다음에는 표적에 들어갔지만 가장 바깥쪽 흰색의 1점. 그렇게 몇 차례 코치님은 나의 조준기를 수정해주셨다.

한참이 지난 후 5점, 7점, 8점으로 점수가 좋아졌다. 하지만 표적에 꽂힌 화살들은 동서남북으로 퍼져 있었다. 내가 쏜 화살들이 한쪽에 근접하게 모이지 않고 동서남북으로 퍼진다는 것은 조준기의 문제가 아니었다. 이번에는 코치님이 나의 자세를 교정해주셨다. 화살들이 오른쪽 한 방향으로 모이기 시작했다. 화살들이 어느 쪽이든 한쪽 방향으로 모인다는 것은 조준기로 해결할 수 있는 문제였다. 그래서 코치님은 조준기를 수정해주셨다. 드디어 나의 화살이 정중앙 노란색 10점에 들어가게 되었다. 그때의 떨림과 설렘을 여전히 기억한다. 얼마 후 나는 혼자서도 조준기를 수정할 수 있게 되었고, 자세를 개선할 수 있는 지식들을 갖추게 되었다.

　양궁을 하면서 10점을 맞히기 위해 매번 했던 과정은 이렇다.

　조준하기 → 슈팅하기 → 맞힌 위치 확인하기

→ 조준기 수정하기 → 다시 조준하기 → 다시 슈팅하기

→ (필요 시 조준, 슈팅, 문제 확인, 개선을 반복하기)

→ 드디어 정중앙 10점!

　이런 과정이 보기보다 아주 지겹고 화가 나기도 하고 걱정도 되지만, 어쨌든 10점을 쏘는 가장 확실하고 빠른 길이었다. 10점을 쏘고 싶다면 겪을 수밖에 없는 과정이었다. 그리고 이 과정은 늘 10점을 쏘게 해주었다. 물론 조준기를 맞추고도 10점을 쏘기 위한 노력은 계속되어야 했지만, 조준기를 맞추었다는 것은 10점을 맞힐 수 있는 가장 좋은 길을 만들어놓은 셈이었다.

　양궁 선수 시절에 나는 쓸데없어 보이면서도 특이한 목표를 갖고 있었다. 우리나라 양궁 선수 중에서 가장 무겁고 강

한 파운드의 활을 쏘겠다는 것이었다. 파운드라는 것은 쉽게 말해 활이 당겨지는 세기를 말한다. 결론만 말하자면 당시에 나는 결국 비공식적이지만 우리나라에서 가장 무겁고 강한 세기의 활을 쓰는 선수가 되었다. 그랬던 과거 나의 으스대는 모습을 떠올리니 괜히 손발이 오그라드는 기분이다. 어쨌든 그렇게 강한 활을 사용한 나의 양궁 선수로서의 성적은 어땠을까? 우리나라에서 가장 강한 활을 사용하는 선수인데, 점수는 당연히 그 명성에 맞는 정도가 아니겠는가.

사실 엉망이었다. 활을 아주 꾸역꾸역 쐈다. 분수에 넘치는 정도의 무게와 세기를 가진 활을 사용하다 보니 매번 운동 시간이 곤욕이었다. 그렇게 성적도, 운동에 대한 즐거움도 점차 사라져가면서 당연하게 조기 은퇴를 했다.

오랜 시간 다소 아쉽고 억울하다고 생각하는 부분이 있었다. 양궁 선수 생활을 5년 넘게 했는데, 사회에 나오니 양궁이 도움이 되지 않았다는 점이다. 골프, 테니스, 축구, 농구, 야구를 배웠다면 인간관계에 유용했을 수도 있다. 또 복싱, 유도, 레슬링, 수영을 배웠다면 위기의 순간에 남의 목숨과 내 목숨을 지키기도 수월했을 것이다. 육상이나 사격을 배웠다면 군대에서라도 도움이 되었을 것이다. 그런데 양궁은 혼자서 취미로 즐기기에도 꽤 무리가 있었다. 장비나 장소 같은 모든 것이 제한적이었다. 어쨌든 양궁은 양궁을 하지 않는 삶에는 도움이 될 일이 하나도 없는 듯 보였다.

그렇게 세월이 어느 정도 지나, 내가 시크릿을 한창 연구하고 있던 시절에 드디어 양궁으로부터 매우 특별한 도움을 받게 되었다. 시크릿의 거인들이 원하는 것을 이루기 위해 사용하는 방식이 양궁 선수가 화살을 정중앙에 맞히는 과정과 동일했기 때문이다. 그 덕분에 나는 그들의 방식을 누구보다도 명확하게 이해하고 공감할 수 있게 되었다. 그들은 시크릿으로 설계된 정확한 목표를 설정하고 → 그것과 관련된 것을 시도했다 → 그리고 발생하는 문제들을 → 개선하고 해결하면서 → 발전해 나갔다 → (필요 시 시도, 문제 발견, 해결, 발전의 반복) → 그렇게 목표를 달성했다. 이 과정은 꼭 즐겁지만은 않고 지겹기도 하고 화도 나며 두렵기도 한 것이 사실이다. 하지만 원하는 것을 이루는 가장 확실하고 빠른 길이니 어쩔 수 없다.

이해를 돕기 위해 앞에서 언급한 예를 다시 한번 들겠다. 당신은 대전에 있고 가려는 곳, 원하는 곳은 서울이다. 처음 시작할 때는 당연히 목적지인 서울을 향해 간다고 생각한다. 하지만 실제로 당신이 출발한 방향은 부산 방면이다. 그러니 당신은 원하는 방향인 서울 방면으로 방향을 잡을 때까지 특정 행동을 반복하고 계속 개선하며 발전해야 한다. 이 과정을 통해 정확한 방향을 잡아야만 한다. 드디어 방향을 잡았다고 해도 서울로 가는 노력을 게을리할 수는 없지만, 방향을 잡았다면 드디어 원하는 곳으로 갈 수 있게 된다.

시크릿의 거인들이 원하는 것을 이루는 방식과 양궁에서 표적의 정중앙을 맞히는 방식을 한눈에 비교할 수 있도록 정리해보았다.

- 양궁: 조준 → 슈팅 → 문제 확인 → 개선 → (조준, 슈팅, 문제 확인, 개선의 반복) → 정중앙 10점
- 성공: 목표 설정 → 시도 → 문제 발견 → 해결 → 발전 → (시도, 문제 발견, 해결, 발전의 반복) → 목표 달성

원하는 것, 목표로 하는 것에 있어서 완벽은 필요하지 않다. 완벽한 준비는 행동을 늦출 뿐이다. 완벽하게 준비하고 시

작하려다가 결국 시작도 못 할 바에야 그냥 대충이라도 시작하는 것이 100배 이상의 이득 아닌가. 그러니 원하는 목표가 있다면 일단 조준하라. 시도하라. 일단 시도하면 분명히 부족한 부분이나 잘못된 부분들이 나타날 것이다. 이것은 정말 긍정적인 신호다.

대부분의 사람들은 이런 신호를 실패로 생각하거나 잘못된 것으로 판단하지만 절대 그렇지 않다. 왜냐면 나타난 문제들을 해결한다면 발전하고 나아갈 수 있기 때문이다. 목표로 향하는 데 있어 시도와 문제 발견, 해결, 발전의 과정을 몇 차례 겪어야 할지 알 수는 없다. 하지만 분명 그 과정이 당신을 목표하는 곳으로 보내줄 것이다. 내가 양궁 선수 시절 10점을 쏘기 위해서 항상 했던 방식처럼, 무언가를 원할 때도 이 과정을 따르면 결국 목표를 달성하게 될 것이다.

정확한 목표를 향해 시도하고, 문제를 발견하면 해결해야 발전할 수 있다. 이 문장에서 가장 앞에 있는 '정확한' 목표를 다시 한번 확인하라. 나는 양궁 선수 시절에 잘못된 목표를 세웠었다. 가장 무겁고 강한 활을 사용하겠다는 목표 말이다. 그 목표를 이루긴 했지만 방향은 서울 방면이 아니라 부산 방면이었다. 즉 람보르기니를 탔다고 해도 방향은 잘못 잡고 있었던 것이다.

원하는 것을 꼭 이루겠다면 정확한 목표를 가지고 시도하고, 거기서 발생하는 문제를 해결하며 발전해 나가는 것이 가장 빠른 길이고 확실한 길이다. 그렇게 하면 결국 당신은 무조건 원하는 목적지에 도착할 수 있다.

시크릿이 거언틀어 숨긴 진짜 비밀

완벽하게 준비하고 나서야
시작하고 싶은가?
그러면 아예 시작하지 못할 수도 있다.
그냥 대충이라도 시작하라.
목표를 일단 조준하라.
그리고 시도하라.

선택 게임:
승자가 되는 규칙

어렸을 때 사업으로 바쁜 부모님 때문에 혼자 지내는 시간이 많아서 게임 중독에 빠진 적이 있었다. 일명 일진이라 불리는 친구들 때문에 담배와 술을 빠르게 배우기도 했다. 또 운동선수였기 때문에 하루에 12시간씩 운동하느라 학창 시절에는 시험 성적이 좋지 않았다. 키가 크지 않아서 배구도 잘하지 못했다. 이외에 내 인생에서 잘 풀리지 않았던 모든 일에는 항상 그럴싸한 이유가 있었다. 또 그럴 수밖에 없었던 원인도 있었다.

그런데 수년간 시크릿을 연구하고 뒤늦게 충격적인 사실

을 알게 되었다. 지금 내 삶에 나타난 모든 것이 나의 선택이라는 사실이었다. 좀 더 자극적으로 말한다면 이해될지도 모르겠다. 나이만 좀 어렸다면, 좀 더 잘생기고 멋지게 태어났더라면, 부모님이 부자였다면, 결혼하지 않았더라면, 그때 그걸 알기만 했다면, 용기만 냈더라면, 인맥만 좋았다면, 운이 좋았다면, 타이밍이 좋았다면, 돈만 많았다면…. 우리는 이런 식으로 생각하면서 지금 삶이 이렇게 되었다고 말하고 싶지만 명백하게 사실이 아니다. 백 번 양보해서 그것이 모두 사실이라고 해도 모든 것은 우리의 선택으로 바꿀 수 있는 것들이었다.

돈을 많이 벌고 싶은가? 그런데 돈이 없어서 답답한가? 돈이 없는 현실은 당신의 선택이다. 또 무슨 말 같지도 않은 소리냐고 할 수 있지만 정말 사실이다. 당신이 돈이 없다면 돈을 많이 벌겠다는 선택을 하지 않은 것이다.

처음에 말한 내 이야기를 보자. 사업으로 바쁘셨던 부모님이 신경을 많이 써주지 못했기 때문에 나는 게임 중독에 빠졌다고 했다. 부모님이 바쁘셨던 것은 사실이고 바뀔 수 없는 상황이었지만 게임을 하고 말고는 내가 선택할 수 있었다. 게임을 하지 않고 책을 읽을 수도 있었을 것이다. 그런데 나는 게임을 선택한 것이다. 그것을 부모님의 부재에 대한 핑계로 합리화했던 것이다.

또 나는 친구들 때문에 담배와 술을 일찍 시작했다고 했다. 이건 사실일까? 그 친구들과 어울린 것 자체도 나의 선택이었지만, 그것과 상관없이 술, 담배를 하고 말고 역시 내가 선택할 수 있었다. 만약에 술, 담배를 하지 않아서 친구들에게 따돌림을 당한다고 하더라도, 나는 친구와 나의 건강 중에서 선택할 수 있었다. 하지만 나는 학생이 담배를 피우는 잘못된 행위를 친구들 탓으로 돌리려고 그렇게 핑계 댄 것뿐이다.

또 나는 하루에 12시간씩 운동했기 때문에 학교 성적이 좋지 못했다고 했다. 이유가 타당해 보일 수 있지만 학교 성적을 올리겠다고 선택했다면 하루에 8시간씩 자는 것 대신에 잠을 줄여서라도 공부를 했을 것이다. 공부를 하지 않은 것은 나의 선택이었다. 공부를 하지 않아서 시험 성적이 좋지 않았던 것이 부끄러워 운동선수라는 그럴싸한 핑계를 들이민 것이다.

나는 키가 크지 않아서 배구를 잘하지 못했다고도 했다. 그런데 내 상황에서 어떻게 배구를 잘해볼 수 있을지 생각도 해보지 않은 채, 키가 작다는 이유만으로 배구를 하지 않기로 선택했다. 말 그대로 그냥 포기한 것이다. 만약 배구를 하겠다고 선택했다면 키는 문제가 되지 못했을 것이다. 상대적으로 키가 크지 않다면 리베로라는 멋진 포지션도 있지 않은가. 리베로 역할을 하며 배구를 잘했을 수도 있었다. 하지만 공격수가 멋있어 보인다는 이유로 리베로는 쳐다보지도 않고 불리한 신체 조건 때문에 배구를 못 한다며 포기해버렸다.

이런 나의 이야기에서 뭔가 느껴지는 게 있는가? 다 가질 수는 없다는 말이다. 뭔가를 얻으려면 뭔가는 버려야 한다는 소리다.

친구와 건강 중에 선택해야 했다면 둘 다 가져서는 원하는 것을 얻을 수 없다. 운동을 하면서도 공부를 잘하고 싶었다면 잠을 줄여서라도 공부를 해야만 했다. 잠은 잠대로 실컷 자면서 성적에 대한 불만을 이야기하는 것도 웃기는 일이다. 배구도 마찬가지다. 키를 핑계 삼았던 나에게는 당시 나의 이상한 자존심과 리베로라는 선택지가 있었다.

이제 당신의 상황을 이야기해보자. 돈을 많이 벌고 싶다며 돈을 원하지만 당신은 돈을 많이 벌기를 선택하지는 않았다. 무슨 말이냐 하면 돈을 많이 벌고 싶다고 하면서 현재의 상황에서 벗어날 생각은 하지 않는다는 것이다. 분명히 말했다. 무언가를 얻으려면 무언가는 버려야 한다. 높은 확률로 돈을 벌 수 있다며 방법을 다 알려줘도 현재 가진 것을 잃을 수도 있다면서, 위험하다면서 움직이지 않고 있다. 돈을 벌고 싶다면서 귀찮은 일은 일절 하지 않는다. 돈을 벌고 싶다면서 TV나 유튜브 시청을 포기하지 않는다. 이처럼 당신이 돈 벌기를 선택하지 않은 증거는 수없이 많다. 아무튼 팩트는 이렇다. 당신은 돈 벌기를 선택하지 않았다. 그리고 그럴싸한 이유들을 대면서 합리화하고 있을 뿐이다. 과거의 나처럼 말이다.

느낌이 좀 오는가? 지금까지의 말을 종합해보면 남 탓, 환경 탓을 하는 것은 그 자체로 자기 탓이라는 말이 된다. 극단적인 이야기를 하나 해보자.

집에 도둑이 들었다. 도둑은 당신 뒤에서 총을 겨눈 채 당신 손에 총을 하나 쥐여주었다. 그러고는 앞에 있는 당신의 부모를 쏘라고 한다. 만약 부모를 쏘지 않으면 당신을 쏘겠다고 한다. 어떤 선택을 하겠는가?

이런 극단적인 순간에서도 삶의 모든 선택은 당신에게 달려 있다. 비록 목숨이 달린 문제지만 부모를 쏘고 말고는 당신의 선택이다. 당신의 목숨이냐, 부모의 목숨이냐 하는 문제라 해도, 그 일이 도둑의 협박으로 강제성을 띠고 있다고 해도 결과는 당신만이 선택할 수 있다. 방아쇠를 당길지, 당기지 않을지 말이다.

이렇게 극단적인 이야기를 지어낸 이유는 어떤 경우라 해도 인생에 대한 모든 선택은 당신만이 할 수 있다는 사실을 인지시키기 위함이다. 당신의 삶은 당신이 선택할 수 있고, 또 당신만이 선택할 수 있다.

이 선택 게임에서 꼭 알아두면 좋을 2가지가 있다.

1. 무조건은 없다.
2. 불가능은 없다.

모든 것은 그저 당신의 선택일 뿐이라는 말이다. 당신은 선택할 수 있다.

원하면서도 하지 않고 있다면, 누구 탓도 환경 탓도 아닌 단지 당신이 그렇게 선택한 것이다. 그러면서 남 탓, 환경 탓으로 돌려버리고 있다. 도둑이 협박하는 극단적인 상황에서도 무조건 해야 하는 것은 없다. 그렇기에 모든 것은 당신의 선택으로 가능하다는 점을 다시 한번 강조하고 싶다.

그리고 원하는 게 무엇이든 불가능은 없다는 점도 다시한번 강조한다. 불가능은 없다는 말을 오해할 수 있어서 설명하자면 이 말은 모든 것이 가능하다는 뜻이 아니다. 결과에 있어서 당연히 불가능한 것이 있다. 그렇지만 당신이 원하는 것을 하는 데 있어서 불가능한 시도는 없다는 소리다. 그러니까 결과가 아니라 과정에 대한 이야기다. 불가능해 보이는 결과를 향한 시도에는 불가능이란 없다. 물론 이 또한 모든 선택은 당신의 몫이다.

이 점을 인지하고 이해하는 순간부터 당신의 삶은 완벽하게 변할 것이다. 인생을 주도하고 싶은가, 인생에서 도주하고 싶은가? 모두가 핑계를 말할 때, 선택을 말할 수 있어야 한다. 모두가 회피할 때, 책임질 수 있어야 한다. 당신을 거인으로 만드는 것은 바로 그런 자질이다. 모든 것은 당신의 선택이다. 상황과 환경과는 아무런 상관이 없다.

시크릿의 거인들이 숨긴 진짜 비밀

모두가 핑계를 말할 때,
'선택'을 말하라.
모두가 회피할 때,
책임을 져라.
거인이 되는 힘은
바로 그런 자질에서 온다.

성공의 첫 번째 단추, 123법칙

오래전부터 아버지가 나에게 항상 강조하시던 말씀이 있다. 현실판 시크릿을 알기 전에는 그 말씀이 성공 법칙과 깊은 관련이 있다는 것을 전혀 눈치채지 못했다. 나는 뒤늦게 아버지의 말씀이 지닌 힘을 알게 되었고, 그것을 '123법칙'이라고 불렀다. 전에는 눈치채지 못했다고는 했지만 어쩌면 어린 시절부터 아버지에게 세뇌당했는지도 모른다. 왜냐면 나의 모든 성과를 돌아보면 시작에 항상 123법칙을 적용하지 않은 적이 없었으니 말이다. 더불어 내가 성취하지 못한 모든 것은 123법칙을 적용하지 않은 것들이었다.

아버지가 나에게 아주 오랫동안 세뇌시킨 이야기, 당신이 무엇을 원하든 그것을 이룰 수 있도록 해줄 첫 번째 단추인 123법칙을 전한다.

1. 일단 시작한다: 무언가를 하고 싶다면, 원하는 것이 있다면, 혹은 궁금한 것이 있다면 그것을 해낼 수 있을지 없을지를 생각하지 말고 그냥 시작한다. 할 수 있는 조건인지조차도 생각할 필요가 없다. 계획도 세우지 말고 일단 시작한다. 왜냐면 원하는 것에 대한 계획을 세우는 과정에서 어느새 완벽을 추구하게 되고, 그 결과 완벽하게 하지 못할 것에 대한 압박감과 걱정으로 시작을 지연하게 되어 있다. 그러면 이내 원했던 그것은 생각도 나지 않게 된다. 당신만의 잘못은 아니다. 인간은 그렇게 설계되어 있다. 물론 계획은 중요하다. 하지만 시작이 더 중요하다고 강조하는 것이 123법칙이다.

2. 이 일을 완료한다: 당신이 하려는 그것은 처음에는 당연히 어설프고 실수로 가득할 것이다. 당연한 과정이고 결과다. 원하는 것을 시도하는 과정에서 분명 부정적인 결과를 걱정하게 되어 있다. 이것도 인간이기에 어쩔 수 없다. 이 단계에서는 결

과물이 완전히 엉망이어도 좋다. 그저 하고 싶은 것을 어떤 형식으로든 일단 완료한다. 나타나는 모든 장애물은 일을 마치는 데 꼭 필요한 것으로 당연하게 여긴다.

3. 삼세번 한다: 같은 것에 대해 삼세번 개선하여 지속 또는 포기 여부를 판단한다. 효과가 없는 한 가지 방법에 계속 매달릴 수는 없는 법이다. 그렇다고 한 번 실패했다고 해서 포기할 수도 없다. 그러니까 원하는 방법을 성공시키기 위해 어떤 방법을 세 번 개선하고도 변화가 없다면 그 방법은 포기해도 좋다. 효과가 없었던 방법은 포기하고, 원하는 것을 얻기 위해 다른 방법으로 넘어가야 한다. 굳이 효과가 없는 방법에 계속 집중하면서 시간을 낭비할 필요가 없다. 원하는 것을 성취할 다른 방법을 찾아내는 일이 우선이다.

이해를 돕기 위해 123법칙에 관한 내 이야기를 들려주겠다. 나는 많은 사람들에게 동기부여를 해주고 싶었다. 123법칙에 따라 블로그를 일단 시작했다. 아무것도 몰랐다. 처음에 무슨 말을 해야 할지, 어떤 형식으로 글을 써야 할지, 어떻게 사람들에게 보여줄 수 있을지 등에 대해서는 하나도 몰랐다.

그렇지만 일단 시작했다(1). 그리고 이것을 완료하는 데 집중했다(2). 첫 번째 글을 완성하는 데 집중했다. 그리고 두 번째, 세 번째 글을 쓰는 데 집중했다. 너무 어설프고 가벼운 글에 스스로도 쑥스러울 정도였지만 모든 시작 단계에서 이와 같은 현상은 당연하다는 것을 알고 있었기에 그저 완료하는 데 집중했다.

내가 유명하지 않았기에 당시 나의 글을 읽을 사람은 당연히 없었다. 나는 첫 번째 개선점으로 1일 1포스팅을 시작했다. 그렇게 한참이 지나도록 1일 1포스팅에 집중했다. 그렇지만 반응은 여전히 없었다. 두 번째 개선점이 필요했다. 섬네일을 만들기 시작했다. 개선을 하고 두 달간 개선점에 집중했다. 섬네일 덕분일까? 심하게 미약하긴 했지만 전에 비해 반응은 있었다. 그렇지만 여전히 개선이 필요했다. 블로그의 스킨과 문구를 바꿨다. 사람들이 내 블로그에 들어왔을 때 내가 무엇을 말하는지 즉시 알게 해주고 싶었다(3).

그렇게 개선하며 두 달간 집중했다. 효과는 없었다. 그렇게 나는 첫 번째 개선점이었던 1일 1포스팅과 두 번째 개선점이었던 섬네일, 세 번째 개선점인 블로그의 스킨과 문구에 집중하며 동시다발적으로 6개월간 매일 노력했다. 결과는 앞에서 말한 대로 실패였다. 삼세번의 개선 후에는 이 방법을 유지할지 포기할지 판단해야 한다. 그런데 내 블로그의 성과를 분석해보니 당연히 포기해야 한다는 결론이 나왔다. 계속 매달려서 시간을 낭비하는 것보다 다른 방법을 찾아서 다시 123법칙을 적용하는 게 더 빨랐다.

3번에서 주의해야 할 점이 있다. 삼세번 개선해보기 전까지는 어느 정도의 위험을 받아들여야 한다는 것이다. 효과적인 방법을 찾는 시점에는, 적어도 그 방법을 개선할 수 있는 시점에는 절대 실패를 인정하지 말아야 한다. 그때는 포기할 때가 아니다.

이런 나를 바라보는 주변 사람 중에는 내가 성급하고 의욕만 앞서서 조금 비현실적으로 상상하고 행동한다고 생각하는 사람들도 더러 있다. 123법칙에 따르면 내가 성급함과 의욕이 앞서는 것처럼 보이는 것은 법칙에 위배되지 않는다. 나는 이 법칙을 통해서 많은 것을 이뤄냈고, 이 법칙이 앞으로도 계속 원하는 것을 이룰 수 있는 비결이라는 것을 알고 있다. 그래서 나에 대한 그들의 생각은 오히려 법칙의 완전성을 설명하는 것과도 같다. 즉 그대로 증명된 것이다.

123법칙의 핵심 중 하나는 포기해야 할 때를 결정하는 타이밍을 알 수 있다는 것이다. 최선을 다하더라도 효과를 거두지 못하는 방법도 많다. 그렇기 때문에 원하는 것을 정말로 얻고 싶다면 효과가 없는 방법은 최대한 빠르게 파악하고 확실하게 포기해야 하는 경우가 생긴다. 어차피 어떤 방법이 실패했다고 해도 그것으로 인해 무언가를 배울 수 있었을 것이다. 그러니 당신이 원하는 것을 이뤄줄 다음 방법을 찾아라.

이처럼 뭐하나 쉬운 게 없다. 그러므로 효과적인 방법을 알아보는 힘을 가져야 한다. 효과적인 방법을 찾기 위해서는 어쩌면 끈기뿐만 아니라 고집까지도 발휘해야 할 것이다. 성공은 쑥스러움이 많아서 언제나 실패 뒤에 숨어 있고, 겁이 많아서 늘 수치심 안에 숨어 있다. 도전에 있어 장애물과 고통이 나타난다면 그것은 성공이 숨어 있다는 증거다.

어떤 기회가 찾아오면 123법칙을 사용해서 시작하라. 어떤 특정한 방법이 맞지 않았다면 그것을 통해 성장했을 것이다. 실패는 새로운 것을 배우는 최선의 길이다. 삼세번의 개선에도 실패했다면 고민에 빠질 시간도 허용하지 말고 깨끗하게 포기하며 새로운 방식을 모색하라. 효과가 없는 방식에 계속해서 고집을 부리며 포기하지 않는 것은 게으름의 한 형태일 뿐이다.

123법칙을 정리해보자. 지금까지의 말을 대충 듣고 있었다면, 마치 내가 끈기는 필요 없다고 말하는 것처럼 들릴 수도 있다. 혹은 안 되면 포기하라고 권유하는 것처럼 들릴 수도 있다. 하지만 정확히 그 반대의 이야기를 하고 있다. 그러니까 절대 포기하지 않는 끈기를 요구하고 있다. 무슨 말인지 들어보라. 내가 빠르게 바꿔도 좋다고 말하는 것은, 내가 포기해도 좋다고 말하는 것은 원하는 것을 이루기 위한 '방법'을 이야기한 것이지, 원하는 '꿈'을 포기하라는 말이 아니다. 123법칙을 통해서 아무리 많은 방법으로 도전하고 실패하고 포기하면서 방법들을 바꿔 나간다고 해도 그것은 꿈을 이루기 위한 수단이다. 즉 꿈은 포기하지 않고 유지한다. 꿈을 이루기 위한 효과적인 방법을 찾는 도중에 나타나는 비효과적인 방법을 포기하는 것이다.

주의사항을 다시 한번 강조하며 이 글을 마치겠다. 원하는 것을 이룰 방법을 찾는 123법칙의 과정에서는 어느 정도의 위험이 발생하는 것은 받아들여야 한다. 적어도 꿈을 이룰 수 있는 시점에는, 꿈에 다가가는 방법을 개선할 수 있는 시점에는 절대 포기를 선택하지 마라. 하지만 삼세번의 결과에 따른 올바른 포기는 새로운 기회를 가져온다.

시크릿의 거인들이 숨긴 진짜 비밀

무언가에 실패하면 삼세번은 개선하라.

삼세번 개선해보기 전에는

실패를 인정하지 마라.

그때까지는 아직 포기하기 이르다.

S
E
C
R
E
T

베

완벽한 방법, 완벽한 준비, 완벽한 상황, 완벽한 순간에 더해 당신이 기다리는 또 하나의 바람이 있다. 바로 기적이다. 로또를 통해서 부자가 되는 상상을 하는가? 직장 고위직 사람의 눈에 들어 고속 승진을 원하는 가? 결론부터 말하자면, 기적은 일어나는 게 아니라 일으키는 것이다.

2단계로 끝나는
필살 질문법

어렸을 때 CD로 설치하는 PC 게임이 인기가 많았다. 팩
게임에서 막 넘어오던 시기였기 때문에 PC 게임은 지금처럼
아주 당연한 것만은 아니었다. 많은 PC 게임에는 게임 제작자
들이 의도적으로 만들어낸 재미있는 속임수가 있었는데, 이것
을 사용하면 게임을 매우 편리하고 수월하게 진행할 수 있었
다. 바로 치트키라는 것이다. 원래 어떤 건물을 지을 때 3분이
걸린다고 하면 치트키를 사용하면 5초 만에 완성되는 식이다.
또는 돈을 무제한으로 얻을 수 있다거나 죽지 않는다거나 하
는 등의 다양한 능력을 발휘할 수도 있다.

이런 치트키는 게임을 진행하는 데 사기급 필살기다. 무조건 이득이 되고 승리할 수 있기 때문이다. 게임 속에서 필살 치트키를 쓸 때면 현실에서도 그런 치트키가 있으면 좋겠다고 생각한 적이 한두 번이 아니다. 만약 현실에도 그런 게 있다면 삶이라는 현실판 게임을 매우 수월하게, 그리고 무조건 이득이 되게 승리할 수 있을 거라고 생각했다.

당신도 게임을 하며 치트키를 사용해본 적이 있다면 나의 이런 생각에 공감할 것이다. 그런데 내가 당신과 아주 조금 달랐던 점은 그런 바람이 좀 강박적이었다는 점이다. 당시 나는 어린 나이라서 가능했을 만한 상상을 했다. 현실에 적용할 수 있는 필살 치트키가 있는지 없는지를 계속 떠올려본 것이다. 계속 생각했고 계속 질문했다.

인간의 무의식은 질문을 하면 답을 하게 되어 있다. 심리학에서도 그렇게 설명하고 있고, 시크릿 책이나 자기계발서에서도 그런 말들을 한다. 어쨌든 그런 이론들을 떠나서 나는 질문의 힘을 믿고 있다. 실제로도 그 힘을 확인했기 때문이다. 그러니 어떻게 믿지 않을 수 있겠는가.

게임에서처럼 현실에서 적용 가능한 필살 치트키가 있

을까? 이 질문을 스스로에게 반복했다. 한참이 지난 후 우연히 시크릿의 거인들 중 한 명으로부터 그 답을 들었다. 드디어 현실에 적용 가능한 필살 치트키를 정말로 찾은 것이다. 나는 이 방식을 '필살 질문법'이라고 이름 붙였다. 왜냐면 정말 게임에서 치트키를 쓴 것처럼 현실에서도 문제가 되는 것을 해결할 수 있었기 때문이다. 그리고 무엇이든 이 필살 질문법을 적용하면 수월하게 해결할 수 있었기 때문이다. 즉 승리할 수밖에 없는 현실 세계의 필살 치트키였던 셈이다.

다양한 분야의 많은 전문가들과 고수들은 질문의 중요성에 대해서 나에게 말해주었다. 하지만 그런 설명만으로는 만족할 수 없었다. 그들이 그렇게 중요하다고 강조하는 질문을 더욱 강력하게 사용하고 싶었다. 그 중요하다던 질문을 더 중요한 것으로 강화하고 싶었다. 이런 약간의 반발심과 강박적인 집착 덕분에 시크릿의 거인들 중 한 명이 사용하는 질문법을 배울 수 있게 되었다.

이것을 알게 된 후에 드디어 삶이라는 현실판 게임의 필살 치트키를 찾았다고 확신할 수밖에 없었다. 이 글을 읽고 나면 당신도 시크릿의 거인들 중 한 명이 실제로 사용하는 필살 질문법을 사용할 수 있게 된다. 당신은 아직 모르겠지만 정말로 놀라운 일이다. 곧 스스로 알게 될 것이다.

삶이라는 현실판 게임에 적용 가능한 필살 치트키, 즉 필살 질문법은 딱 2단계로 이루어져 있다. 필살 치트키인데 2단계밖에 없다는 것은 정말이지 치명적일 만큼 매력적이다. 족히 200살은 되어야만 깨달을 수 있는 지혜를, 그에 비하면 신생아와 같은 지금의 나이에 알게 되니 얼마나 행복한 사실인가. 이 사실 자체만으로도 치트키가 적용된 것이라고 할 수 있다. 이번에도 역시 다섯 살 이상만 되면 이해할 수 있다.

관련된 이야기를 먼저 하자. 나에게 필살 질문법을 배운 커플이 있다. 이들은 한 달에 두 차례 이 질문법을 사용한다.

- 1단계 질문: 남자가 묻는다. "5점 만점 중에서 이번 주 우리 사이의 만족도에 몇 점을 줄 거야?" 여자가 대답한다. "3점."
- 2단계 질문: 남자가 다시 묻는다. "5점이 되려면 뭐가 필요할까?" 여자가 대답한다. "평일에 두 번은 나랑 데이트를 해주면 좋겠어."

딱 2단계의 질문을 통해 남자친구는 여자친구가 둘 사이의 관계에서 어떤 부분에 만족하지 못하는지에 대한 정보를 얻는 동시에 명확한 해결책까지 얻게 되었다. 이렇게 문제를 정확하게 확인한다는 점에서 마법 같은 기법이라 할 수 있다.

문제를 정확히 알았다는 것은 그 문제를 만족시킬 수 있는 것이 무엇인지 정확히 알았다는 의미가 된다. 즉 이 필살 질문법은 문제와 해결책을 찾는 것이 아니라 문제와 해결책이 동시에 확인된다는 점에서 무엇보다 독보적인 기법이다. 필살 치트키라는 말이 딱 맞다. 그런데 이 마법 같은 일이 가상 게임의 이야기가 아니라 삶이라는 현실판 게임의 이야기라는 게 더욱 놀랍고 희망적이다.

이 필살 질문법은 분야, 상황, 환경에 상관없이 사용할 수 있는 것이 큰 장점이다. 이 요리의 맛은 5점 만점 중 몇 점인가? 그럼 5점이 되려면 무엇이 필요한가? 우리 회사 서비스의 만족도는 5점 만점 중 몇 점인가? 그럼 5점이 되려면 무엇이 필요한가? 우리 관계의 만족도는 5점 만점 중 몇 점인가? 그럼 5점이 되려면 무엇이 필요한가? 이런 식으로 필살 질문법은 자기 성장, 좋은 서비스, 좋은 대인관계를 위해서 필수적이다.

- 1단계 질문: ○○○은 5점 만점 중 몇 점인가?
- 2단계 질문: 그럼 5점이 되려면 무엇이 필요한가?

이제 드디어 당신도 가상이 아닌 현실에서 치트키를 사용할 수 있게 되었다. 가상 게임 속에서 치트키를 사용하는 방법은 무엇인가? 치트키는 그냥 가만히 상상만 하고 있다고 사용되진 않는다. 게임 속에 숨겨진 키를 입력해야만 치트키가 적용되는데, 그 키를 알아내기까지가 어려울 수는 있으나 찾고 나면 키를 입력하는 일은 너무나 쉽다. 그렇게 치트키를 적용하면 게임은 승리만이 남는다.

삶이라는 현실판 게임에서도 마찬가지로 가만히 앉아 원하는 것을 상상만 한다고 해서 치트키가 적용되지는 않는다. 당연히 숨겨진 기법을 찾아 삶에 입력을 해야 한다. 물론 숨겨진 치트키를 찾기가 매우 힘들 테지만, 당신은 운 좋게도 이 책을 읽고 있고 지금 내가 다 알려주고 있다. 이렇게 숨겨져 있던 치트키를 바로 찾게 되었으니 이제 삶에 입력하고 적용하기만 하면 된다. 치트키를 작동시키면 앞으로 살아갈 나머지 삶의 게임은 승리라는 결과만이 기다리고 있을 것이다.

시크릿의 거인들이 숨긴 진짜 비밀

문제와 해결책을

동시에 확인하고 싶다면

2단계 필살 질문법을 적극 활용하라.

인간의 무의식은

질문하면 답을 하게 되어 있다.

당신이 고통스러운
한 가지 확실한 이유

세상이 엄청난 속도로 좋아지고 있는 덕분에 우리는 양과 질적인 면에서 충분히 충족감을 느끼며 살고 있다. 그런데 한편으로는 왜 신체적, 정신적으로 고통을 호소하는 사람들이 더 많아지는 걸까? 많은 방법들이 존재하지만 본질을 해결하지 않으면 그 방법들은 일시적일 수밖에 없을 것이다.

나도 고통을 해소하려고 엄청나게 많은 방법을 사용해봤고 그 방법들을 지속해봤다. 효과가 있었다. 일시적이었을 뿐이지만 말이다. 물론 그 효과가 일시적인 것임을 눈치채지는 못했다. 어쨌든 효과를 본 덕분에 계속해서 그 방법들에 집착하게 되면서 결국 방법 자체가 고통이 되는 식으로 계속 악순환이 일어나곤 했다. 어떤 특정 방법으로 고통에서 잠시 벗어나자 그 방법을 계속 사용하게 되면서 그것에 매달리고 집착한 것이다. 집착은 또 다른 고통이 되었다.

고생하면서 연구하고 몰입한 끝에 나를 고통에서 벗어나게 해준 것을 찾았다. 아이러니하게도 그것은 고통의 더 깊숙한 곳에 숨어 있는, 고통의 본질에서 발견할 수 있었다. 내가 이 고통의 본질에 대해 설명해준다면, 당신도 고통의 악순환에서 벗어날 수 있으리라 기대해본다. 사실은 어느 정도 확신한다.

지금까지 당신이 고통스러웠던 본질적인 이유는 스스로의 마음을 통해서 세상을 바라보지 않고 타인의 눈을 통해 세상을 바라보고 기준을 설정했기 때문이다. 그래서 모든 선택이 불안하고 고통스러웠던 것이다. 비단 나와 당신만의 이야기가 아니다. 세상 모든 사람들의 이야기다.

이 세상은 마치 관심병자들의 병원과도 같다. 그러니까 우리는 세상이라는 병원에 입원한 것이 아닐까 하는 착각이 들 정도로 모두가 같은 패턴을 가지고 있다. 쉽게 말해, 당신이 고통받는 본질적인 이유는 '타인의 시선' 때문이다. 남의 시선 말이다. "아니, 나는 돈 때문인데', '아니, 나는 원하는 게 잘 안 돼서 고통스러운데'라고 부정할 수 있다. 그래서 덧붙이자면 돈이 필요한 이유를 포함해 원하는 결과를 얻어야 하는 모든 이유는 타인이 있기에 존재하는 것이다. 만약 타인이 없고 나만 존재한다면 무엇 때문에 돈이 필요하겠는가. 무엇 때문에 원하는 결과를 얻어야 하겠는가. 적어도 이 사실만큼은 부정하지 못할 것이다.

나는 그냥 흔하게 생긴 나의 얼굴을 보면서도 혼자 거울을 볼 때면 자아도취에 빠질 때가 자주 있다. 그러다 마침 TV 속에서 가수 차은우가 보일 때면 방금까지 보고 있던 거울을 박살내고 싶은 충동이 들기도 했다. 이처럼 비교 대상, 즉 타인이 없다면 나의 외모는 언제나 문제가 되지 않는다. 더 깊이 들어가면 '멋있다' 혹은 '멋없다'라는 개념조차도 존재할 이유가 없다. 그러니까 고통은 비교에서 출발한다.

우리는 왜 타인의 시선을 신경 쓸까? 가장 근본에 가까운 답은 인간의 본성에 있을 것이다. 인정받고 싶고, 사랑받고 싶고, 안전하고 싶기 때문이다.

다시 나의 이야기를 해보겠다. 나는 2019년 봄부터 흰색과 검은색 티셔츠 두 벌, 청바지와 검은색 바지 두 벌로 살기 프로젝트를 시작했다. 물론 속옷과 양말도 최소화했다. 이 글을 쓰고 있는 2021년 9월 기준으로 3년째다. 그리고 이 프로젝트는 지금도 계속되고 있다.

프로젝트를 진행한 지 2년이 경과한 시점에 예상치 못했던 놀랍고도 재미있는 사실을 알게 되었다. 그것은 사람들이 나에게 옷을 정말 깔끔하게 잘 입는다고 칭찬하는 경우가 자주 있었고, 심지어 옷을 어디서 구매하는지까지 묻는 경우도 왕왕 있었다는 점이다. 특히 나의 외적인 부분을 지적하는 사람은 단 한 명도 없었다는 점이 놀라웠다. 그리고 소름이 끼칠 정도로 놀라웠던 사실은 그 누구도 내가 2년 넘게 같은 티셔츠에 같은 바지를 계속 번갈아 가며 입고 있었다는 사실을 몰랐다는 것이다. 이것은 당시 지인들에게 물은 결과다. 지인 중에는 부모님도 포함되어 있다.

이 프로젝트를 진행하며 의도하지 않았던 것을 확인하게 되었다. 아무도, 그 누구도 나를 신경 쓰지 않는다는 사실을 말이다. 본래 인간은 자신 외에는 누구에게도 신경 쓰지 않는다는 것을 체감한 순간이었다. 꽤나 씁쓸했다. 왜냐면 나는 2019년까지 수십 년의 세월을 타인의 시선을 크게 의식하는 상황 속에서 살아왔기 때문이다. 물론 그렇게 살아온 이유는 그들이 나를 신경 쓸 것이라고 착각했기 때문이다.

이렇게 어리석은 과거의 나를 비웃을 수도 있겠으나 당신도 한번 진지하게 생각해보길 권한다. 당신은 과연 타인의 시선으로부터 자유로웠는지 말이다. 씁쓸한 미소를 띠는 당신의 모습이 벌써 보인다.

타인의 시선은 내 생각이 만들어낸 것이다. 아무도 내가 뭘 하는지 신경 쓰지 않는다. 그러니 걱정하지 말고 지금부터라도 스스로의 기준으로 살아가길 바란다. 아니, 그래야만 한다. 혹여 당신이 엠마 왓슨, 엠마 스톤, 앤 해서웨이, 켄달 제너, 레오나르도 디카프리오, 브레드 피트, 라이언 고슬링, 저스틴 비버 같은 엄청난 인기인이라서 누군가가 실제로 당신을 신경 쓰고 있다고 해도 그 또한 문제가 되지 않는다. 왜일까? 그 관심은 매우 짧은 일시적인 것이기 때문이다. 언급한 인기인들은 모두 한 차례 이상씩은 문제가 된 기사들이 있었다. 하지만 이슈가 되었을 때는 알았지만 지금은 기억하지도 못할 것이다. 이로써 증명됐다. 당신도 그들에게 그리 관심이 없다는 것이 말이다. 그러니 매우 큰 인기를 지닌 사람이라고 해도 타인의 시선을 신경 쓸 필요가 없다. 사람들은 남에게 관심이 없다.

시선에 대한 통찰력이 대단하다고 생각한 문장이 있다. 신경과학자이자 정신과 전문의 다니엘 G. 에이멘 박사의 말이다.

"열여덟 살에는 다른 사람들이 나를 어떻게 생각하는지 걱정한다. 마흔 살에는 사람들이 나를 어떻게 생각하든 별로 개의치 않는다. 예순 살이 되면 아무도 나에게 괘념치 않았음을 깨닫게 된다."

정말 대단한 통찰력인 동시에 엄청나게 설득력 있는 말이다. 이 문장을 보고 공감했다면 "정말 맞는 말이다"라는 식으로 감탄만 하고 넘어가서는 안 된다. 분명히 깊이 생각해볼 만한 가치가 있는 이야기다. 그리고 이것을 생각하는 데 시간을 투자한다면 분명히 남들과는 다른 평온함을 보상받을 것이라고 생각한다.

사람들은 현재의 자신과 다른 어떤 중요한 사람이 되고 싶어 한다. 하지만 그것은 타인의 시선을 의식해 나온 생각일 뿐이다. 만약 그런 이유로 중요한 사람이 되었다고 해도 행복은 보장받을 수 없다. 나 자신의 시선으로 존재할 때 비로소 행복해질 수가 있다. 남의 시선을 통해 세상을 바라보고 거기에 나를 맞춰가는 관심병자의 삶에는 행복을 알게 하는 약을 쓸 수도 없다. 그런 약이 있었다면 지금 이 세상이 관심병자들로 가득하지는 않았을 것이다.

지금 이 세상은 관심병자들에게 지배당했다고 해도 과언이 아닐 정도로 남의 시선으로 살아가는 사람들이 득실대고 있다. 당신만은 관심병자들의 세상에서 퇴원하라. 하지만 각오해야 한다. 자신의 시선으로 살아가게 되면, 인구의 96퍼센트를 차지하고 있는 관심병자들의 눈에는 미친 사람처럼 보일 수 있다. 그럼에도 불구하고 나는 당신이 그들에게 미친 사람 취급을 당하길 바란다. 그 병원에서 퇴원하라.

시크릿의 거인들이 숨긴 진짜 비밀

당신 자신의 시선으로 살아가라.

타인의 시선을 의식하지 말고.

타인의 기준으로

당신의 기준을 설정하지 말고.

어차피 사람들은 남한테 관심 없다.

당신에게도!

24시간 내에
걱정을 삭제하기

　　20대에는 쓸데없는 걱정이 많았다. 그러면서도 어떻게든 되겠지 하는 마음으로 살았다. 나만 그런 줄 알았다. 무언가를 하기에 앞서, 무언가를 하는 도중에, 무언가를 다 하고 나서 자꾸 끼어드는 근심과 걱정 말이다. 시크릿을 공부하며 수년 후에야 알았다. 인간은 모두 그렇다는 것을. 두려움이 없어 보이는 트럼프나 그 대단한 것을 해내고 있는 일론 머스크마저도. 그런데 모두가 그렇다고 해서 일상에 계속 끼어드는 수많은 걱정을 무시할 수는 없는 노릇이었다. 계속 끼어들어 괴롭혔기 때문이다. 괴로움이 싫었던 나는 대안이 필요했다. 걱정 대신에 그 자리를 채워줄 어떤 것 말이다.

강박적으로 연구한 끝에 어느 날 드디어 찾아냈다. 나에게 이 방법을 교육받은 사람들은 이 혁신적인 걱정 삭제법 덕분에 삶이 가벼워졌다고 좋아했다. 이렇게 사고할 수 있다는 사실에 놀라기도 했다. 더구나 이 방법은 너무나 간단하고 쉽다. 더욱 매력적인 부분은 효과가 빠르기까지 하다는 점이다.

나에게 교육받은 사람들과 나만 알고 있던 이 놀라운 효과의 걱정 삭제법을 이제 당신에게도 알려주겠다. 이해하기 쉽도록 이야기를 하나 해보겠다.

당신의 무릎에 작지만 꽤 깊은 상처가 났다. 상처가 작아도 아프고 신경 쓰인다는 사실은 경험해봐서 알 것이다. 당신은 무릎을 다친 것이 불만스러웠고 상처 난 자리에 약을 썼다. 그런데 회복되는 과정에서 딱지를 긁어 또다시 상처를 만들었다. 결국 상처가 낫지 않아 병원에 갔더니 먹는 약, 바르는 약, 주의사항 등이 생기며 상황이 복잡해진다. 작은 상처를 큰일로 만들어버린 상황이다. 최초에 건드리지 않고 그냥 두었다면 약간의 시간이 지남에 따라 저절로 회복되었을 상처가 계속 신경 써준 덕분에 악화되고 덧나고 말았다.

이 상처와 같이 불안이나 걱정도 신경 쓰지 않으면 자연히 없어질 것을 계속해서 신경을 놓지 않아서 회복되지 않고 나빠지는 것은 아닐까? 하지만 무작정 불안이나 걱정을 무시하는 일도 상당히 신경이 쓰이는 건 사실이다.

그래서 알려주고 싶은 것이 걱정을 99.8퍼센트 없애는 3단계 기법이다. 그것도 확실하고, 빠르게. 더구나 간단하게. 핵심을 먼저 공개하겠다. 그것은 불안, 걱정, 불만, 두려움 같은 것을 '미루는' 것이다.

- 1단계: 걱정이 불쑥 떠오를 때 일단 미룬다. 미룬 것은 당일 밤 잠자기 직전에 몰아서 생각한다. 이 기법을 알게 되고 사용한다고 해도 여전히 평소와 똑같이 불안이나 걱정 같은 것들이 불쑥불쑥 들어온다. 하지만 불쑥불쑥 들어온 그것을 처리하는 과정은 이전과 다르다. 걱정이나 불안, 두려움 같은 생각들이 떠오를 때마다 그것들을 '미룰' 것이다. 더 쉽게 표현하면 그런 자극에 반응하지 말고 게으름을 피우라는 소리다. 지금까지는 너무 성실하게 걱정해주고 고민해주었으니 이제부터 남은 생은 그런 자극들로부터 게으름을 피워라. "OK! 잠자기 전에 한 번에 몰아

서 걱정해줄게. 기다려." 이런 식으로 말이다.

- 2단계: 걱정을 일단 미뤘다면 계속 일상을 유지하면 된다. 방금 불쑥 떠올랐던 걱정이나 불안, 두려움 같은 것들은 나중에 한 번에 몰아서 생각하기로 정했으니 불안해하지 말고 지금은 그냥 일상에 집중하면 된다. 계속 미뤄라.

- 3단계: 어느덧 시간이 지나 잠자는 시간이 왔다. 약속대로 미뤄 둔 걱정이나 불안을 처리해줄 차례다. 그런데 이런, 어쩌나? 무엇이 걱정이었는지, 그게 왜 걱정이었는지 잘 떠오르지도 않고 이해도 되지 않는다. 즉 더 이상 그것들은 걱정이 아니게 된다.

이렇게 3단계가 끝이다. 너무나 간단하지만 누구도 생각해내지 못한 방법이다. 꼭 실제로 적용해보길 바란다. 실제로 해보면 더 간단해서 놀랄 것이다. 그리고 효과도 확실해서 더 놀라게 될 것이다. 길어봐야 하루면 확인이 가능하니 직접 해본다고 해서 손해 볼 것도 없다.

지금까지 삶에서 당신은 걱정이 찾아오면 너무나 성실하게 걱정을 보살펴주었다. 꼭 해야 할 것들은 미루면서도, 미뤄도 될 것들은 꼭 신경을 써주었다. 걱정이나 불안, 분노 같은 것들은 미뤄도 되는데 늘 먼저 신경 써주었다는 말이다. 그리고 그렇게 신경 써준 덕분에 그것들은 계속 자라날 수 있었다.

이제부터는 그런 자극들에 좀 게을러지자. 걱정이나 불안 같은 것들이 찾아오면 무조건 미루자. 찾아와도 신경 써주지 말고, 진짜 신경 써야 할 일을 계속하면 된다. 찾아왔던 걱정은 밤에 처리해주기로 약속하고, 할 일을 계속하면 된다. 당신도 알지 않는가. 무엇이든 일단 미루고 나면 나중에는 하지 않는 것이 인간이다.

어느 책에서 봤는지 기억나지는 않지만 내용만은 기억하고 있는 이야기가 있다. 이번 주제와 관련이 있기 때문에 공유하겠다.

나이 지긋한 인디언이 손자에게 사람들의 마음속에서 벌어지는 전쟁에 관한 이야기를 해주었다. 모든 인간의 마음속에는 두 마리의 늑대가 있는데, 둘이 매우 사이가 좋지 않아 늘 전쟁을 벌이고 있다는 것이다. 첫 번째는 '부정 늑대'다. 이 늑대는 걱정과 불안, 분노와 질투, 공포 같은 것들로 가득 차 있다. 두 번째는 '긍정 늑대'다. 이 늑대는 행복과 사랑, 평온과 희망, 친절과 겸손 같은 것들로 가득 차 있다.

이야기를 듣던 손자는 할아버지의 이야기를 듣고 한참 동안 골똘히 생각하다가 물었다.

"그래서 누가 이겨요?"

할아버지가 대답했다.

"네가 밥을 주는 늑대가 이긴단다."

당신은 부정 늑대에게 밥을 주고 있는가, 긍정 늑대에게 밥을 주고 있는가? 지금까지 어떤 늑대에게 밥을 주었든 후회도 걱정도 하지 마라. 당신의 미래와는 별로 상관없다. 앞으로 만날 밝은 날을 위해서 당신이 정할 것은 과거에 어떤 늑대에게 밥을 주었느냐가 아니라 앞으로 어떤 늑대에게 밥을 주겠느냐 하는 점이다.

걱정을 거의 완전하게 없애는 3단계 기법을 정리해보자. 간단하게 이 기법을 적용하면 확실하고 빠르게 걱정을 해결할 수 있다고 했다.

첫째, 걱정이 떠오르면 미룬다. 잠자기 전에 한 번에 걱정하기로 한다.

둘째, 미룬 후에 일상을 유지한다. 또다시 떠오르면 또 미룬다. 잠자는 시간 전까지 계속 미룬다.

셋째, 약속대로 잠자기 전에 미뤄둔 걱정을 떠올린다. 그때 알게 된다. '이게 왜 걱정이었지?'

걱정할 일을 보고도 걱정할 것으로 대하지 않으면 걱정의 힘은 사라진다.

시크릿의 거인들이 숨긴 진짜 비밀

걱정이나 불안 같은 것이 찾아오면
무조건 미뤄라.
찾아와도 신경 써주지 말고,
진짜 신경 써야 할 일을 하라.
계속 미루다 보면
그런 것들은 금방 사라진다.

매일 입금되는
1,440이라는 숫자

요즘에는 경제적 자유라는 개념이 유행처럼 퍼져 있다. 그 기준이 되는 금액이 월 1,000만 원이라고 한다. 정말로 월 1,000만 원이 중요한 문제일까? 나는 지금 '돈으로 행복을 살 수는 없다'든가 '돈이 있어야만 행복한 경험을 많이 할 수 있으니 돈으로 행복을 살 수 있다'는 식의 이야기를 하고 싶은 게 아니다. 그런 것과 상관없는 근본적인 이야기를 할 것이다. 먼저 돈은 중요하고, 그래서 가치가 높다는 생각에는 동의한다. 그런데 돈만 가치가 높은 것은 아니다. 더 높은 가치를 지닌 것도 있다. 바로 시간이다.

당신이 어떤 위험한 게임에 참가해서 456억 원을 벌었다. 그런데 조금 후에 병에 걸렸다. 그 병의 증상은 처음에는 앞을 못 보게 되고, 2일 후에는 소리를 못 듣게 되고, 또 2일 후에는 냄새를 못 맡게 되고, 또다시 2일 후면 숨을 쉴 수가 없게 되는 희귀병이었다. 대략 일주일이면 삶을 로그아웃하게 되는 병이다.

그런데 그 병을 고칠 수 있는 약물이 있다고 한다. 그것도 주사 딱 한 방으로 손쉽게 치료가 가능하다고 한다. 그런데 치료비가 456억 원이란다. 다행스럽게도 당신에게는 정확하게 456억 원이 있다. 어떻게 할 것인가? 주사를 맞을 것인가, 그냥 삶을 로그아웃할 것인가? 아니, 질문을 새로 하겠다. 돈이 중요한가, 생명이 중요한가?

매우 특별한 상황이 아니라면 당연하게도 생명을 선택할 것이다. 이처럼 돈은 가치가 있다. 생명을 살릴 수 있는 이 돈은 엄청난 가치를 지닌다. 그러니 돈을 무시할 수는 없다. 돈은 매우 소중하고 필요한 것이다. 하지만 456억 원이라는 거액을 생명에 투자할 수 있다는 것은 삶에 더 큰 가치가 있다는 의미이지 않은가. 더 구체적으로 들여다본다면 삶을 선택한 당신은 돈으로 시간을 산 것이다. 더 많은 경험, 더 많은 행복을 추구하기 위해서 말이다. 그렇다면 돈은 행복과 상관있다는 말도 일부 맞고, 상관없다는 말도 일부 맞다.

어쨌든 당신도 경제적 자유의 기준이 되는 월 1,000만 원 받는 계좌를 얻을 수 있다. 이제 그 이야기를 해보자.

매일 1,440만 원이 당신의 계좌로 입금된다. 이 돈은 어디에 쓰든 마음대로 쓸 수 있다. 단, 조건이 있다. 남은 돈은 다음 날로 절대 이월되지 않는다. 그러니까 오늘 번 돈은 쓰든 안 쓰든 오늘 모두 소멸된다.

이 돈을 어떻게 할 것인가? 어차피 매일 이렇게 벌 수 있으니 남기고 그냥 버려지게 할까, 아니면 마지막 10원까지도 모두 쓸까? 무슨 말 같지도 않은 고민인가. 당연히 후자가 아니겠는가.

사실 당신은 이미 이 계좌를 가지고 있다. 이 계좌는 '시간'이다. 당신은 살아가는 평생 동안 매일 1,440분의 시간을 입금 받는다. 입금 받은 모든 시간은 마음대로 사용할 수 있지만, 쓰지 않은 시간은 오늘이면 전부 없어진다. 당신도 알고 있고 앞서 말했지만, 시간은 돈보다 더 큰 가치가 있다. 돈은 더 많이 벌 수도 있고 자의적으로 조절하여 관리할 수 있지만, 시간은 더 많이 만들거나 멈추거나 빨리 가게 하거나 느리게 가게할 수 없을뿐더러 저축을 하거나 누구에게 맡겼다가 다시 찾을 수 있는 것도 아니라는 다소 일차원적인 개념만을 이유로들어도 충분하게 설명이 된다.

그렇기 때문에 우리에게 주어진 공평한 1,440분이라는시간을 남김없이 잘 쓰려면 필요한 것이 있다. 시간 관리? 물론 시간 관리는 아니다. 시간을 관리하는 것이 아닌 자신을 관리하는 것이다. 시간 관리는 불가능하지만 자기 관리는 가능한 영역이다.

먼저 확실히 하고 시작하자. 시간 관리가 불필요하다는게 아니라 불가능하다고 했다. 앞서 시간은 의도적으로 더 많이 만들거나 멈추거나 빨리 가게 하거나 느리게 가게 할 수 없을뿐더러 저축을 하거나 누구에게 맡겼다가 찾을 수 있는 것도 아니라고 했다. 그렇다는 것은 자의적으로 시간을 관리하는 일이 불가능하다는 말이 된다. 그리고 우리 모두에게 똑같이 1,440분이라는 시간이 주어지고 시간 관리가 불가능한 이상 '관리'의 핵심은 자기 관리에 있다는 말이 된다.

그렇다면 자기 관리의 핵심은 무엇인가? 똑같은 시간에 더 효율적인 결과를 만드는 것, 더 좋은 결과를 만들어내는 것이다. 자기 관리를 위해서는 그렇게 노력해야 한다. 그러니까 이 공식은 자기 자신을 관리해서 최소 시간과 최대 결과를 의도하는 것이다.

더구나 1,440만 원을 입금 받아 마지막 10원까지도 쓸 욕심이 있었듯이, 1,440분을 부여받아 마지막 1초까지도 의미 있게 사용하기를 선택하는 것은 어쩌면 매우 당연하지 않은가. 10원까지도 모두 쓰는 것을 돈 관리라고 하고, 1초까지 모두 쓰는 것을 자기 관리라고 한다. 이것이 시간 관리가 아닌 이유는 앞서 말했듯이 시간은 관리가 불가능하기 때문이다.

그런데 당신의 소중한 시간을 허비하게 만드는 놈들이 있다. '나중에', '언젠가는', '조만간', '조금 후에'와 같은 말들이다. "나중에 그 고객에게 전화할 거야", "언젠가는 유튜브를 시작할 거야", "조만간 날 잡고 독서할 거야", "조금 후에 시작할 거야" 같은 말들은 계속해서 핑계를 만들어내면서 행동을 미루게 한다. 시간을 허비하게 한다.

그런데 이때 자기 관리를 잘해서 자신이 원하는 것을 얻는 사람들은 어떻게 할까? "지금 그 고객에게 전화해야겠다", "지금 유튜브 채널을 만들어야겠다", "오늘 독서해야겠다", "오늘 시작하겠다" 같은 말들을 한다. 앞의 단어(나중에 vs 지금)만 바꿨을 뿐이다. 그런데 행동의 유무가 달라진다. 결과는 더 말할 필요도 없을 정도로 달라진다. 같은 시간이 투자되지만 다른 결과를 만드는 것이다. 더 잘하고 싶은 당신의 마음은 이해하지만 지금 시작하지 않으면 더 잘하게 되는 순간은 오지 않는다. 개잘 기법 기억하는가? 하려는 그것을 개미보다 잘할 수 있다면 지금 시작하는 것이다. 처음부터 잘하는 것보다 일단 시작하는 것이 중요하다.

이처럼 앞의 단어를 바꿔 행동을 효율적으로 바꾼 것은 시간 관리를 한 것이 아니라 자기 관리를 한 것이다. 자기 관리를 통해서 시간 효율을 높인 것이다.

정리하자면 모두가 매일 공평하게 1,440분이라는 시간을 입금 받는다. 자기 관리를 통해 시간을 효율적으로 사용하는 것이 원하는 것을 이루고 성공적인 삶을 사는 데 매우 핵심적으로 작용한다. 그 핵심을 관리하는 영역은 시간을 관리하는 것이 아니라 자기를 관리하는 것이라고 했다. 시간을 관리하는 것은 불가능하기 때문에 관리가 가능한 영역인 자신을 관리하자는 것이다.

당신은 어제도 오늘도 내일도, 심지어 지금까지도 늘 불안과 두려움, 공허함과 싸우고 있다. 과거를 후회하고 미래를 걱정한다. 하지만 진실로 두려워해야 하는 것은 지나가서 사라진 과거나 불확실한 미래가 아니라 현재 놓치고 있는 이 순간이다. 지금 이 순간에 자기 관리를 하여 최소 시간에 최대 효과를 발휘할 수 있어야 한다.

시크릿의 거인들이 숨긴 진짜 비밀

자기 관리를 잘해서
원하는 것을 이루는 사람들은
"지금 해야겠다",
"오늘 해야겠다"라고 말한다.
'나중에', '언젠가는' 대신
'지금', '오늘'이라고 말하라.
이로써 생기는 결과는
누가 봐도 천지 차이다.

기적이 일어나는
2가지 통로

　말에는 엄청난 힘이 있다는 것을 인정하지만, 나는 말로 하는 모든 것을 믿지 않는다. 내가 시크릿을 공부하고 연구하면서, 그리고 강의하고 사람들과 소통하면서 알게 된 진실이 있다. 그것은 자신이 원하는 것을 이루지 못하는 사람들의 핵심 요소인데, 원하는 것을 이루지 못한 사람은 말만 한다는 것이다. 반대로 원하는 것을 이룬 사람은 말이 아닌 행동을 한다.

　원하는 것을 이룬 사람은 목표를 설정하면 자신이 할 수 있는 것부터 당장 시작한다. 완벽하지 않더라도 행동을 하는 것이다. 당연히 실수할 것이다. 하지만 실수로부터 배우고 그것을 개선해서 발전해가며 행동하기를 반복한다. 자신이 원하는 목표를 이룰 때까지 말이다. 정확한 목표를 설정하고, 그것을 쉽고 현실적으로 만든 후, 목표와 관련해 지금 할 수 있는 것을 매일 하여 누적하는 일에 대해서는 3장에서 이미 이야기했다. 그러니 이미 당신은 행동할 수 있는 단계에 와 있다. 시작은 절대 완벽할 수 없다. 원래 아주 형편없는 상태에서 시작하는 것이다.

물론 완벽한 때에 시작하고 싶은 마음은 이해한다. 나도 그랬으니까. 당신은 늘 그런 완벽한 확신을 갖기 위해 무언가를 찾는다. 사업을 하면 좋을지 안 좋을지, 이 사람과 결혼을 해야 할지 말아야 할지, 날짜는 언제가 좋을지, 이걸 해야 할지 저걸 해야 할지 등등. 무속인이라 불리는 사람들을 찾아가 물어보기도 하고 확인하고 싶은 마음도 이해한다. 나도 불안했으니까. 그런데 이 분야에서만큼은 내가 무속인보다 더 정확할 것 같다. 무언가 확신을 갖고 싶다면 그냥 내 말을 믿어도 좋다. 나는 법칙은 확실히 알고 있기 때문이다.

모든 것에 있어서 가장 안전하고 확실한 전략은 한 가지뿐이다. 그냥 어설픈 지금 시점에서 시작하는 것이다. 비행기에서 뛰어내릴 때 낙하산을 편 채로 뛰어내리는 건 말이 안 되지 않는가. 그건 완벽이 아니다. 낙하산은 먼저 뛰어내린 후 낙하하는 도중에 펴는 것이다. 이처럼 모든 것에서 가장 확실한 전략은 시작을 먼저 하는 것이다. 당신이 꿈을 이루지 못한 이유는 무엇일까? 늘 할 준비만 하고 있기 때문이다. 늘 완벽한 때를 기다리기 때문이다. 하지만 낙하산을 펴고 뛰어내릴 수는 없는 법이다. 먼저 뛰어내려야 낙하산을 펼 수 있다.

나도 과거에 하고 싶은 것이 있으면 계획을 세우고, 배우고, 더 잘할 수 있는 방법을 익히는 일들에 빠져서 정작 그것을 이루기 위한 행동을 취하지는 않았다. 그렇기 때문에 당연히 원하는 것을 이루지 못했다. 당연히 내 삶도 바뀌지 않았다. 그런 패턴의 삶을 계속 이어오던 중에 시크릿을 연구하게 되었고 다행히도 그때 확인할 수 있었다. 세상은 내가 하는 생각에 대해서는 보상을 해주지 않는다는 것을. 그저 내가 행동하는 것에 대해서만 보상을 해줄 뿐이었다.

이 진리를 알고 난 후에 나는 사람들이 나에게 찾아와서 하는 모든 말, 그러니까 원하는 것, 목표, 계획, 동기부여, 열정, 의지와 같은 것을 거창하게 늘어놓는 말들을 믿지 않게 되었다. 정말로 목표를 이루겠다는 사람들은 계획이나 의욕, 열정을 말로 설명하는 것이 아니라 행동으로 보여준다는 사실을 알기 때문이다.

대부분의 사람들은 항상 준비만 하고 있다. 계획만 세우고 있다. 동기부여만 하고 있다. 완벽하게 만들려는 생각만 하고 있다. 하지만 양궁 선수가 표적의 정중앙을 맞히듯이, 일단 화살을 쏘고, 화살이 어디에 맞는지를 확인한 후에, 거기에 맞게 조준기를 맞추든 자세를 조정하든 해야 한다. 처음부터 무조건 완벽하게 10점을 맞혀야 한다고 생각한다면 평생 동안 절대 화살을 쏠 수 없을 것이다. 일단 행동하고, 개선하고, 발전해 나가야 한다는 말이다. 지금처럼 개선부터 하고, 발전하고, 행동하는 공식은 존재하지 않는다.

목표를 이루겠다면 무엇을 알고 있고, 어떤 이론을 개발했으며, 무엇을 믿는지는 상관없다. 오로지 무엇을 하느냐가 목표를 이룰지 말지의 영역에 속하게 된다.

당신이 큰 강 너머에 있는 건물에 가야 하는데 배가 없는 상황이다. 이때 당신은 자신이 강을 건널 수 있다는 것을 말로 아무리 잘 설명하더라도 그 행동 없이는 절대 강을 건널 수 없다. 말로는 증명할 길이 없다는 소리다. 이런 이유로 나는 말을 믿지 않는다. 행동을 믿을 뿐이다. 그러므로 하고 싶은 것을 정말로 이루겠다면, 말로 설득할 것이 아니라 행동으로 증명해야만 한다. 강을 건너야 한다면, 그리고 강을 건널 수 있다면 말로 할 것이 아니라 수영을 하든, 다리를 만들든, 배를 만들든 행동으로써 자신이 강을 건널 수 있음을 증명해야 한다.

완벽한 방법, 완벽한 준비, 완벽한 상황, 완벽한 순간에 더해 당신이 기다리는 또 하나의 바람이 있다. 바로 기적이다. 로또를 통해서 부자가 되는 상상을 하는가? 직장 고위직 사람의 눈에 들어 고속 승진을 원하는가? 그렇다면 기적이 일어나는 2가지 통로를 알려주겠다. 결론부터 말하자면, 기적은 일어나는 게 아니라 일으키는 것이다.

첫째, 행동하는 사람만이 기적을 일으킨다. 로또를 사는 행위 또한 행동이다. 그 행동이 있어야만 기적을 만들 조건이 생긴다.

둘째, 포기하지 않고 문제를 개선하고 발전하면서 성장하기를 거듭하는 사람은 결국 사람들이 기적이라고 부르는 것을 일으킨다. 이들은 패배하면 이길 수 있는 방법을 강화하고,

방법이 안 먹히면 방법을 바꾸면서 성장한다. 흔히 끈기 있는 사람이라고 불린다.

이 2가지가 기적이 일어나는 통로다. 씨앗을 심고, 노력하며 기다리면 열매가 나타나기 마련이다. 씨앗을 심지 않으면 무엇도 나올 수 없는 법이다. 아무것도 심지 않았는데 열매가 열린다면, 또 그러기를 바란다면 그것은 기적이 아니라 사기라고 불릴 것이다. 결국은 당신이 듣기 싫은 말을 또다시 해야 하지만, 이것은 절대적인 진리이기 때문에 말할 수밖에 없다. 기적 같은 노력이 기적을 만들어낸다. 그래서 기적은 일어나는 게 아니라 일으키는 것이라고 말하는 것이다.

이 책에는 원하는 것을 끌어당길 수 있는 모든 방법이 담겨 있다. 당연히 이 방법들을 모두 한 번에 적용할 수는 없을 것이다. 이 책을 쓴 나조차도 그럴 수 없다. 하지만 하나씩 시작해볼 수는 있다. 당신은 이제 더 알아야 할 것이 없다. 이 말은 당신이 이 책에서 배운 것들을 시작할 차례라는 얘기다.

이제 원하는 것에 대한 지식과 이론, 동기부여, 열정, 의욕, 방법에 대한 집착을 끝내고, 진짜로 이루기 위한 시작이 필요한 시점이다. 원하는 것을 이룬 삶을 살고 싶다면 노력해야만 한다. 아무도 그 일을 대신 해줄 수 없다. 당신은 당장 시작하는 데 필요한 모든 조건을 이미 갖추고 있다. 그리고 이 책에는 당장 시작한 당신이 사용해야 할 법칙과 기법이 모두 나와 있다. 지금 이 순간 모든 것은 준비되어 있다. 정말 기적을 일으키기에 완벽한 순간이 아닌가. 시작하라. 당신은 개미보다 잘할 수 있다. 당신의 행동은 곧 현실이 될 것이다.

시크릿의 거인들이 숨긴 진짜 비밀

기적을 기다리지 말고 기적을 일으켜라.
기적을 만드는 조건은
무엇보다 행동이다.
행동을 보여주는 사람만이
거인이 될 것이다.

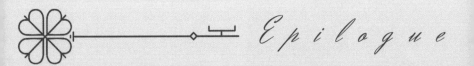

Epilogue

세상이 당신을 위해 돌아가도록

앞에서 줄곧 현실판 시크릿을 이야기했다. 현실에서도 나는 나에게 물어오는 이들에게 그들이 지금까지 알고 있던 다소 영적인 시크릿 대신 진짜 원하는 것을 끌어당길 수 있는 현실판 시크릿을 알려주고 있다. 그렇다 보니 나를 극도로 현실적이라고 말하는 사람들도 더러 있다. 법칙에 한해서라면 사실이다. 실제로 법칙은 복잡하지 않고 극도로 현실적이다. 다만 지금껏 법칙을 표현하는 사람들이 그것에 환상을 덮어서 비현실적으로 만들었을 뿐이다. 나는 그 허물을 벗긴 것뿐이다.

현실판 시크릿을 알기 전에는 무엇을 하기에 앞서 오랫

동안 고민하고 미루다가 매우 가치 있는 기회와 시간을 낭비한 적이 한두 번이 아니었다. 너무 많은 생각을 했기 때문이다. 현실판 시크릿을 익힌 지금은 무언가를 하기로 정하고 나서는 최대한 생각을 하지 않는다. 무언가를 할 때 드는 생각은 대개 핑계가 되는 경우가 99.9퍼센트이기 때문이다. 당신도 마찬가지일 것이다. 우리는 인간이니까. 인간은 그렇게 진화해왔다. 그러니까 시작에 있어서만큼은 개잘 마인드로 123법칙을 적용하는 게 최선의 방법 중 하나다.

이 책을 다 읽었는데도 아직 상황이나 환경 탓을 하고 있다면, 마지막으로 그것은 상황이나 환경 때문이 아니라 당신이 별로 간절하지 않고 원하지 않고 있다는 증거다. 이 점을 강조하면서 글을 마무리하고자 한다.

이래서 못 하고 저래서 못 하는 게 어디 있는가. 만약에 일론 머스크가 당신에게 오늘 회사에 나가지 않는 조건으로 당장 100억을 주겠다고 한다면 오늘 직장에 나가겠는가? 그것 봐라. 회사나 다른 어떤 상황이나 환경도 핑계로 만들 수는 없다. 만약 일론 머스크가 확실하게 100억을 주겠다고 한다면 당신은 앞에 있는 모든 상황과 환경을 이겨내고라도 그 돈을 받아낼 것이다. 이래서 못 하고 저래서 못 하는 것은 없다. 그저 원하지 않는 것이다. 의지가 부족할 뿐이다. 그것을 당신은 선택한 것이다. 앞에서 실패하는 사람은 부정하고 성공하는 사람은 인정한다고 했다. 이 점이 두 사람에게 나타나는 핵심적인 차이다.

현실판 시크릿을 적용하기만 한다면, 다음과 같은 착각이 들 정도의 효과를 경험하게 될 것이다.

"세상이 나를 위해 돌아가고 있다. 세상이 나를 성공시키기 위해 펼쳐지고 있다."

맞다. 당신은 드디어, 원하는 것을 진짜 끌어당기게 될 것이다.

거인들의 비밀

초판 1쇄 인쇄 2022년 10월 19일
초판 1쇄 발행 2022년 10월 26일

지은이   문주용

펴낸곳   이지퍼블리싱

책임편집   김민정

디자인   강희연

주소   경기도 파주시 회동길 480, A동 210호
대표번호   031-946-0423
팩스   070-7589-0721
전자우편   edit@izipub.co.kr
출판신고   2018년 4월 23일 제 2018-000094호

ISBN   979-11-90905-29-9 (03190)